国家社会科学基金资助项目

产权正义论

CHANQUAN ZHENGYI LUN

邵晓秋 著

人民出版社

责任编辑:吴焰东
封面设计:肖　辉

图书在版编目(CIP)数据

产权正义论/邵晓秋 著. -北京:人民出版社,2014.12
ISBN 978 - 7 - 01 - 014290 - 6

Ⅰ.①产…　Ⅱ.①邵…　Ⅲ.①产权-研究-中国　Ⅳ.①D923.24

中国版本图书馆 CIP 数据核字(2014)第 296779 号

产权正义论

CHANQUAN ZHENGYILUN

邵晓秋　著

人民出版社 出版发行
(100706　北京市东城区隆福寺街 99 号)

北京汇林印务有限公司印刷　新华书店经销

2014 年 12 月第 1 版　2014 年 12 月北京第 1 次印刷
开本:710 毫米×1000 毫米 1/16　印张:19.5
字数:280 千字

ISBN 978 - 7 - 01 - 014290 - 6　定价:49.00 元

邮购地址 100706　北京市东城区隆福寺街 99 号
人民东方图书销售中心　电话 (010)65250042　65289539

目　录

绪　论

　　正义是道德哲学研究的基本范畴，是一种价值追求。在追求价值目标时，我们既要考虑行为的动机，更要慎对行为的结果。目前，伴随着产权改革的深化，人们对产权正义也日益耳熟能详。产权正义作为一种在财产基础上的价值追求，既是对财产的一种合理、合法的追求，也是在追逐财富过程中推进正义价值的实现过程。

　　三十多年的产权改革所取得的成绩足以震古烁今，然而产权改革并不总是一路凯歌高奏。党的十八大指出，必须坚持维护社会公平正义。习近平总书记也多次语重心长地指出，要进一步实现社会公平正义，通过制度安排更好地保障人民群众各方面权益。

　　产权正义不仅是产权行为、产权改革和产权制度合理性的依据，更是一种社会制度合理性的根本所在，它的正义与否直接关系到中国特色社会主义事业的成败，因此我们必须仔细分析产权行为与产权改革中的种种利与弊，认真聆听产权改革中人们的呼声，使产权正义理论的研究与产权制度建设走向光明之途。

第一节　产权正义理论发展与产权改革
现实的需要和呼唤

　　产权正义是人类对产权活动及其产权制度的价值追问和哲学反思。三十多年来，与产权正义紧密相连的产权行为以及产权改革实践的持续推进，成为我国社会发展和改革开放的重要引擎。尽管多年来对产权正义理论的研究成果时有所得，但与产权实践需求相距甚远。党的十八大对公平正义制度建设的重视，习近平总书记对中国梦的伟大构想，不但为我们推进正义的产权制度建设提出了新的要求，也为我们推进产权正义的理论研究注入了新的活力。

一、产权正义理论发展的需要

对产权、产权制度、产权改革以及产权实践活动进行价值反思是人们把握自身命运、推进自身发展的重要方式。长久以来，围绕产权制度和产权行为进行价值追问而形成的产权正义理论成果业已五彩斑斓。但任何理论体系都无法一劳永逸地提供解决现实矛盾的所有钥匙，只能不断地捡拾"他山之石"，借以丰富自己的"宝藏"；而且产权行为与产权改革生机勃勃的实践，也常常给产权正义理论抛出一串串疑问。因此，产权正义理论只有不断充实自身的理论"内存"，才能在瞬息万变的产权行为与产权改革的挑战中应对自如。

产权正义不仅是重要的价值观与价值追求，也是在市场经济条件下的产权活动与产权改革中调节人们经济利益关系的道德原则。多年来，西方产权正义理论中新自由主义的元素过多，因此我国产权活动与产权改革实践难免不受其影响。比如，过度美化非公产权的功效，而将国有企业产权的激励与约束机制贬得一无是处，还动辄就指责国有企业产权无效率，随意鼓吹私有化，并且将国有企业产权中因管理等具体操作层面而造成的一切非正义的事实扩大为整个公有产权制度本身的非正义性；反之，却对非公产权因制度性原因而造成的非正义事实视而不见，或者干脆将其故意缩小为操作层面的失误所致。尤其值得警惕的是，在产权活动与产权改革中，西方产权正义理论的不健康因素已对我国产权活动与产权改革造成了一定的负面效应。理论是解决问题与矛盾的钥匙，理论的对错直接关系到问题能否解决。由于产权活动与产权改革极具复杂性与艰巨性，又与人们的利益息息相关，因此更需要适应时代发展的产权正义理论规导我们的产权活动与产权改革。只有仔细梳理马克思主义的产权正义思想，将西方与中国传统产权正义思想中的合理成分融合进去，并认真总结产权活动与产权改革中在正义价值和正义诉求方面的成功经验与失败教训，不断充实、完善产权正义思想，形成中国特色社会主义产权正义理论体系，才能更好地应对不断深化的产权活动与产权改革。

　　产权正义思想是马克思主义理论的重要组成部分，是一个开放、发展的体系，它应随着时代的发展而不断地与时俱进。虽然在马克思主义的思想宝库中，产权正义思想并没有占据多么显赫的位置，甚至马克思、恩格斯从来就未真正提及过产权正义的概念，但这并不说明马克思、恩格斯不重视产权正义的研究。马克思、恩格斯只是不简单地谈论产权正义，而是将产权正义放在历史的大背景下，以唯物主义的视野辩证地审视产权正义。他们为我们提供了认识产权正义的基本立场、方法和原则；而且他们还在对奴隶制、封建制尤其是资本主义制度下的经济活动的非正义性剖析中，间接地提出了大量丰富的产权正义理论。马克思、恩格斯借助唯物主义的视域，将产权正义从经济领域提升到人的全面发展的高度，不仅为构建马克思主义产权正义思想理论体系奠定了理论基石，而且也为批判资产阶级产权制度的非正义性提供了正确的方法、视角，成为后人追求理想产权制度的批判性工具。改革开放后，中国的产权结构与产权制度都发生了巨大的变革，国有企业产权的改革、非公产权的"绝地重生"、农地产权的一系列演变、金融产权的结构重组等等，无不给马克思主义产权正义思想提供了新的素材和养分。我们马克思主义者正可以借助这些活生生的现实，在分析这些现实的过程中，丰富、发展自身的产权正义理论。只有丰富、发展马克思主义产权正义理论，才能更好地剖析我国当下产权制度变革过程中生发的诸种公正与不公正现象，为我国当下的产权改革指明前行的方向。

二、产权改革现实的呼唤

　　改革需要理论的发展，理论研究也必须直面现实，这是理论的使命，也是理论生机盎然的表现。产权正义研究无疑是个迫切的课题，它能促使我们正视我国产权改革的客观现实。

经过三十多年的产权改革实践，中国已走出了一条自己的产权与产权改革之路，人的积极性与主动性得到了极大的发挥，生活水平也早已今非昔比。各种产权主体在产权主体平等、产权平等保护、获取产权的机会与规则平等等产权正义原则的规导下，在平等竞争的环境里同台角力，展现了各自的实力，获取了相应的利益，产权的激励与约束机制得到了极大的发挥，生产力得到了巨大的释放。总而言之，随着产权改革的深入和现代产权制度建设的逐步展开，我国的产权制度和产权改革从总体上适应了市场经济的大潮，也顺应了市场经济的正义价值目标。但是，现有的产权制度仍有亟待完善之处，而且在现实的产权改革与处置产权的各种实践中，由于旧的产权制度的消极影响仍未完全消除，而新的产权制度的功效又尚未完全奏效，因此在产权改革与人们追逐财富的过程中产生了消极和不公正的现象。具体而言，一类是因为缺少必要的正义价值的规导与产权制度构建的不合理而引发的非正义产权行为和产权改革；一类是产权制度安排的非正义以及产权改革中的不正当行为所造成的贫富分化。

中国现有的产权制度有不少弊端，其中一个重要弊端，就是产权制度的设计没有考量正义的需求，有些则完全按照市场的优胜劣汰原则框定。产权由一系列权利构成，它主要包括所有权、占有权、使用权、转让权、收益权等。而目前，在中国的国有企业产权、非公有企业产权以及农地产权正义领域内，产权的所有权正义、占有权正义、使用权正义、转让权正义、收益权正义等都缺少充分的正义考量。

改革开放以来，我国社会收入总水平明显提高，人民生活水平也得到了显著改善。但总体而言，群众基本生活水平的提高却与社会收入总水平的提高不成比例，社会收入分配严重失调，贫富差距日益扩大。国家统计局 2013 年公布的基尼系数表明，我国近十年全国居民基尼系数大体在 0.47—0.49[①] 之间徘徊，远远高于欧洲与日本 0.24—0.36 之间的水平，属于贫富差距比较大的国家。据世界奢侈品协会公布的报告显示，截至 2011

---

① 数据来源均见于国家统计局网站。

年 12 月底，中国奢侈品市场年消费总额占据全球份额的 28%，中国已成为最大的奢侈品消费国。另据《理财周报》2013 年 10 月 7 日报道，中国 2% 的人口消费全球奢侈品的 1/3。可是，另一方面，很多普通百姓却过着不太富裕的生活，甚至还有部分人口生活在贫困线以下。据《〈2012 年中国人权事业的进展〉白皮书》① 报道，按照新的国家扶贫标准，2012 年末农村贫困人口为 9899 万人，这些数据尚未包括城镇的大量贫困人口。可见中国贫富差距问题是一个相当棘手的现实问题。中国贫富差距表面看是收入差距问题，其实，中国贫富之间真正的差距在于财富的差距，而非简单收入上的差距。实际上，行业间或职业间的工资收入差距并不像想象中的大，而且较固定，其差距甚至还可以缩小，财富的差距才是真正的差距。收入分配，在某种意义上就是产权的分配，分配不公，其实就是产权分配的不公和产权正义的缺失。生产资料所有制是生产关系的关键，而产权又是所有制的关键，它决定人们财产的多寡。马克思认为生产关系决定分配关系，所有制又是生产关系的基础，因此从这个层面来说，产权决定分配，收入多寡的决定因素在于产权制度的安排。无论是产权改革中多种不正义现象的发生，还是贫富差距的扩大，最大原因都是产权制度缺乏足够的正义性安排；而缺少正义价值关怀的产权制度，反过来又会影响产权的激励与约束机制，从而形成产权制度的恶性循环。因而，实现产权正义是当前我国市场经济发展的客观要求，也是当代研究者从事产权正义研究的灵感所在。

研究的出发点在于现实世界，而研究的最终落脚点，也在于为现实世界服务。当代中国的产权行为与产权改革，无疑能给研究者提供最好的素材，也更能激发研究者对产权正义的研究灵感与激情。

服务人民，为党分忧，这是马克思主义学者研究的神圣使命和职责所在。产权安排的欠妥、产权改革的失当、财富分配的失衡，引发了较严重的社会问题，也引起部分群众对此的不满。

社会确实对富人的质疑声不断，不少学者和媒体据此就断言这是国民

---

① 《〈2012 年中国人权事业的进展〉白皮书》，2013 年 5 月 14 日，见 http://news.china.com.cn/txt/2013-05/14/content_28817358.htm。

的非理性"仇富"。然而事实并非如此简单，这些人没有注意到，人们一面在义正词严地谴责为富不仁，可是一面又在心急火燎地探寻自身的发财之道。这看似悖论，其实很容易理解。人们所谓的"仇富"，并非真正的仇富。"我们不是在仇富，而是仇腐"，这句流行的民间俗语一语道破了玄机。所谓的"仇富"，其实是人们对财产占有、使用、分配、转让违背公平正义行径的一种极端反应。社会财富以不合法、不合理等非正义手段流入了少数人群甚至个人的囊中，这才是问题的根本，这才是社会如潮般批评的根源。许多人依靠自身实力或者诚实经营而发财致富，他们既没有为富不仁，也不仗势欺人，更不四处炫耀财富，而是默默地以自身的奉献不断反哺社会。民众对他们不但不仇富，而且赞誉有加，甚至不少人还把他们奉为人生楷模。反观"房媳"和"房叔"们，人们的的确确对这种"富人"们深恶痛绝，这才是真正意义上的"仇富"。因为人们对他们的敛财方式十分不齿，认为他们的财富是以抢劫式的手段从人民与国家手中攫取的。柏拉图曾在《理想国》中借用他人的话，表达了对明显的不正义行为的界定，"极端的不正义就是大窃国者的暴政，把别人的东西，不论是神圣的还是普通人的，是公家的还是私人的，肆无忌惮地巧取豪夺。"① 如果以此话来概括"房媳"和"房叔"们的财富获取方式，也是一语中的。

可见，人们对财富的所有、使用、转让、收益等都有自己的价值标准。这套价值标准就是产权必须符合一定的正义规范。人们对待"仇富""盼富"看似矛盾的心态，恰恰反映了现有的产权制度与产权改革存有不少弊端，也折射出人们对产权制度与产权改革正义性关怀的强烈要求。研究者的使命就在于反映人民的心声，服务人民。

产权制度与产权改革在某些领域的正义缺失，不能不引起我们党和政府的高度警觉和严重关切。国家是社会的守护者，它必须以公平正义的价值尺度调整各种关系，以维护社会秩序。"国家不仅要作为公平原则的维护者，还要作为社会财富的经管者，把属于社会的财富充分利用并公平分配

---

① ［古希腊］柏拉图:《理想国》，商务印书馆 1986 年版，第 26 页。

给整个社会成员，这是政府的职责所在。"①

邓小平早就告诫过我们的党与政府：少部分人获得那么多财富，而大多数人一无所获，这样发展下去总有一天会出问题，因此经济发展到一定程度，必须搞共同富裕。虽然邓小平在此并没有直接批评产权行为与产权改革的某些非正义，但他却间接地道明了产权制度与产权改革的终极目标是共同富裕。

胡锦涛也指出："必须坚持维护社会公平正义。公平正义是中国特色社会主义的内在要求。要在全体人民共同奋斗、经济社会发展的基础上，加强建设对保障社会公平正义具有重大作用的制度，逐步建立以权利公平、机会公平、规则公平为主要内容的社会公平保障体系，努力营造公平的社会环境，保证人民平等参与、平等发展权利。"②

习近平更是一再强调党与政府当前的任务之一就是要"进一步实现社会公平正义，通过制度安排更好保障人民群众各方面权益。要在全体人民共同奋斗、经济社会不断发展的基础上，通过制度安排，依法保障人民权益，让全体人民依法平等享有权利和履行义务"③。

党和政府对公平正义的制度建设的重视与呼吁，体现了党和政府对人民福祉的关心，也体现了对产权制度与产权改革中的不正义行为的痛恨与必欲除之的决心。

总之，作为产权正义的研究者，面对产权改革过程中所发生的一切不公正现象，都应该有自身的思考。既要关注产权行为与产权改革的表象，更要审视事物背后的因由。产权安排既是当今社会财富喷涌的根本原因，也是贫富差距的始作俑者，更是造成产权改革过程中一连串悲剧的关键因素。因此，必须关注产权制度与产权改革的价值取向，认真思考正义价值在产权制度与产权改革过程中的作用，细致分析人们在产权改革过程中正

---

① 胡元聪、杨丽梅：《"政府责任与社会财富公平分配法律问题"国际研讨综述》，《社会科学研究》2006年第6期。

② 《十八大报告辅导读本》，人民出版社2012年版，第15页。

③ 《新闻联播》，2013年7月24日，见http://news.cntv.cn/2013/07/24/VIDE1374664805623805.shtml。

义诉求缺失的原因。纵览历史，历代统治者的逐利都普遍缺乏正义规范，更是无视社会制度的道德建设。从现实来看，社会主义市场经济的发展，打破了原有的利益格局，因为利益，产生了诸如农地产权、公有产权、私有产权的无端受损以及贫富差距拉大等一系列问题，如何正视并解决这些问题，成为产权制度正义性追问的关键。而且产权的界定、占有、使用、转让、收益等制度性安排无不需要道德的规范和正义价值的指引。因此，我们在研究当前的产权正义问题时，必须对此予以足够的重视。以正义观念凝聚产权改革的共识，以正义价值引领产权制度的建设，这正是当下中国实现社会和谐与中国梦的最强音。

第二节　产权正义的研究对象

产权正义是指在产权制度安排和处置财产关系的实践中，得其所应得，付其所应付的一种社会最基本的行为规范和价值尺度。产权正义是当前亟待解决的热点、焦点和难点问题。作为一种思想体系和观念形态，它是一个不可回避的理论问题；而作为一种社会的制度精神和实践价值，它又是个重大的实践问题。在产权正义研究领域开风气之先与集大成者当推罗能生教授，他的博士论文《财产权利与伦理选择——产权伦理学导论》[1]，尤其是专著《产权的伦理维度》一经问世，就掀开了产权正义研究的新篇章。但由于《产权的伦理维度》一书旨在建构一门自成体系的新学科，其侧重于全面概述产权伦理学所涵盖的内容，因此无法对产权正义做深入且细致的研究，这就给以后有关产权正义的研究留下了很大的理论空间。

在罗能生教授的影响下，不少学者试图揭开产权正义的"神秘面纱"，纷纷从各自的研究领域展开了对产权正义的探讨，但囿于各种条件，研究仍需进一步深化。

在西方，尽管产权与正义的理论源远流长，但学者们并没有把产权正

---

[1]　罗能生:《财产权利与伦理选择——产权伦理学导论》，博士学位论文，湖南师范大学，2002 年。

义作为专门的伦理形态来加以研究、总结，而只是在围绕产权伦理的论述过程中，相应地提出了一些比较深刻的思想和观点，因此其研究也存有大量空白。

产权正义理论与实践问题的研究，涉及的内容复杂，难度较大，需要选好恰当的切入点，科学取舍好研究的问题，妥当安排研究的结构，这样才能更有益于问题的解决。因此，在产权正义基础理论部分，必须对产权及产权正义理论进行梳理与阐述，对中外产权正义思想进行分析与比对，对当代产权正义原则作相关的论述。至于产权正义实践的研究，由于具体的产权主体难以穷尽，为了便于解剖麻雀，国有企业产权主体、非公产权主体、被征农地产权主体理应作为研究的重点，通过透视其产权改革的实践，在马克思主义产权正义理论的指引下剖析其产权改革的正义与非正义性，以此为鉴，试图在今后的产权改革中，能使产权实践与马克思主义产权正义理论实现更高层面的统一，更好地服务于社会主义初级阶段产权制度建设。

第一章　产权与产权正义

　　自 1776 年亚当·斯密的《国富论》问世，经济学便从哲学母体中破茧而出，经过 200 多年的锤炼，经济学已成为研习者众多、门派繁杂的一门显学。20 世纪 30 年代，新制度经济学派生、演化出产权经济学，到 20 世纪 80 年代，产权经济学已成蔚为大观之势，并在当下的经济学流派中独树一帜，影响日隆，成为经济界的一个重要学术阵地。而在产权经济学视域里，有一个最为核心的概念即产权概念也应运而生。

　　依据亚当·斯密传统的"看不见的手"理论，在私有制中，市场经济应该充分且完全，充分且完全竞争的市场机制能确保资源配置的最优化，并使整个社会福利最大化，即达到帕累托最优状态①。但是，经过数百年来的市场实践检验，情况却未如亚当·斯密所愿，有时实际情形恰恰与理想的模式背道而驰。这种悖论困扰了各种学派的经济学家。于是，他们从各自的理论和模式出发，寻找各自解决问题的门径。以科斯为首的产权经济学派②的学者也意识到了这个问题的紧迫性和必要性，他们依据自己的理论范式，承认实际的市场运行并非前辈经济学家所认为的那般完美，而不完美的主因就在于外部性的"产权界区的模糊"，由此造成交易过程的

---

　　① 帕累托最优状态是由意大利经济学家帕累托提出来的一种经济状态，是指具有以下性质的资源配置状态，即任何形式的资源重新配置，都不可能使至少有一人受益而又不使其他任何人受到损害。人们通常也把能使至少一人的境况变好而没有人的境况变坏的资源重新配置称为帕累托改进，所以帕累托最优状态也就是已不再存在帕累托改进的资源配置状态。

　　② 1937 年，新制度经济学派以科斯为旗手对传统的古典经济学和福利经济学的一些根本缺陷进行了修正，他们以交易费用为分析工具，将交易费用、市场运行、产权关系和资源配置结合起来，研究产权对资源配置和效率的影响，开创了现代产权理论的先河。

摩擦与障碍，这种摩擦与障碍反过来又会影响资源的优化配置，从而无法实现帕累托最优状态。因此，在他们看来，产权的考量成为经济学与实际经济运行绕不开的关口。

产权①作为一个新的经济范畴，它被正式纳入经济学体系始于 1960 年。西方产权经济学派创始人 R. 科斯在其发表的《社会成本问题》一文中首次使用了产权这一概念，从此产权概念开始被学界渐渐接受。在科斯看来，产权因交易而起，产权涉及人与人之间交易过程中的权益关系。受其影响，20 世纪 60 年代在西方兴起的现代产权经济学派接受了自由市场经济中个人效用最大化的假定，并在给定交易费用为正的情况下，揭示产权在市场经济活动中对社会资源配置和经济增长所起的基础性作用。在经济全球化之际，产权的经济功能日益凸显，要使产权充分、正确地发挥其积极意义，就少不了产权正义思想的规导和促进。

第一节　产权的内涵

交易费用的发现，导致了产权概念的提出，从而拓展了经济学的研究视域，也相应地促进了实际经济活动的发展。对于究竟何谓产权，产权的内涵又是什么，西方学者、马克思主义者和中国古代学者的认知都不尽相同。

一、产权概要问题的提出

自亚当·斯密以来，"看不见的手"的理论影响深远，西方经济学界从古典经济学到新古典经济学再到制度经济学等都对此深信不疑。他们一致认为，建立在私有制基础上的社会，市场理应是完全竞争的，政府只需扮

---

① 在赵文洪看来，"Property Rights"这个词被译为"产权"是错译，确切应译为"财产权利"。他在《私人财产权利体系的发展——西方市场经济和资本主义的起源问题研究》一书中对此做了专门的阐述，详见赵文洪：《私人财产权利体系的发展：西方市场经济和资本主义的起源问题研究》，中国社会科学出版社 1998 年版，第 24—28 页，但作为一个专业用语，笔者在此还是根据大多数学者习惯约定俗成地译为"产权"。

演守夜人的角色；在这样的社会里，个人能充分展现各自的能力，实现效用与利益的最大化；市场的完全竞争机制，能够确保资源的优化配置，并使社会福利最大化，即达到帕累托最优状态。事实上，他们忽视了冒险、投机等机会主义行为会加大交易的不确定性，而交易的不确定性肯定又会影响到实际经济运行的效率和结果。以科斯为首的产权经济学理论意识到了此问题的严重性，他们一改过去"纯粹经济学"只研究经济活动中诸如规模经济、边际效率之类的"纯粹的经济技术性问题"的研究范式，转而注重对经济活动中人、政治、政府、制度等问题的探讨。经过多方探究和查考，最后他们认定过去经济学出现问题的主要原因即在于"外部性"的"产权界区的模糊"。

外部性问题，"最早是由新古典经济学家鼻祖马歇尔在其《经济学原理》中分析产业生产成本是产量的函数时提出，后来他的继承者福利经济学家庇古又在《福利经济学》中进一步讨论了这种外部性导致市场失灵的问题，并提出通过政府干预来平衡私人成本和社会成本，以消除外部性不利影响的思路。产权经济学的创始人科斯在此基础上拓展了外部性问题的研究，他认为外部性问题的根源在于产权不清，提出通过界定产权可以彻底解决外部性、克服市场失灵的独特观点"[1]。这导致了西方现代产权经济学的产生。那么何谓"外部性"呢？所谓"外部性"是与"内部性"相对应的一个范畴。在"内部性"的范畴之内，个人行为产生的有利或不利影响，不论对己对人，都能借助法律的裁决加以判定，后果能"从货币或市场交易中反映出来"，不会发生民事纠纷，即不存在产权"问题"；相反，在明确而有效产权范围以外领域即"外部性"领域，如果个人行为对他人产生有利或不利影响，其责任该由谁承担并无明确的产权根据和相应的法律规定，常常引起不必要的纠纷，这就产生了所谓的"产权问题"。所以，"产权问题"总是在明确有效产权范围以外领域发生，或在界定模糊的两个以上产权主体之间生发。"产权"的不明，会造成交易过程的摩擦与

---

① 参阅武建奇：《马克思的产权思想》，博士学位论文，西南财经大学，2007年。

障碍，这种摩擦与障碍反过来又会影响资源的优化配置，从而不可能达到帕累托最优状态。因此，产权的考量成为经济学与实际经济运行绕不开的关口。

要让产权交易的有关方减少摩擦与阻力，优化资源配置，必定要交付一定的费用。针对此，产权经济学家提出了交易成本的概念。何谓交易成本？就是"我把交易成本定义为与转让、获取和保护产权有关的成本"①。交易费用或者说交易成本②的发现，使经济学家和经济学从传统的零交易成本和无摩擦的理想世界的迷宫里走出来，进入了充满摩擦与交易费用的现实世界，实现了经济学研究的一次提升即产权经济学。产权经济学认为存在降低交易费用的产权制度和安排，而交易费用是产权制度中最重要的因素，是产权理论的核心。

交易成本概念的提出与运用于经济分析，拓展了经济学的研究视域。它表明，只要存在交易费用，经济运行就必定与产权制度等社会因素密不可分，而建立切实可行的产权制度，就能减少交易费用，优化资源配置。

二、非马克思主义的西方学者对产权含义的界定

产权定义是产权经济学理论大厦的基石，也是产权理论研究的逻辑起点。作为现代经济学一个新兴的概念，由于各自对产权本质的认识角度不同，目前西方学界尚未形成一个统一的产权概念。因此，产权经济学派的著名代表 Y. 巴泽尔就不无遗憾地承认，产权在现代西方经济学派的相关

---

① ［美］巴泽尔：《产权的经济分析》，费方域、段毅才译，上海三联书店、上海人民出版社1997年版，第3页。

② 交易过程中所产生的费用谓之为交易成本，它包括提供交易条件的成本、发现交易对象和交易价格的成本、讨价还价的成本、订立交易合同的成本、执行交易的成本、监督违约行为并对之制裁的成本、维护交易秩序的成本等等。交易费用又称交易成本，是新制度经济学的一个基本概念，新制度经济学认为，只要有经济活动，就必定发生经济关系，而这种经济关系必然牵扯一定的正式或非正式的制度，这些制度的运行必定是要付出成本，所以交易成本也可称之为制度成本。"交易费用这一概念由科斯在1937年发表的《企业的性质》中首次引入企业经济分析"。参见张泽一：《马克思产权理论与国企改革》，冶金工业出版社2008年版，第36页。

著述中本身就是一个含义不确定的概念。① 尽管没有统一且被公认的产权概念，但现代西方产权经济学派中对产权作出较明确的且被当代中国学者广泛引用的定义还是不少，分别有：A. 阿尔钦的"产权是一个社会所强制实施的选择一种经济品的使用权利"，是"授予特定的个人某种'权威'的方法，利用这种权威可从不被禁止的使用方式中，选择任意一种对待物品的使用方式"②；D. 诺斯的"产权本质上是一种排他性的权利"③；H. 德姆塞茨的"产权是一种社会工具，其重要性就在于事实上它们能帮助一个人形成他与其他人进行交易时的合理预期……产权包括一个人或其他人受益或受损的权利……产权是界定人们如何受益及如何受损，因而谁必须向谁提供补偿以使他修正人们所采取的行动"④；以及 E. G. 菲吕博腾、S. 配杰威齐等人所综述的"产权不是指人与物之间的关系，而是指由物的存在及关于它们的使用所引起的人们之间相互认可的行为关系"⑤。而产权学派的主要代表人物科斯则把产权界定为"是对（物品）必然发生的不相容的使用权进行选择的权利的分配。它们不是对可能的使用施加人为或强制的限制，而是对这些使用进行选择时的排他性权利分配"⑥。

从以上几个较为广泛引用的产权概念来看，他们对产权的定义各有表述，讨论产权含义时都有自己的认知范围，但在理论假设完全市场竞争的环境前提下，他们都有几个共同点：首先，产权是一种可以进行交易的排他性权利；其次，产权是一系列既可分解又可组合的权利束；再次，产权是约束人们相互行为关系的规则；最后，他们在产权内涵的把握方面都强

---

① ［美］Y. 巴泽尔：《产权的经济分析·前言》，费方域、段毅才译，格致出版社、上海三联书店、上海人民出版社 1997 年版。

② ［美］R. 科斯、A. 阿尔钦、D. 诺斯等：《财产权利与制度变迁——产权学派与新制度学派译文集》，刘守英等译，上海三联书店、上海人民出版社 1994 年版，第 166 页。

③ ［美］D. 诺思：《经济史中的结构与变迁》，上海三联书店 1991 年版，第 21 页。

④ ［美］R. 科斯、A. 阿尔钦、D. 诺斯等：《财产权利与制度变迁——产权学派与新制度学派译文集》，刘守英等译，上海三联书店、上海人民出版社 1994 年版，第 97 页。

⑤ ［美］R. 科斯、A. 阿尔钦、D. 诺斯等：《财产权利与制度变迁——产权学派与新制度学派译文集》，刘守英等译，上海三联书店、上海人民出版社 1994 年版，第 204 页。

⑥ 转引自张泽一：《马克思产权理论与国企改革》，冶金工业出版社 2008 年版，第 34 页。

调产权的清晰界定有助于激励、约束、优化资源配置功用的发挥，并能有效促进外部性内部化。① 所谓外部性内部化就是指通过产权界定使原先模糊的权利与责任得以明确、清晰，不但可以增进经济效率，而且避免了民事纠纷。而且他们都重视产权的行为性即强调产权是被允许通过采取什么行为获得利益的权力，以及承认产权是指人与人之间的财产权益关系。可见他们论述的产权其实都是一种法律权利而非简单的经济权利。他们认为产权是由法律规定和实施的由使用权和收益权等权能组成的排他性的独占权，这些权利不以生产力和生产关系为基础，而是借助于法律形式，是法律创造了产权。"在这些产权概念中，法律形式具有决定性意义，产权是由法律创造的，是法律形式赋予产权以特有的经济意义，法权关系决定经济关系。"② 因此，在这里，其经济关系与法律关系被颠倒了。

通过对西方产权学派产权界定的比对，我们对产权内涵的把握可以有一个大概的轮廓，即产权是人们围绕或基于一定有形或无形的财产而形成的一种权、责、利关系，且这种关系的生成要得到一定社会的承认并因而得到法律的强制保护。为此，产权从本质上可以看成是一种"使用经济物品的人权"③。

尽管西方在产权理论上有很多独到的见解，对市场经济的发展有一定的促进作用。但是，西方现代产权经济学派在提出和界定产权内涵时，存在着一个理论上的内伤，那就是它脱离了具体的社会生产关系的制约，没有从经济关系也就是我们通常所说的所有制与法学上的财产关系即所有权的辩证统一关系中来把握产权的特征，而且普遍缺乏一种逻辑抽象与历史发展相结合的科学方法。而这些理论弊病在马克思主义者那里却早已得到了解决。西方产权理论把产权安排得合理与否作为衡量制度、体制和组织优劣的最高标准，产权经济学和资本主义企业家把交易费用的多寡作为考

---

① ［美］R. 科斯、A. 阿尔钦、D. 诺斯等：《财产权利与制度变迁——产权学派与新制度学派译文集》，刘守英等译，上海三联书店、上海人民出版社 1994 年版，第 98 页。

② 林岗、张宇：《资本论的方法论意义——马克思主义经济学的五个基本命题》，《当代经济研究》2000 年第 6 期。

③ 转引自刘伟、李风圣：《产权通论》，北京出版社 1998 年版，第 729 页。

量哪一种经济运行体制或根本制度优越的决定因素，这更是与实际情形愈行愈远。

而且产权界定在理论层面可行，其实在实践中却无法完全界定。由于"外部性"的无处不在，"外部性"所形成的"公共空间"和"共同财产"很难通过理论上的产权界定或法律规定量化彼此的权、责、利。就连巴泽尔也认为产权的完整界定极为困难，他在《产权的经济分析》一书里对产权无法完整界定作了比较完整的论述，因为一旦产权被完整界定，有关产权的交易成本就一定为零，[①] 而这一切恰恰又与现实生活截然相反。巴泽尔还在此书中引用盗贼盗窃苹果和观众买票看电影的两则例子，说明产权的界定不可能完全清晰。[②] 最后为了说明产权界定的艰难，他还这样叙述道："人们可以界定产权，可以按照对自己最有利的原则决定把产权界定到什么程度。在此意义上可以说，产权总能得到最好的界定。然而，由于商品属性很复杂，测定每种属性都要付出成本，彻底界定产权的代价就过于高昂，因此产权从来不可能得到充分的界定。"[③]

产权界定和交易成本的计量也极为困难，这一点所有产权经济学家都不得不坦然承认，巴泽尔就有过这样无奈的陈述，这或许道出了产权经济学家们普遍的心声："商品具有许多属性，其水平随商品不同而各异。要测量这些水平的成本极大，因此不能全面或完全精确。面对变化多端的情况，获得全面信息的困难有多大，界定产权的困难也就有多大。"[④] 接着巴泽尔还在文中引用买卖樱桃的例子来说明因信息的不对称和获取信息的需要而产生的必然付出。因为顾客不了解樱桃的质地和口感而加以拿捏和品尝，必然造成一定的损失，而这部分的损失也就自然成为樱桃售出者的额

---

① ［美］Y. 巴泽尔：《产权的经济分析》，费方域、段毅才译，上海三联书店、上海人民出版社1997年版，第2—5页。

② ［美］Y. 巴泽尔：《产权的经济分析》，费方域、段毅才译，上海三联书店、上海人民出版社1997年版，第153页。

③ ［美］Y. 巴泽尔：《产权的经济分析》，费方域、段毅才译，上海三联书店、上海人民出版社1997年版，第159页。

④ ［美］Y. 巴泽尔：《产权的经济分析》，费方域、段毅才译，上海三联书店、上海人民出版社1997年版，第4页。

外负担。

巴泽尔的无奈陈述和实证恰好印证了产权理论的硬伤。既然在现实生产、生活实际中，产权都无法完全界定，那么有关西方产权和产权正义理论无论在理论上看来多么"完美"，其实也就不可避免地带有与生俱来的"瑕疵"，因此在实际运用中必须对此加以鉴别使用。

三、马克思主义产权思想

马克思主义理论博大精深，内容丰富，它是否蕴含着产权理论，其基本观点和完整内容又是什么？对马克思究竟有没有产权理论这个问题，学界的两种主要观点基本持肯定态度。但是，对马克思产权理论的充分和完整性的认识却不尽相同。

第一种观点认为马克思虽然并未在其任何著述中对产权做过专门的问题研究，也没有形成一个完整体系的产权理论，但马克思使用了其他与"产权"类似的概念、范畴来表达产权的含义，涵盖了产权理论的大部分内容。"尽管马克思主义经典作家没有明确地使用过产权概念，但是与产权内容相近的一些概念范畴和现代西方产权理论所涉及的一些基本内容在马克思的著作中多有论述，并且有些论述和分析比现代西方产权理论还要深刻。因此，马克思主义政治经济学是包含产权理论的。"① 还有些学者认为马克思的所有制理论就是其产权理论，他们指出："把马克思的所有制理论视作一种产权经济学未尝不可。""马克思关于产权的思想，就是他的与所有制分析相联系的所有权思想，马克思是以其所有制、所有权理论来解释资本主义财产权利关系及其运动的。"②

另一种观点则认为马克思有系统和科学的产权理论。著名学者吴易风的论述最具代表性，"岂不知早在科斯以前100多年，马克思就创立了科学的、系统的产权理论……在社会科学史上，真正建立科学的产权理论的是

---

① 王连平：《马克思主义政治经济学与现代西方产权理论》，《中南财经大学学报》1997 年第6 期。

② 转引自武建奇：《马克思的产权思想》，博士学位论文，西南财经大学，2007 年，第 9 页。

马克思。无论同理论前辈相比，还是同现代西方产权理论家相比，马克思的产权理论都是真正经得起实践检验的科学理论。"① 纵观马克思、恩格斯的著作，或许没有提出现代经济学概念意义上的"产权"一词，但马克思、恩格斯对所有制性质和财产所有权概念及其地位、作用的科学论述和准确表述却屡屡见于马恩经典著作中。其实在《哲学的贫困》中，马克思就指出："在每个历史时代中所有权是以各种不同的方式、在完全不同的社会关系下面发展起来的。因此，给资产阶级的所有权下定义不外是把资产阶级生产的全部社会关系描述一番。"② 可见，在马克思看来，所有权是一种反映着经济关系的意志关系，所有权是所有制的法律表现，财产关系是生产关系法律用语，它的内容是由这种经济关系本身决定的。从这里可以清楚地看出，马克思把经济关系看作产权关系的物质基础，经济关系在先，法权关系在后，法权只不过是阶级和国家产生以后对已经存在的经济上的实际占有关系的一种法律确认，产权关系其本质就是经济关系。这足以证明马克思当时已对"产权"有了明确清晰的把握。对这一既定事实，连一些持公允态度的西方学者也予以了肯定。典型的如现代产权经济学派代表人物 S. 平乔维奇，他在《马克思、产权学派和社会演变过程》一文中，通过对马克思的产权理论和产权学派的产权理论的比对，十分诚恳地说道："马克思是第一位有产权理论的社会科学家。"③ 针对马克思在产权理论中的成就，著名经济学家熊彼特更是以充满激情的语调说马克思"是以穿透崎岖的不规则的表层，并且以深入历史事物的宏伟逻辑的眼光来领会它们的"④。

　　诚然，马克思从未使用过产权这个概念，但他多次引述过"所有权"这个词语，马克思是借助所有权来更好、更深地理解产权，这正是他的独到之处。

---

　　① 吴易风：《马克思的产权理论与国有企业产权改革》，《中国社会科学》1995 年第 1 期。

　　② 《马克思恩格斯文集》第 1 卷，人民出版社 2009 年版，第 638 页。

　　③ ［南］S. 平乔维奇：《马克思、产权学派和社会演变过程》，J. C. 伍德编：《卡尔·马克思经济学》第 4 卷，克鲁姆·赫尔姆出版公司 1988 年版，第 240 页。

　　④ 转引自张泽一：《马克思的产权理论与国企改革》，冶金工业出版社 2008 年版，第 16 页。

出于社会主义市场经济体制改革的需要，我国一些马克思主义经济学家也开始自觉地注意研究和发掘马克思主义的产权思想。① 确实，马克思、恩格斯著述中没有直接提出所谓的现代产权概念。但是国内学者通过研究发现，在政治经济学与法学领域都颇有造诣的马克思，既研究了法学上的财产关系又研究了经济学上的生产关系，其实质是对产权领域展开了独特且卓有成效的研究。

马克思、恩格斯秉承其一贯的阶级立场和唯物史观，首先从生产关系和社会关系的角度出发研究财产权，"财产关系……只是生产关系的法律用语。"② 这类论述以《资本论》最为显著，在该部恢宏巨著中，马克思对资本主义生产方式以及和它相适应的生产关系作了详尽剖析，同时他还在此全面地解析了资本主义财产关系，认为它是资本主义生产关系的法律表现。马克思事实上是通过大量关于财产关系和财产权的阐述，夯实了其产权理论大厦的主体工程。其次，马克思第一次用历史唯物主义观点研究了财产和财产权，认为财产权是历史的产物，是历史的范畴。马克思和恩格斯很早就发现"财产最初无非意味着这样一种关系：人把他的生产的自然条件看做是属于他的、看做是自己的、看做是与他自身的存在一起产生的前提，把它们看做是他本身的自然前提，这种前提可以说仅仅是他身体的延伸。"③ 再次，马克思没有把财产权视作是单一的权利，而是看作一组权利束。马克思研究的财产权也包含所有权、占有权、使用权、支配权、索取权、继承权和不可侵犯权等一系列权利。马克思还强调了财产权利对人的生存和发展的重要性，他指出："无论怎样高度估计财产对人类文明的影响，都不为过甚。财产曾经是把雅利安人和闪米特人从野蛮时代带进文明时代的力量。"④ 最后，马克思还结合原始社会及其解体的历史进一步指出人的个性发展不是社会的自然实现，不是个人的自我完成，而是不可

---

① 如林岗、吴易风、程恩富、黄少安、刘伟、吴宣恭等。
② 《马克思恩格斯文集》第 2 卷，人民出版社 2009 年版，第 597 页。
③ 《马克思恩格斯文集》第 8 卷，人民出版社 2009 年版，第 142 页。
④ 《马克思恩格斯全集》第 45 卷，人民出版社 1985 年版，第 377 页。

避免地受财产所有制关系、社会经济条件的制约。可以说，马克思、恩格斯出于人类解放的伟大理想把消灭财产的特权占有和剥削所得的生产资料私有制作为实现人的自由全面发展和社会进步的历史前提条件。

除此之外，马克思还阐明了所有制与所有权这两个有着密切联系的不同范畴之间的关系，认为所有制是经济范畴，而所有权（产权）是法律范畴①；前者是生产资料归谁所有的经济制度，而后者却是财产归谁所有的法律制度；所有制体现了人们在生产资料方面形成的经济关系，是生产关系的基础和核心，它决定了人们在生产过程中的关系以及交换关系、分配关系、消费关系，而所有权是所有制的法律形态。因而，所有制是所有权的经济基础，所有权是所有制的法律表现，"是一定所有制关系所特有的法的观念"②，一定的所有制决定了一定的所有权。③

马克思还发现所有制先于产权的存在而存在。马克思曾在《资本论》第三卷里分析过人类自从把地球表面的一部分看作是他们共有的或者集体所有的财产以来的历史，认为土地这种自然物从此就具有社会的意义。他认为经过了许多由浅入深的发展阶段后，才产生了纯粹的私人土地私有制；而私有制的产生和保护私有制的法律出现以后，真正的私有产权才出现。原始社会，由于生产力水平极其低下，工具也极为简单，单独的个人无法应对恶劣的生存条件，因此只能实行全体公社成员共同劳动、共同生活的生产资料公有制（公有产权），否则人类就无法薪火相传。在原始公有产权基础上，随着生产力的进一步缓慢发展，开始出现了剩余产品，家庭组织的形式也开始产生由大到小的变化。为了便于强力霸占剩余产品，私有产权才借机产生。产权的历史演进是一个由生产力与生产关系矛盾运

---

① 2007 年 10 月 1 日，我国正式实施的《物权法》，其第三十九条规定"所有权人对自己的不动产或动产，依法享有占有、使用、收益和处分的权利"。第四十条规定"所有权人有权在自己的不动产或者动产上设立用益物权和担保物权。用益物权人、担保物权人行使权利，不得损害所有权人的权益"。因此《物权法》这两则条款中对所有权人的权限规定正好印证并体现了马克思的"所有制是经济范畴，而所有权（产权）是法律范畴"的说法。

② 《马克思恩格斯全集》第 30 卷，人民出版社 1974 年版，第 608 页。

③ 林岗、张宇认为马克思主义经济学的所有制理论就是马克思主义的产权理论，详见林岗、张宇：《产权分析的两种范式》，《中国社会科学》2000 年第 1 期。

动而层层推进的历史过程。先有原始公有产权制度，后又演化到奴隶私有产权制，在此基础上形成了封建私有产权制度，而后经过一系列的变革，再演进到资本主义私有产权制度，进而发展到社会主义公有产权制。

马克思还指出，产权在某种形式上就是人权，私有财产是人权的现实基础，因此可以说财产权是资产阶级的主要人权。"私有财产这项人权就是任意地、和别人无关地、不受社会束缚地使用和处理自己财产的权利，这项权利就是自私自利的权利。"其他的一切人权都不过是为财产权服务的和受财产权制约的，如"自由这一人权的实际应用就是私有财产这一人权"。而"安全是市民社会的最高社会概念，是警察的概念；按照这个概念，整个社会的存在只是为了保证维护自己每个成员的人身、权利和财产"。①

通过以上对马克思主义有关产权理论的梳理，可以清晰地勾勒出一幅马克思主义产权理论的图景。马克思主义产权理论"是迄今为止社会科学史上真正科学的产权理论"②的断语不但是吴易风教授等人研究的结论，而且也是马克思主义产权理论的真实写照。

可是，近来各种否定马克思主义理论的学说层出不穷，它们在各自领域内削弱、歪曲甚或诋毁马克思主义的真理性，在经济学领域内这种现象更是值得警惕。它们极力否认马克思主义理论中有关产权理论的根本存在，而在马克思主义产权理论铁一般的事实面前，它们又百般辩解或故意拔高西方产权理论而人为地贬低马克思主义产权理论的价值。这种现象不能不令人深思。铁一般的事实告诉我们，西方经济学界确有其自身独特的产权理论，而马克思主义者的表现也毫不逊色，甚至还技高一筹。但不可否认的是，马克思主义者的产权理论与西方产权理论的研究范式确实不同。虽然它们的研究目的、研究方法、研究手段各有不同，但在强调制度对经济绩效的影响、在界定产权是一组权利束、在注重产权制度变迁的研究等方面，两种理论又有不少异曲同工之处。

---

① 《马克思恩格斯文集》第 1 卷，人民出版社 2009 年版，第 42 页。
② 吴易风：《产权理论：马克思和科斯的比较》，《中国社会科学》2007 年第 2 期。

四、我国传统产权观

历史悠久、文明灿烂的中国同样孕育了极其丰富的产权思想。虽然这一思想也像马克思主义理论一样，没有西方产权学派严格意义上的产权概念和完整的产权理论体系，但其丰富的内容却值得我们仔细疏理，认真挖掘。

（一）古代中国，很早就有了产权是一组权利束的观点，且这些权利可以分属不同的权利主体，也可同属同一主体

第一，产权是一组权利束，不同的权利可以分属不同的权利主体，而且这些权利都能得到国家法律的认可。这点完全可以从奴隶制土地所有制、封建土地所有制中土地所有权和经营权的分离事实中得到解答。无可置疑的是，中国奴隶社会的土地所有制确实属于马克思所论述的亚细亚形态，即奴隶主土地国有所有制。这种形态的土地所有制，财产归"公社集体之父"的国君或国王所有，国君是全国土地最高的所有者或者唯一的所有者。马克思认为这种土地所有制中的个人，只是财产的占有者，而非实际的所有者，社会上根本就没有所谓的私有土地财产。"溥天之下，莫非王土，率土之滨，莫非王臣"描述的就是这种情况。田地所有权属于君主，而土地的使用权却归属奴隶经营。《诗经·小雅·大田》中就提到"雨我公田，遂及我私"，这是当时土地所有权与经营权分属的生动写照。

春秋战国之际，公社土地所有制发生了急剧的变动。变动的基本内容是土地私有制的产生，土地私有权的确立构成了由奴隶社会向封建社会过渡的一个重要标志。经过春秋战国产权制度的一系列演化，到秦朝，公社土地所有制最终土崩瓦解，封建土地所有制得以基本形成。而中国封建社会基本的土地所有制形态是"封建地主土地所有制，封建土地国有制是它的补充形式，自耕农民的小土地所有制则是它的附庸"[①]。尽管奴隶主土地所有制演化到封建土地所有制，但所有权与经营权分离的现实却没有发生

---

① 林甘权:《中国封建土地所有制的形成》,《历史研究》1963 年第 1 期。

相应的变化。为了维持封建统治、为了与封建土地所有权制度结构多元化相适应，统治者顺应了当时经济增长的需要，发展了以佃租制经营为主、自耕农经营为辅等多种经营形式并存的经营模式。我们知道，租佃制是在土地所有权和使用权分离的前提下产生的一种土地经营制度，是在土地财产和人身自由的条件下土地所有者和土地使用者对一定时期的土地使用权的交易关系。为了维持封建地主不劳而获的丰裕生活，土地主人通常把所属田地的经营权分割出去，租佃给无地或少地的农民耕种，然后收取比例很高的地租。这种所有权与经营权分离的模式，表面看似乎地主与农民"各得其所"，但实际所得却大相径庭。封建统治阶级为了维护封建统治，需要大量的粮食和赋税，必须拥有一定的国有土地——"公田"以确保国家的不时之需。而政府通常以军屯、民屯等方式把这些土地租佃给无地或少地农民经营，利润则由政府与农民按约定比例分成。这种经营模式，政府成了地主，而农民实际上获得了土地的经营权，在其本质上，政府农民其实也是一种租佃关系。到了明清时期，由于商品经济的发展，农民的土地经营权利获得了进一步提升，其土地经营权演变为一种新的土地经营模式——永佃权。① 实行永佃制，土地的所有权和使用权实际上分属于不同的权利主体。佃农不仅可以永久租种某部分土地，还可转让其经营权，事实上佃农拥有了该土地的实际经营权。土地使用权这种私人化使其剩余索取权得以大幅提升，此举极大地激发了佃农的生产积极性，促进了农村社会的经济发展，有利于封建统治的长治久安。

土地所有权和使用权的分离决定了土地收益权在不同权利主体之间的分配，不同的权利主体享有不同的权利。政府与奴隶主或地主实际上拥有土地的绝大部分收益，而奴隶或农民却只能获得部分的劳动果实。奴隶制的土地所有制下，奴隶主因为拥有绝对的产权，必定获取产权的绝大部分收益，他们除了获取土地产权中其所有权项之全部利益之外，还攫取了土地经营权中的大部分利益；奴隶们除了获得维持自身与家庭生存的基本需

---

① 所谓永佃权是指佃户定期向地主交租，拥有永久性地租种某块土地的权利，这种权利不因地主出卖或转让土地而影响佃农继续耕种土地的自由。

求之外，基本上一无所有。而封建的土地产权制度，在地主、国家与农民的权利分配格局中，国家必定是享有租、赋、税等权利获取的主体，地主则获得租金或粮食分成。

租的比例、赋和税的多寡与王朝的兴衰有关。一般而言，在王朝建立之初，统治者通常会汲取历史的经验教训，广施仁政，轻徭薄赋。可是一到王朝后期，穷奢极欲的糜烂生活、对历史悲剧的选择性遗忘以及统治阶级内部深层次矛盾的激化等原因，统治者必定走向加重对百姓的租、赋、税征收的不归之路。地主租金的多少和收成比例的抽取也是如此。王朝初建之时，由于所谓明君的严格管制和历史上屡见不鲜的"劫富济贫"教训，地主对农民的盘剥还会稍许保留，但到了王朝末期，骄奢淫逸的生活、政府监管的松弛、历史惨痛教训的模糊记忆以及为了转嫁政府的赋税负担等因素，地主对农民盘剥再也不会像他们的先辈那样"心慈手软"。

第二，产权是可以同属同一产权主体的权利束。产权可以同属同一产权主体的产权观不但可以从许多历史典籍尤其是封建时代的法律规定中找到答案，而且可以从封建社会的土地产权现实中得到印证。王朝更迭的惨痛历史不断告诫统治者，天下易主的最重要原因是人民缺少赖以为生的土地，因此大部分历代开国之君为了江山永固都会重新分配土地，分配给各类不同等级的人群不同质、量的土地，以安稳人心。这就产生了大量的自耕农，这些自耕农经过历代豪强的巧取豪夺式的土地兼并，到王朝末期已经所剩无几。不管其自耕农的数量多寡，但就自耕农的土地产权性质而言，其土地是自己所有、自己经营。他们独自享有土地产权主体的一切权益，同时也一并履行律令赋予他们的一切义务，因此还必须向国家交付赋、税、徭役和兵役，但不必向地主缴纳田租。观念是现实的反映，现实是观念形成的物质基础，封建土地制度下自耕农土地产权的权利束相统一的历史现实，必定是当时人们产权观的结晶。

（二）不同产权主体权利与义务的非对等被视为正当合理

在封建的土地所有制下，政府、地主只是单方面的权利享受者，而农民不仅得不到或很少得到国家或地主应给付的权利，相反他们只能一味地付出。在封建的国家土地所有制下，农民在租种其土地时，在交清按协议规定缴纳的租、税、赋后，还必须承担一定的徭役、兵役，有时在非正常的时期，还必须履行超常的义务负担。朱元璋曾晓谕百姓："吾民者当知其分，田赋力役出于供上者，乃其分也。能安其分者，则保父母妻子，家昌子裕，为忠孝仁义之民；否则，不但国法不容，天道亦不容矣。"① 可见，农民履行"田赋力役"仍是国家法令强力执行的必然义务和责任。但是，"在这样的租佃关系上，官府或封建国家不是作为一个政权机构与佃农发生政治隶属关系，而是作为一个土地所有者与佃农发生经济剥削关系。确切说来，使用契约的租佃关系的双方应当是比较自由、平等的，互有相应的权利和义务。"② 张传玺先生的这种说法还是值得商榷的。其实，在封建制度的强制力下，订立契约的双方力量不同，权利和义务的分属当然不一；况且，封建国家为了封建制度的"长治久安"，往往会强制性地推行军屯、民屯等生产经营方式，在这样情境下的租佃契约，屯民哪能享有"比较自由、平等的互有相应的权利和义务"呢？农民在承租地主土地时，不但要向地主缴纳正常份额的田租，还必须替地主缴纳一定的税负，有时还需为地主顶工当差，为其冲抵徭役、兵役负担。自耕农所有制体制下的农民，他们虽然不必向地主、国家缴纳田租，但在获取土地收益时，也必须向国家缴纳必要的税负，承担一定的徭役和兵役。通常在王朝后期，因为地主与政府为了转移统治危机，常常会加大对自耕农的盘剥，提高他们的赋税比例和徭役负担，最后他们不是破产就是被大地主兼并，这成了他们的不二选择。

（三）封建的统治者认为封建的土地转让权应该受到一定的限制

为维持封建社会的长治久安，统治者有意识地限制封建土地私有制下的土地权利，使土地的转让权残缺不全。

尽管自秦开始，土地私有形态已占主导地位，土地的买卖已为习俗、法律所认可；但在实际的现实层面，土地的许多权益必定受到传统产权观

① 转引自王家范：《中国传统社会农业产权辨析》，《史林》1999 年第 4 期。
② 张传玺：《论中国封建社会土地所有权的法律观念》，《北京大学学报》1980 年第 6 期。

的残余影响，产权主体并不能行使完整的产权。

在土地私有产权产生之前，传统的公社土地所有制已经延续了几千年，公社土地产权的影响已经渗透到民族的灵魂深处。因此在唐代中期以前，土地的使用、受益、转让等权利无处不浸染着公社土地所有制的残余痕迹，只是到了唐中期以后，由于时代久远，传统的影响才日渐式微。

土地是封建社会人们赖以谋生的主要生产资料，土地的归属直接影响到人们生活的贫富，进而影响到社会的稳定和王朝的更替，因此统治者必须从政治的角度考量土地的转让权。无疑，历代统治者大多都意识到"民以食为天"的古训，一个简单的"饭"字，它由左边的"食"和右边的"反"字牢牢地架构在一起，就形象地说明了人们早就认识到粮食与造反之间的紧密联系。因为粮食安全与土地的密切关系，封建统治者对土地的买卖和转让事实上极为慎重。因此，土地的转让权不但受到习俗、法律的制约，而且也受到统治者出于维护统治的政治利益的掣肘。唐代就规定，土地买卖须经政府批准方能生效，否则产权的转让得不到政府的保护；而且出于宗法制度的政治考虑，买地的主顾必须有先后之分，要"先问房亲，房亲不要，次问四邻，四邻不要，他人并得交易"。但是，到了宋代，随着商品经济的发展，典卖土地必须先问亲邻的政治考量有所松动，但仍有一定的约束力。只是到了明清时代，随着商品经济的发展需要，除了一些比较落后的地区，政治权力和宗法势力仍然对土地转让有所影响之外，多数地区的土地买卖需向官府申请，买地的主顾也要亲疏有别的规定和观念才彻底消除。

（四）商人私有产权的残缺被社会视为理所当然

封建统治者认为商业是对农业社会的潜在威胁，而且商人过多的经营会与政府争利，因此必须对商业行为进行一定的约束。而约束商业行为的最好方式之一是在一定程度上制造商人私有产权残缺不全的机制。封建社会是传统的小农经济，一贯推行重农抑商政策，为了稳定农业生产，政府常常漠视商人的利益，在法律上特意对商人财产的经营权作了不能用于买田置地的限制。比如哀帝时就制定了"贾人不得占田、为吏，犯者以律论"(《汉书》卷二十八)的规定。而更为普遍的做法是政府对一些重要商品如盐、铁、酒、茶等实行专卖制度,严禁商人涉足。盐是人们生活的必需品,因此经营盐业利润高而无风险。据史书记载,从汉武帝开始,历代统治者大多将盐业视为自己"禁脔",盐的专卖一律实行"民制、官收、官运、官卖"的制度,以增加政府财政收入。铁制品也因为涉及生产工具和家庭生活工具的必需,获利颇丰,所以对铁制品的管制也分外严格。从其生产到销售皆由官府负责,商人们被一概拒之门外,"敢私铸铁器鬻盐者,钛左趾,没入其器"(《前汉书》卷二十四)。虽然,这些制度到封建社会后期有所松动,但也只是专卖形式的变化,其专卖内容却未有大的实质上的改变。以后有些朝代为了各自的需要,还时断时续地对茶、酒、醋等实行过专卖制度,只是到了清朝中后期由于商品经济的发展专卖制度才日渐式微。由此可见,商人的财产使用权和经营权受到诸多限制,以至于杨联陞发出"行使私人财产权利的自由在中国受到诸多限制"的感慨。[①]

与此同时,由于农业文明的影响,当时整个社会弥漫着一股轻视商人与商业行为的气息,而商人的投机行为也加重了人们对商人的轻视,无商不奸成为农业社会对商业的普遍看法,因此对商人的产权残缺的认同感就有了广泛的社会基础。

综上所述,古代的中国主要是农耕社会,其小农经济的属性决定了中国传统的产权观念和产权思想的进步性和局限性。尽管中国传统的产权观没有给出明确的产权概念,也没有产生现代意义上完整的产权思想,但并不妨碍我们对它的探索与吸纳。

五、笔者对产权含义的界定

通过对西方产权含义的解读,对马克思主义产权思想以及我国传统产权观的历史考察和比对,我们发现由于产权涉及的内容复杂,其概念界定较为困难,连产权经济学发源地的西方学界对产权的概念界定也莫衷

---

① 转引自高玮:《中国古代社会私有财产权利分析》,《湖北经济学院学报》2010 年第 1 期。

一是。

多年来中国现代学界也不断对产权概念提出自己的理解，他们从不同的角度剖析产权内涵，从而给出自己的产权定义。他们对产权概念的界定首先是从研究、分析西方各种产权概念出发，然后再加以必要的梳理、归纳、总结。西方学界对产权的界定众说纷纭，莫衷一是，影响了中国学者对产权概念的理解，因此加大了中国学者梳理、归纳、总结西方产权理论的难度。比如陈胜详就在其《分化与变迁——转型期农民土地意识研究》一书中，对西方学界的产权概念作出了分门别类的整理归纳，以权利说、制度说、关系说、综合说的四分法来总结西方产权的各种定义。可惜的是，他的这种分类是值得商榷的。其实从他所引用的定义材料看，所谓德姆塞茨权利说、利贝卡普制度说、配杰威齐关系说以及最后所指的综合说，经过仔细推敲、分析，发现这些所谓的定义分类，其实归纳起来一律都应属于权利说一种。配杰威齐口中的"关系"与利贝卡普口中的"制度"究其实质而言无非都是权利的一种实现手段而非目的本身。① 可见，对西方产权进行归纳、总结的工作还需学者们进一步发掘、提炼。其次，大量的学者在比较深刻地把握产权的本质以及深入研究西方产权概念的基础上对产权定义做了独到的理解。归结起来，最具典型性的表述有两种：一是产权就是财产所有权。著名学者于光远教授就持此类观点，于光远认为："产权（财产权）也就是所有权，它是某个主体拥有作为其财产的某个客体所得到的法律上的承认和保护。"② 刘诗白先生也认为："财产权简称产权，是主体拥有的对物和对象的最高的、排他的占有权。"③ 这个观点主要是从法学角度强调产权是个法律范畴。二是产权就是财产权。"产权就是对财产的权利，也就是对财产的广义的所有权——包括归属权、占有权、支配权和使用权；它是人们（主体）围绕或通过财产（客体）而形成

---

① 详见陈胜详：《分化与变迁——转型期农民土地意识研究》，经济管理出版社 2010 年版，第 141—142 页。

② 刘伟、平新乔：《经济体制改革三论：产权论、均衡论、市场论》，北京大学出版社 1990 年版，第 1—2 页。

③ 刘诗白：《产权新论》，西南财经大学出版社 1993 年版，第 133 页。

的经济权利，其直观形式是对物的关系，实质上都是产权主体（包括公有主体和私有主体）之间的关系。"① 正如罗能生先生所说的："所谓产权即财产权利，是一定社会所确认的人们对某种财产或资产所拥有的各种权利的总和，是基于一定的物的存在和使用的人们之间的一种权利关系，是人的社会存在的一种肯定方式。"②

以罗能生先生为代表的第二种产权界定比第一种从法律范畴界定产权的概念，其内涵与外延都要广远宽深，它涵盖了一切关于财产权利的范畴。此外还有其他一些界定，如：产权是出资者依法对其投入的资本金的企业的各种财产享有的占有、处置、支配、使用和收益的排他性权利。产权是指财产的所有权、实际占有权、使用权、受益权和处置权这样一组权利组成，其中财产所有权是最本质意义上的产权关系，其他方面的财产权利都是由它派生出来的。产权是社会认同的经济权利，包括所有权以及在此基础上派生的一系列权利。它是界定各经济主体权、责、利的内容及边界的范畴，实质是人们之间的权、责、利关系。然而究其种种，这些定义仍然脱离不了上述两大类的范畴。通过对上述产权概念的梳理，究竟何为产权，中外理论界仍然没有给出一个一看即晓的统一而精确的定义。

为了便于表述，我们将马克思主义对产权的剖析、西方学者对产权的理解、中国现代学者对产权定义的把握以及中国传统意义上的产权意蕴综合归纳起来，沿着他们的研究路径，加上自身的认知，把产权暂定义为：产权是财产权利与义务的组合，是财产主体相对于财产客体而形成的人与人之间的一种经济权利与义务关系，是权利与义务的统一，它不但是财产权利而且也是保护抑或是侵害他人经济利益的行为权利。

任何一项产权都包括了产权主体的权能（产权主体对财产的权力和职能）和利益（财产对产权主体的具体效用或所带来的好处）两部分内容，产权的这两部分内容相互依存，具有内在统一的关系。如果对产权予以最狭义理解，可视同为"物（包括不动产和动产）权"，正如《中华人民共

---

① 黄少安:《产权经济学导论》，山东人民出版社 1995 年版，第 68 页。
② 罗能生:《产权的伦理维度》，人民出版社 2004 年版，第 43 页。

和国物权法》第二条里所表述的，这种物权"是指权利人依法对特定的物享有直接支配和排他的权利，包括所有权、用益物权和担保物权"。就一般而言，产权是一组权利束，它至少包括"财产的占有权、使用权、收益权和转让权"①这四个方面的基本权利；当然，在与财产相关的一系列权利中，起决定性的是所有权。在权利统一而不相互分离的情况下，拥有所有权，就意味着拥有与财产相关的全部权利，也即拥有完全产权。对此，不妨分别列项试析：

1. 所有权：指产权主体把特定财产当作自己的专有物，它排除其他一切无关主体对此财产的所有。具体而言，它包含如下内容：首先，它确立了所有者对财产排他性占有的主体地位；其次，所有者可以对其财产设置法律许可的权项；最后，所有者可利用财产的权能获取一定的经济收益。

2. 占有权：指产权主体实际地运用或管理财产，并能对之施加实际影响的权能。任何私有财产的基础都是占有，但并非任何占有都能构成法权观念上的私有财产。马克思就精辟地说过："私有财产的真正基础，即占有，是一个事实，是无可解释的事实，而不是权利。只是由于社会赋予实际占有以法律规定，实际占有才具有合法占有的性质。"②这种财产所有权与占有关系不同，它们之间存在着明显的差别。一是所有权可指广义上完整的所有，即包括产权的一切权能。而占有权，只能是指产权主体的一项权能，其权能并不包括所有权、使用权、支配权等，权能并不完整。二是所有权有时也可指狭义上的所有权。这时，产权的各项权能已经分属不同的产权主体，拥有所有权仅仅只表明物的领有关系受到法律的承认与保障，这种意义上的所有者并不能直接掌控法律层面上属于他的财产客体。而此时实际占有者则可根据需要事实上可操控财产客体。简而言之，所有者并不意味着实际上能占有该物，而占有者也不意味着就是被占有物的所

---

① 参阅大卫·M. 沃克编著：《牛津法律大辞典》，光明日报出版社 1988 年版，第 729 页。产权是指"存在于任何客体之中或之上的完全权利，它包括占有权、使用权、出借权、转让权、用尽权、消费权和其他有关权利"。

② 《马克思恩格斯全集》第 3 卷，人民出版社 2002 年版，第 137 页。

有者。

3. 支配权：指产权主体处理财产客体的权能。这种支配权在法的意义上就是产权主体有权如何处置财产客体，如可以租赁、赠予、抵押，也可以自己使用甚至闲置之。支配权在实际生活中涉及的范围较广，对人们的生活、生产影响大，在具体实施行为中可视情况酌情处置。

4. 使用权：指产权主体利用和消费财产客体的权能。这种对财产客体的使用包括维持或改变其具体形状和性质。另外，至于收益权或用益权等，则是实施产权各种权能时而所获得收益的权利，基本上与上述四种权利的运用杂糅在一起，此不赘述。

通常而言，生产资料所有制内部关系即所有、占有、支配、使用关系，如果以法律意志的形式表现，就是我们俗称的所有权、占有权、支配权、使用权；一般而言，人们习惯上又把占有权、支配权、使用权合称经营权，据此就产生了所有权与经营权分离的问题。但这种分离不是完全意义上的分离，而是相对意义上部分权利在时间或空间上的特定分属，其实在现实生活中也不存在绝对分离的形式，否则就是产权的转让或出卖。大家常常以借贷资本作为所有权与经营权绝对分离的范例，实际不然。银行等贷出方只是在一定的条件、一定的期限甚至一定的空间内让渡经营权，也就是说贷出方已经用条文形式掌握了部分经营权；而且借贷方的所有权受到借贷条件的限制，这些限制必须严格履行。一旦期限届满或者限制条件有所突破，银行等借出方就会重新行使所有权，依据借款合同直接干预借贷方的经营行为。当然，这四种权利既可以统一为一个权利主体，也可以分属不同的权利主体。

不难看出，现代意义上的财产权，它的权限界定起码在理论假设上是清晰的，它直接可减少相关成本从而提高社会整体的经济效益。所以，产权作为一种特定的社会权利包含着诸多特性规定，其中"排他性、可分割性、可转让性"是一个健全的产权所应具备的基本特性。排他性是产权的决定性特征，是指财产归谁所有和支配的经济行为的法律关系，它包含两点内容：一是明确所有者主体，即明确财产归谁所有、归谁使用等；二是明确所有者客体，即明确某个所有者占有、使用和支配的是何种产权和何种权利。可转让性又叫可交易性，是产权的又一属性，是指产权在不同主体之间的转手和让渡。

为此，在产权经济学看来，产权作为社会经济生活中一项根本性的权利安排和制度设计，其关系是一切经济关系的核心和基础。而就产权这些特殊性权利和规定的理论而言，再联系当代产权的实际运行现实，我们可以看到对产权进行一番正义视域下的道德审视的必要性，譬如，财产应如何获得、占有或转让才符合人类的道德要求和伦理规范，其"正义性"又在哪里？财产的排他性权利又能在多大程度上体现出人的主体性"正义"诉求？这就不能不引起我们对正义与经济正义的深入探讨。

第二节　正义与经济正义

人类在文明的历史上已经跋涉了漫长的时期，对正义与经济正义的探讨与追求一刻也没有停止过。可以说，人类的文明史有多长，人类探讨、追求正义与经济正义的历史就有多长。千百年来，人们为了探讨、追求正义与经济正义付出了艰辛的努力。

一、什么是正义

何谓正义[①]是个亘古常新的话题。自人类诞生以来，出于构建公序良俗的美好愿望，对正义的探究和追求就成为人们一直孜孜以求的价值目标。然而，正义（justice）究竟是什么，它的内涵与外延又是什么？正义成了一个难以捉摸的理论和现实问题。"……它拥有一张普洛斯似的脸（a

---

① 正义、公正和公平这一概念，国内学者多数把它们理解为同一内涵，例如袁贵仁就说"公正又称'公平'、'公道'、'正义'"，"所谓公正……可以理解为人的权利和义务之间的相称或平衡"；段忠桥也采用这一用法；还有不少学者如汪荣有、吴忠民等把正义与公正同义。详见袁贵仁：《马克思的人学思想》，北京师范大学出版社 1996 年版，第 261—268 页；段忠桥：《当前中国的贫富差距为什么是不正义的?》，《中国人民大学学报》2013 年第 1 期；汪荣有：《经济公正论》，人民出版社 2010 年版，第 1 页；吴忠民：《社会公正论》，山东人民出版社 2004 年版，第 1 页。

protean face），变幻无常……我们往往会深感迷惑。"①

正义一词，最初源于古希腊文的"orthos"，其意为：表示置于直线上的东西，往后就用于表示真实的、公平的东西。而在我国古代典籍中，"正"主要是指人的政治道德品行之正直、端正，《荀子》首先将"正"与"义"连缀合用，其曰："不学问，无正义，以富利为隆，是俗人也。"《荀子·儒效》认为正义就在于合乎礼仪，品行端正，公平正直，没有偏私。而没有偏私要依据一定人为的准则，因此它是一种价值判断，内含一定的价值标准，所以正义是一个高度抽象和形式性的概念。对于什么是正义，学者们的回答各不相同。西塞罗就认为正义是"使每个人获得其应得的东西的人类精神取向"②。与之类似，查士丁尼将正义解释为"正义是给予每个人他应得的部分的这种坚定而恒久的愿望"③。乌尔庇安也认为"正义乃是使每个人获得其应得的东西的永恒不变的意志"④。近代思想家休谟则认为正义"起源于人的自私和有限的慷慨以及自然为满足人类需要所准备的稀少的供应"⑤，从而，正义是一种尊重财产权的"人为美德"；同样，爱尔维修也指出"惟有公正几乎包括一切美德，而公正就是把属于谁的东西给谁，因而归结起来就是保障这种所有权"⑥。对究竟何为正义，牛津大学的科恩教授给出的解释是"但如果因为我的一些批评者坚持要求我必须仅以通常的话语说出我认为正义是什么，那对这些对此将感到满足的人来讲，我就给出正义是给每个人以其应得这一古老的格言"。牛津大学的另一教授米勒的观点与此相类似，"正义意味着以适合于每个个体自己的方式对待每个人"。麦金泰尔也认同这一观点，强调"正义是给予每个人——包括他自己——他所应得的东西以及不以与他们的应得不相容的方式对待

---

① ［美］E. 博登海默：《法理学：法律哲学与法律方法》，邓正来译，中国政法大学出版社1999 年版，第 252 页。

② ［美］E. 博登海默：《法理学：法律哲学与法律方法》，邓正来译，中国政法大学出版社1999 年版，第 264 页。

③ ［古罗马］查士丁尼：《法学总论》，张企泰译，商务印书馆 1989 年版，第 5 页。

④ ［古罗马］查士丁尼：《法学总论》，张企泰译，商务印书馆 1989 年版，第 264 页。

⑤ ［英］大卫·休谟：《人性论》，关文运译，商务印书馆 1980 年版，第 536 页。

⑥ 转引自北京大学哲学系编：《十八世纪法国哲学》，商务印书馆 1963 年版，第 91 页。

他们的一种安排"①。而作为当代正义理论的代表，美国哲学家罗尔斯则认为"正义是社会制度的首要价值，正像真理是思想体系的首要价值一样"②，因此，在他看来，"正义的对象是社会的基本结构——即用来分配公民的基本权利和义务、划分由社会合作产生的利益和负担的主要制度"。③

国内研究正义的学者对正义的含义也提出了不同的看法，他们在汲取西方学者丰硕成果的基础上，对正义的内涵作了自己独特的认识和把握，通过分析他们多数学者对正义的内涵的剖析，发现他们主要从正义的内容角度对正义进行了界定。

中国人民大学段忠桥教授就十分赞同科恩教授等人对正义的解释，他也从正义的内容角度对正义作了阐释，他认为正义就是"给每个人以其应得"④。清华大学万俊人先生则从正义原则和主要内容对正义进行了概括和把握，他认为"正义，最一般地说，就是对社会权利和社会义务的公平分配或安排，以及与此种分配方式或安排秩序相宜的道义品质"，"公平或正义的概念具有双重含义：其一是指社会基本制度安排和秩序的公平合理，以及由此形成的对社会成员的普遍公正要求和行为规范；其二是指个人的正直美德，以及作为这种正直美德之基本表现的公民的社会正义感和公道心"⑤。北京师范大学的袁贵仁教授也是侧重从正义的主要内容上界定正义，"公正又称'公平'、'公道'、'正义'"，"所谓公正……可以理解为人的权利和义务之间的相称或平衡"⑥。中国社科院贾可卿认为"正义指的是

① 转引自段忠桥：《当前中国的贫富差距为什么是不正义的?》，《中国人民大学学报》2013年第1期。

② ［美］约翰·罗尔斯：《正义论》，何怀宏、何包钢、廖申白译，中国社会科学出版社1988年版，第3页。

③ ［美］约翰·罗尔斯：《正义论》，何怀宏、何包钢、廖申白译，中国社会科学出版社1988年版，译者前言第5页。

④ 段忠桥：《当前中国的贫富差距为什么是不正义的?》，《中国人民大学学报》2013年第1期。

⑤ 万俊人：《道德之维——现代经济伦理导论》，广东人民出版社2000年版，第113—115页。

⑥ 袁贵仁：《马克思的人学思想》，北京师范大学出版社1996年版，第261—268页。

社会成员在利益和负担方面的应然分配，它是一种社会制度最基本的价值规范"①。王海明则突出了正义的抽象性，他认为"公正是平等（相等、同等）的利（害）相交换的善的行为，是等利（害）交换的善行，不公正则是不平等（不相等、不同等）的利（害）相交换的恶行，是不等利（害）交换的恶行"②。

可见中外学者对正义的理解各有不同，究竟何为正义很难达成共识，"通观各种有关论著，都难以找到对于'正义'的一个清晰的定义"③。笔者认为，如从正义的词义学上解释，"正义"有"正当及适宜"之义；从哲学角度看，正义是一项道德原则，而且是社会制度的首要价值；而作为社会的一种"善"，它应是人类社会具有永恒意义的基本价值和基本行为准则。

究竟何为正义？通过细究以上西方学者对正义的定义，我们不难发现他们对正义的解释有一个弊端即他们对正义的内涵多从权利的角度诠释——"给其所应给"，很少从义务视角去解释正义——"付其所应付"，而能把权利与义务结合起来框定正义的更是鲜有（罗尔斯等极少数学者除外）。也许他们各自的"正义"言下之意早已包含了权利与义务的统一，但单从简单的字面看，确实很难看到他们对二者的兼顾。就权利的狭义理解也即法律层面的理解，权利是权力和利益的简称；从广义上诠释即哲学上的定义，"认为权利是人的社会存在的一种肯定方式，是一定社会所确认的主体可以去支配或获取某种客体对象的肯定关系，也即黑格尔说的'人格的定在'"④。所谓人格的定在，按照黑格尔的解释，"取得了所有权即达到了人格的定在"⑤。不管是狭义的理解还是广义的诠释，权利都是法人或个体从他人或社会取得的利益，不论这些利益是权力、金钱、荣誉、他人

---

① 贾可卿：《分配正义论纲》，人民出版社 2010 年版，第 217 页。
② 王海明：《公正平等人道——社会治理的道德原则体系》，北京大学出版社 2000 年版，第 5 页。
③ 黄斌：《正义辨析》，《探索》2002 年第 3 期。
④ 转引自罗能生：《产权的伦理维度》，人民出版社 2004 年版，第 8 页。
⑤ ［德］黑格尔：《法哲学原理》，范扬、张企泰译，商务印书馆 1961 年版，第 59 页。

的肯定，还是"人格的定在"，其实都是主体从客体身上所获取的关系，是对"给其所应给"的外延拓展。西方学者之所以忽视正义的一个重要内涵——义务，与其个人主义思想的历史渊源密不可分。个人主义主要强调个人的发展，强调从社会所得——权利，轻视对社会所付——义务，以为对社会付出或者行动受社会某些所限就是对自由的侵害。这一点可从他们一向偏重于程序正义而较少关注实质正义的传统中可管窥全豹。但是西方学者对正义内涵以偏概全解释的弊端，在中国学者那里基本上都得到了修正，他们的定义都有把权利与义务的相称和对等考虑进去。

没有无权利的义务，也没有无义务的权利。权利与义务应该是个共生体，权利与义务的"二位一体"决定了权利与义务的相生相伴。正义作为人类社会的基本价值和基本行为准则，它绝不是单单的权利享受者，也不单单是义务的承担者，它理应是权利与义务的统一体。罗尔斯就明确地规定，正义的对象是社会的基本结构即用来分配公民的基本权利和义务、划分由社会合作产生的利益与负担的主要制度。罗尔斯的两个正义原则的要义就是平等地分配各种基本权利和义务，他认为一项正义的制度就是合理、公平、平等地指定基本的权利和义务，决定恰当的分配份额。社会经济关系观念化的表现就是正义，正义的标准由社会经济关系决定，不同的经济关系有不同的正义标准，正义总是具体而非抽象的正义。正义是一种价值形态，是社会制度价值评价的尺度，是社会所普遍认同的、合理地调节社会关系的原则。从社会正义的角度看，权利与义务应该对等，属于一对既对立又统一的意义范畴。如果说权利是一种利益的获得，那么，义务就是一种成本的付出，即任何利益的获得必然是一定成本的付出。然而在阶级社会，剥削阶级或特权阶层捕获众多的权利，却很少承担相应的义务。与之相反，广大劳动人民却承担着额外而繁重的义务，他们所获享的却是与之极不相称的所谓权利。

因此，要对正义做个清晰的界定，就必须把权利与义务对等性的因素考虑进去，只考虑权利的获取或者仅考虑义务的奉献就会顾此失彼，如果权利与义务都考虑了却彼此比例不当也是考虑欠佳。一定要给予正义一个精准的定义不易，如果确实要定义的话，我们不妨结合以上大部分学者的真知灼见，再加以自身粗浅的理解，把正义暂定义为"正义就是得其所应得，付其所应付的一种社会最基本的行为规范和价值尺度"。

那么，产权在作为经济范畴时，它与正义的内在关联又是怎样的呢？对于这样一种设问，我们还得去考量有关经济领域中的正义问题，即"经济正义"。产权是经济社会生活中最核心和最基础的部分，因此要研究好产权正义即产权领域内的正义，就必须先对经济正义有一个大致的了解与把握。

二、经济正义的界定

经济活动是人类社会活动的基础，是人的基础存在方式，人是经济的人，人不可能脱离经济而自存；经济是人的经济行为，经济一旦离开人就失去了经济的主体，经济的真谛系于人的存在。经济活动其实就是经济过程，因此人们通常又把经济活动称为经济过程，一代代人的经济活动是个永无止境的过程，甚至一代人的活动也极为复杂长远。因此，只要人类生生不息，其经济活动即经济过程的生产、交换、分配、消费过程就会循环往复以至无穷。人们的经济活动并非纯粹的物质探求，它还包含着精神的追求和道德的拷问，它充满着多样的价值维度和丰富的精神意义。人与自身及自然的抗争历史表明，人的种种行为不仅仅单纯地为了种的延续，它其实也是不断追求价值的历史，在这一层面上，人的经济活动与其说是为了人的自身繁衍，毋宁说是为了超自然生命的精神存在。无疑，正义是人的价值追求的目标之一，因此在经济活动中，对经济过程的诸种安排都内含有经济公正的要求。经济活动是生生不息的过程，经济正义也应是永无止境的过程。人们在其每一环节中，都要以人类福祉为依归，对其过程之中的行为作出合乎情理的制度安排。经济正义是复杂的，仅从某个孤立的经济行为来看，还不能深刻地体现经济行为正义性的社会意义，只有无数次地审视其完整过程，对其作出道德追问，最后才能洞悉经济正义所蕴含的社会意义。

那么，什么是经济正义呢？许多著名学者都对此作了精到细致的探讨。

"所谓经济公正，是对人的生存方式及相互间经济关系是否具有合理性的追问，它反映了经济行为主体在从事经济行为活动时，从道德原则和政治规范出发，规导和约束经济活动的观念，以达到全面促进经济社会和人的全面发展，及充分实现人的自由存在本质的目的。"汪荣有先生在对经济正义的内涵进行了深刻的把握后，进而言简意赅地指出经济正义是指人在经济活动中和谐合理关系的理想追求、是对经济活动的道德规范和实现人的本质的价值牵引。①

何建华教授认为"经济正义是关于社会经济活动和经济制度的正义，是指人们在经济制度安排、经济活动中产生的正义观念、正义原则以及对经济活动和经济发展的目的、过程、手段、结果所体现的复杂关系所作的合理性评判"，并进而强调经济正义在市场经济条件下应坚持四大原则即"自由原则、平等原则、效率原则及秩序原则"②。刘可风教授则认为，由于正义包含甚至源于利益，所以社会正义的基本要求首先是经济正义，且经济正义是经济伦理学的核心范畴，它侧重于从制度、权利、整体而非个人德性、义务的角度把握人的经济行为的合理性和正当性。而在现实改革中，实现经济正义需要解决两大主题：把个人与社会分裂并抽象对立起来的私有制和传统公有制改造成为联合起来的社会个人的所有制，以求公有制新的实现形式中的权利正义；其次，进行分配制度改革，实现收入分配正义。简而言之，经济正义就是一定经济制度的意义元素或经济的精神。③除此之外，刘可风教授还指出经济正义问题是典型的经济学和伦理学交叉的命题，任何经济制度安排都包含着经济正义要求，任何经济学研究都离不开道德责任，离不开对某一经济制度和经济活动中人的终极命运的关怀；并认为正义的根源说明了财产的起源，正义的完善说明了财产权利的

---

① 汪荣有：《经济公正论》，人民出版社 2010 年版，第 5—7 页。
② 何建华：《经济正义论》，上海人民出版社 2004 年版，第 46 页。
③ 刘可风：《略论经济正义》，《马克思主义与现实》2002 年第 4 期。

完整。诚然，经济学不可能完全无视道德的评判，这也就让我们看到了有对产权及产权制度进行伦理反思和道德考量的必要。当然，还有其他许多学者也对经济正义作出了很好的诠释与解答。

通过对以上三位学者有关经济正义内涵把握的分析，我们可以简约地把他们的解释分为三类：第一类是给予了经济正义明确的定义，一目了然；第二类是在对经济正义的定义作了一番界定后，又担心遗漏了经济正义的某些内核，言犹未尽，因此又加以了必要的补充；第三类是他们对经济正义虽然没有言简意赅的界定，但却采取了描述的形式表达了自己对经济公正的理解。

社会正义的核心是经济正义，而经济正义的核心是产权正义。一切社会的存续都依赖经济活动，而经济活动最为根本的是财产关系的运行，也就是产权的运行。正义作为调节、规范人们社会行为的一种道德规范，是社会得以良性发展的一个重要因素。正义所要调节、规范的关系主要是经济关系，而经济关系中最为重要的关系是产权关系，正义作为调节人们经济过程中财产关系的一种根本价值尺度，从一定意义上说，就是调节、规范产权关系。因此一切产权正义成了经济正义的核心和根本，一切经济正义都围绕着产权正义而生发。

第三节 产权正义内涵

正义作为一种意识形态必须有赖于一定的产权基础，而且产权自身又内含着正义价值因素；一定的正义准则来源于产权关系，反过来又调节人们的产权关系，产权与正义密不可分。

一、产权与正义的关系

在现实的经济生活中，产权与人的伦理道德有着天然而不可或缺的联系。如果说人们的行为选择离不开一定的世界观、价值观指导的话，那么产权的有效制度安排更是与财产价值观的指导须臾不可离。唯物史观认为，人类的道德观念起源于以劳动为本的财产关系，也即是说，道德作为人们行为的规范和准则，它的产生在根本上是为了维护人们之间一定的财产权利关系，而财产权利关系在某种程度上即产权关系。

由此我们知道，伦理作为一种意识形态根本有赖于一定的经济基础，同时又服务于一定的经济基础。经济基础的核心是所有制，而所有制的法律表述又是所有权，因此可以说伦理要基于一定的所有制才得以确立；同时，一定的伦理又反过来服务于一定的所有权，而所有权在某种意义上就是产权，所以说伦理与产权密不可分。伦理是产权关系的反映，又是调节人们产权关系的工具，而正义是伦理学的基本范畴，是伦理的重要内涵之一，因此正义与产权也就如影随形。

其实，产权自身就内含着正义伦理因素，或者它与生俱来就具有伦理上的自我道德辩护的质子。在原始部落氏族社会，人们之间没有形成完整的财产观，也没有产生诸如"你的、我的、他的"之类归属清晰而掌控有别的财产权利概念，与此相应的是，人们此时的道德情感也同样淳朴、天然。生产力的发展以及家庭私有制的产生，财产对社会的贡献日益明显。为了争夺有限的资源，人与人、部落与部落之间纷争不已，甚至为了一点可怜的生活必需品就诉诸武力，在经过无数次的博弈之后，人们才自觉地产生了尊重他人财产权的行为规范，才理性地选择了一定的产权制度。其实，只有公众普遍形成产权的道德自觉意识，相关主体才可避免"零和博弈"的悲剧。产权的特性之一是排他性，它内在地要求相关主体有较高层次的道德水准与之相应和，使相关主体尊重彼此的财产权利，自觉奉行占有权、使用权、收益权以及转让权等各个方面的主体性自主原则。而实现主体性自主原则，相关主体也必须负有相称的权利与义务。

所谓商品交换，其实质是交换所有权。假若所有权界定不清，而交易双方又缺乏最起码的道德底线，心中没有利己与利他的伦理素养；交易的结局要么是"零和博弈"，要么就是两败俱伤。一定的道德风貌对交易双方和整个产权制度的有效安排具有重要影响与制约作用不言而喻，诚如产权经济学派所言，产权的残缺导致了"稀释"产权。因而，为避免产权的

"稀释"，就必须构建正义的经济伦理观去"防微杜渐"，有鉴于此，罗能生教授就倡导构建一种"产权伦理"去有效规范产权制度，并认为这种产权伦理应是"调节人们之间财产权利关系的价值观念、伦理规范和道德意识的总和……"① 如此一来，我们也就不难理解为何有人将产权称之为"一种人权"或是"自由最初的定在"②（自由最初的定在就是所有权的获取——引者注）。产权正义是产权伦理的核心，是产权伦理的重要组成部分，因此要从根本上理解和处理好产权与伦理的关系，首先就必须准确把握好产权正义的内核。

二、产权正义的内涵

产权正义是伦理学与经济学交叉的一项研究，站在经济伦理或经济正义角度，罗能生先生对"产权正义"下了一个较科学的界定：所谓产权正义是"作为产权制度的一种根本价值尺度，是任何产权安排确立的内在依据，是衡量一种产权制度合理性的根本标准，是对产权制度伦理特质的总体规定"③。段建斌和笔者也对产权正义有过界定，即它是指一定的社会财产权利安排及产权制度设计符合时代普遍正义的具体要求，它作为经济制度中的一种根本价值尺度是衡量和确定一种产权制度是否合理的内在依据和标准，是对产权制度伦理特质的总体规定。就其内容而言，它应当包含以下几个方面：产权主体的平等性、产权获得的正当性以及产权保护的严格性。④ 张莉认为产权正义是关于产权交易和产权制度的正义，"是指人们在产权制度安排和处理财产关系的实践中产生的正义观念、正义原则以及对产权获得、使用、处置等活动中所体现的复杂关系作出的合理性评判"⑤。

---

① 罗能生：《产权的伦理维度》，人民出版社 2004 年版，第 66 页。
② ［德］黑格尔：《法哲学原理》，范扬、张企泰译，商务印书馆 1961 年版，第 54 页。
③ 罗能生：《产权的伦理维度》，人民出版社 2004 年版，第 96 页。
④ 段建斌：《产权的正义探究》，硕士学位论文，江西师范大学，2007 年，第 6 页；另见邵晓秋、段建斌：《关于产权正义的探析》，《湖北社会科学》2010 年第 3 期。
⑤ 张莉：《产权正义的伦理思考》，硕士学位论文，西南大学，2009 年。

罗能生、张莉对产权正义的界定以及笔者和段建斌对产权正义原先的内涵把握已经接近产权正义的本质。但是由于没有明确言指产权正义的另一个相当重要的内核即产权主体理应承担相应的责任，而且这些定义中的某些言词又过于笼统、抽象，难免会造成一定的晦涩感觉，因此有必要对此加以修正，以使其简洁明了。借助以上三者对产权正义的界定和自身新的领悟，不妨对产权正义做个新的界定。所谓产权正义在笔者看来，应该是指在产权制度安排和处置财产关系的实践中，得其所应得，付其所应付的一种社会最基本的行为规范和价值尺度。

第二章　中外产权正义思想比较

　　古老东方悠久的文明传承和人文积淀孕育了中国特有的产权正义思想；而西方受"私有财产神圣不可侵犯"观念的长期浸润，其产权正义思想也具有私产"无与伦比的神圣性"；马克思主义者则站在历史的深处，通过对私有产权的理性批判，对广大社会底层产权缺失者悲苦的深切同情，对公有产权的热情讴歌和全身心的探索与追求，使马克思主义产权正义思想占据了无可置疑的道德制高点。当前，正在进行中国特色社会主义产权改革，我们要以马克思主义理论正确指引我们的产权改革，这就必须对马克思主义理论中的产权正义思想进行必要的梳理。而传统的中国产权观、正统的西方产权正义思想中的许多合理"内核"也是人类历史长期经验的积累，是人类共同的财富，必须对传统的中国产权观、正统的西方产权正义思想进行深入挖掘。因此，将这三者的产权正义思想进行有益的比对，"去粗取精、去伪存真"，才能丰富、完善我们的产权正义思想，使我们的产权改革能按照预定的方向取得更好的成绩。

第一节　中外有关产权正义思想

　　产权作为一个新的经济范畴被应用于经济分析还不到 80 年的时间，就已经成为经济学或人们日常生活中被普遍运用的一个专有名词。因产权与人们的衣食住行、生产生活、财富创造和使用等息息相关，所以古往今来的人们对其的深入思考及相关伦理探究从未停止。马克思主义就认为利益是人类道德的基础，马克思曾一针见血地指出，"'思想'一旦离开'利益',就一定会使自己出丑"。这种顺应历史趋势的"利益是如此强大有力,以至胜利地征服了马拉的笔、恐怖主义者的断头台、拿破仑的剑,以及钉在十字架上的耶稣受难像和波旁王朝的纯血统"。① 而财产关系即产权关系又是人类利益关系的核心,因而,从本质上说,人们生活的根本在于财产关系的如何处理即产权关系的如何处置。正义作为一种最基本的伦理规范,是调节人们利益关系的一种重要手段,而其所调节的人们之间的利益关系的核心就是人们的产权关系。对正义与产权关系探讨最为热烈、深入、持久的当属古今中外的思想家、政治家和经济学家们。

一、中国传统产权正义思想

中国传统伦理对产权正义论述不多,仅有的一些亦是夹杂于对其他伦理思想的论述当中。但是,产权作为社会最基本的权利关系,对人们生活和政权的稳固又有着极为重要的意义,因此只要重视民生与政治的思想家就都会对之加以关注,有些思想家与政治家还作了相关的理论阐释。梳理与分析中国传统产权正义思想,发现其主要有以下几方面特性:

第一,中国传统产权正义强调财产来源的正当性。这方面以传统儒家的思想最具代表性:孔子认为"富与贵,是人之所欲也;不以其道得之,不处也"②。概其要点,孔子所要强调的是财产的所有、占有必须符合基本的道义,否则宁愿安贫乐道,固守清贫。朱熹则将孔子的思想发扬光大,主张"利便是那义里生出来的。凡是处置的合宜,利便随之。所以云'利者,义之和',是义便兼得利。"③ 朱熹在这里阐述的主旨是财产只有通过符合道义的途径取得,才具有正当性。孔子开创、朱熹发展的儒家思想是中国封建社会的思想主流,它深深地影响了中国人的思想观念、行为习惯。受其影响,在产权正义领域内逐渐形成了一种被全社会普遍尊奉的"君子爱财,取之有道"的产权获得正义观。时代在进步,思想在发展,

---

① 《马克思恩格斯文集》第 1 卷,人民出版社 2009 年版,第 286—287 页。
② 《论语·里仁》。
③ 转引自罗能生:《产权的伦理维度》,人民出版社 2004 年版,第 25 页。

但儒家的这一产权正义观却深深植根于中华民族的血液里，至今仍然影响着改革开放中市场经济下人们的经济行为，规范着人们的产权正义伦理。

第二，公私产权主体平等保护观念的严重失衡。产权保护严格的精神要义，就是要贯彻各种产权主体平等保护的原则。产权主体的平等原则既要求各种产权主体在获取产权时地位、机会、规则平等，也内含着对各种产权主体的财产保护也应一视同仁的精神内核。可是在中国传统的产权正义思想中却只注重对公有产权的保护，缺少对私有产权的应有关怀。中国历史上从未出现过西方那样的"私有财产神圣不可侵犯"的私有财产保护正义思想，反而出现了"溥天之下，莫非王土，率土之滨，莫非王臣"①的公有产权正义观念。概其原因，主要是在中国传统的正义伦理中，一贯存有"崇公贬私""重公轻私"的思想。公有产权与私有产权在人们的价值观念中，其意义与价值都不一样，公大于私，私从属于公。正如罗能生教授所言，"儒家出于群体本位的价值观，重公而轻私，强调'国耳忘家，公耳忘私'，儒家的大同理想就是'大道之行也，天下为公'，墨子主张'举公义，辟私怨'，法家强调'无私'，'背私'。"② 正是在这一传统产权正义观念的指引下，公有产权的价值往往大于私有产权价值，因此在实际的产权保护实施过程中，也是注重对公有产权的严格保护，而私有产权却屡屡受侵。

公有产权大于私有产权的观念反映在现实的操作中，就是公有产权的保护异常严格。作为封建社会重要的财税来源之一的公有产权——官田，它在封建国家制度下，因其土地的国有性质，政府对其格外重视，历朝历代对它的保护都有特定的法律规定。比如明初的法律就明确规定了对官田"不准私自典卖"③，任何典卖须经政府批准，并规定私自"典卖官田五十亩以上，卖主、买主如系军户，发充边卫充军；如系民人，发口外为

---

① 《诗·小雅·北山》。
② 罗能生：《产权的伦理维度》，人民出版社2004年版，第24页。
③ 《明会典》卷一七《户部》四《田土》。

民"①。尽管在实际操作层面上，历代官田买卖问题确实屡禁不止，但那已经不是正义的价值趋向问题，而是非法交易的铤而走险和官商勾结的"寻租"问题，则应另当别论。

与对公有产权严格保护相较，对私有产权的保护则要宽松得多。不但法律上没有真正严格意义上保护私产的明文规定，在实际的产权操作层面，侵害私有产权的行为也屡屡发生，在历史典籍中这样的记载俯拾即是。不仅民间各种私有产权主体相互间"恃强凌弱"，政府也不时利用强权侵害私有产权。有时是为了增加政府收入，有时是为了皇族的奢靡生活，有时是因为各级官员的徇私枉法，总之，政府总能巧立名目将民田"化私为公"。比如"宋末为抵御蒙元的入侵，政府军费开支巨大。为了增加政府的财政收入以及官员的中饱私囊，宰相贾似道以强制手段和象征性的支付将大批江南富户的田地改为公田"②。豪强巨室尚且如此，位卑权轻的自耕农又安能自保？他们的土地产权被任意践踏的事更是司空见惯。历代统治阶级要不就在特定的历史时期动辄以各种冠冕堂皇的理由强行将他们土地没收充公，要不就随意地施以额外的徭役使之纷纷破产。

当然，私有产权具有一定的社会保障功能。古代的思想家和开明的政治家们大多认识到不能任意践踏一定的私有产权，需要对一定量的私有产权加以保护，只有维持一定量的私有财产，社会才能健康发展。孟轲就提出了"有恒产者有恒心"的观点，给其"五亩之宅""百亩之田"才能使之"不饥不寒"。孟子的这一思想后来被历代儒家思想家所继承和发展，"汉代王充、唐代白居易等都表达过类似的思想，宋代朱熹则更进一步发扬了'有恒产者有恒心'的思想，提出了'有恒产者有仁心'的主张"③。

人类要生存，首先要解决的就是衣、食、住、行，只有这些问题得以落实，老百姓才能安居乐业。因此，历代思想家们才把产权的确认、保护

---

① 《明律条例·问刑条例》户律二《田宅》。
② 邓斌：《明代土地产权制度弊端及其分析》，硕士学位论文，河北农业大学，2008年，第25页。
③ 罗能生：《产权的伦理维度》，人民出版社2004年版，第22页。

与社会的稳定联系起来。他们认为政府要保证人们拥有一定的财产，这是确保老百姓有"恒心、仁心"的必备条件。他们还不厌其烦地论述所谓"正经界"与"正民心"二者之间的辩证关系，在"正经界"与"正民心"之间找到了产权的确认、产权的保护和民众的道德心之间的内在联系，认为只有公正地划分和确定老百姓的财产权利，并施以一定的政府保护，才能使社会守法崇礼，才能稳固统治。

第三，强调产权符合礼制的公平性。由于受传统儒家文化的浸染，中国传统产权正义思想带有鲜明的"礼制"痕迹。"礼制"的规定必与爵位和身份相一致，"礼制"的实质就是人们依凭政治地位的高低获取高低不一的经济权利。因此产权的获得、占有要符合"礼制"。按照礼制的规定，财产尤其是土地，应按等级来划分，层级越高则占有的土地就越多，只要不僭越，无论占有多少土地都符合正义的原则。而农民占有少量土地或不占有土地则无论如何在当时都具有道义上的合理性。西周之后，虽然普遍废除了将权力和财产合二为一的世袭制，执行按功授爵和任命制，但"周礼"的影响犹在。其权力的大小与政治地位关系仍是经济关系的反映，维系着地位不等而享有不同财产权利的旧制仍在发挥巨大的潜能。朱绍侯先生就说，"刘邦五年的诏令中，可以知道赐田宅的多少是与军功爵位的等级的高低有联系的。但是，每一级赐多少田宅却没有说清，不过可以肯定是有具体规定的。"[①] 杨军也指出："按照爵位的高低来授予田宅，爵级不同，所授予的土地数目也不等。"[②] 这种土地分配制度极不平均，不同层级相差很大，在庶民与侯爵之间的土地数目竟相差近百倍，"《张家山汉墓竹简·二年律令》中的《户律》规定了在不同爵级之间授予的田宅数目存在极大的悬殊。"[③] 接二连三的这些史料说明，尽管承袭已久的世袭制不复存在，但财产的分配依旧与等级有莫大的关系。

---

① 朱绍侯：《秦汉土地制度与阶级关系》，中州古籍出版社1985年版，第28页。
② 杨军：《西汉土地制度与爵位制度关系之研究》，硕士学位论文，陕西师范大学，2006年，第25页。
③ 杨军：《西汉土地制度与爵位制度关系之研究》，硕士学位论文，陕西师范大学，2006年，第26页。

对平民百姓而言，更有失公平的是，爵位或政治地位不同，国家对其征收的赋税也不同，不同爵位等级者以及有爵者与无爵者享有不同的经济待遇。明代就循例给予了宗室、贵戚、官宦、士人、吏员以不同等级的免税条款，同时还对不同户籍的百姓征收不同等级税负。① 这其实就是在他们的政治地位与各自产权占有、收益等的正义条款间画等号。礼制本身具有阶级性，显然依附于礼制的这种正义性也带有极强烈的阶级性，由于这样的产权占有、收益的正义性具有礼制的道统上的支撑，因此这种产权占有、收益等权益获得了当时社会上普遍的道义理解与支持。但是这种政策与思想显然违背了权利与义务对等的正义原则。这种所谓的正义产权制度加剧了社会的不公，最终导致社会动荡甚至改朝换代。唯利是图的阶级本性和制度、法令的遗缺决定了豪强敢于不断"僭越"，望族勇于"占田逾制"，因此他们占有土地规模就越来越大。在按爵授田制下，本来土地分配就悬殊不一，由于封建大地产的形成，更由于土地资源的稀缺性，位高权重者会不时地利用强权在自己可以占田的限额内大肆夺占土地，甚至不惜铤而走险。与之形成鲜明对照的是，那些屈居低爵者或者无权无势的普通民众面对大地主的虎狼之势则只能坐以待毙，眼见土地被一寸寸地蚕食而无能为力。而"富者田连阡陌，穷者无立锥之地"的可悲景象也成了中国所有的封建王朝的最后一抹夕阳，成了封建土地产权正义思想的最后一曲挽歌。

对于上述产权思想与产权制度可能造成的财富严重不均的恶果，封建统治者也不是一概懵懂无知。不少封建统治者就不断提醒自己要避免执行"过犹不及"的产权制度；历代的不少封建思想家们也不时提醒统治者要行"中庸之道"，认为"有国有家者，不患寡而患不均，不患贫而患不安。盖均无贫，和无寡，安无倾。夫如是，故远人不服，则修文德以来之，既来之，则安之。"② 因此，他们主张对封建产权制度做一定的"中庸"安

---

① 详见邓斌:《明代土地产权制度弊端及其分析》，硕士学位论文，河北农业大学，2008年，第22页。

② 《论语·季氏》。

排。自西汉以后历代的土地制度几乎都沿袭了按爵授田制，它体现了经济利益与政治权利的挂钩机制。可是，为了防止强势阶层利用政治利益与经济利益挂钩的机制，毫无节制地扩张田地，政府也采取了一定的预防措施。比如历代都行田亩虚授的授田制以节制土地的无序扩张。从西汉开始产生并逐渐坐大的土地私有化进程，使土地大量被豪门望族占有，而历代王朝在政权建立之初又无力收回全部土地实行再分配，因此为了笼络新贵，规定了可以占田的最高限额，以资奖励他们的征战之功。同时，为了不开罪旧族，也允许旧贵族拥有与自己身份相符的产业。但是为了防止新、旧贵族借此狂热而毫无节制地兼并土地，导致天下庶民无"恒产"则无"恒心"的历史悲剧重演，皇帝仅以虚数的田地相授，使大多贵族不致真实占有大量土地而影响王朝稳定。而且规定，一旦发现贵族逾制占有土地，则政府有权对超过限额的土地产权进行必要的干预。通过这种"中庸之道"的产权政策与产权思想，历代统治者确实延缓了土地的兼并步骤，也在一定程度上保障了自耕农的生产、生活。

二、西方产权正义思想

相对于中国，由于西方"私有产权神圣不可侵犯"的财产权利体系发育得比较完善，因而西方产权正义思想比中国丰富、详尽；又因为中西历史、文化、地理诸种情况的不同，西方产权正义思想与中国产权正义思想相比，表现了不同的侧重点和思想观点。古欧洲，在资产阶级产生以前的一些产权正义思想，不但一鳞半爪地显现在奴隶或封建的财产关系中，而且诸多思想家与政治家也对此有过精辟但不完整的论述。在相当长的一段历史时空中，关于产权正义思想的论述表现最为充分的反而是一批经济学家，只是到了20世纪以后，思想家、哲学家对产权正义的讨论才渐渐占据上风。

（一）奴隶社会的产权正义思想

最早的西方产权正义思想可追溯到古希腊的柏拉图和亚里士多德时代。柏拉图在其影响深远的《理想国》里主张把个人的财产和权利收归国有，建立一个乌托邦式的全体公民共有财产的社会。他陈述的是一种公有产权和收益权按等级分配的正义诉求，而亚里士多德在《政治学》的正义观却与他背道而驰。亚里士多德批判了柏拉图的公有产权正义思想，继而肯定了私有产权制度的正当、合理性，同时他还强调了私有产权使用权的自主性原则。古希腊是典型的奴隶制社会，私有产权制度是其根本的经济制度，柏拉图试图呼唤正义的公有产权的回归，只是那个时代对公有产权的"浅吟低唱"，而亚里士多德对私有产权正义思想的呼号无疑才是那个时代的最强音。而在古罗马时代，对私有产权强力辩护的则有一批为私有制而尽情讴歌的法学家。他们簇拥在《罗马法》周围，比较翔实而充分地对私有产权进行了阐述。他们第一次用法律形式确立了私有财产权概念，最先提出了"完全所有权"。① 不但如此，他们还提出了保护产权以及强调产权主体的平等和产权转让的自由性等主张。这些论述影响深远，是西方产权正义思想的滥觞，正是这些产权及产权正义思想共同奠定了以后各个时期西方私有制产权正义的根本。可是对这些产权的保护以及各种产权主体的平等性的主张只适用于奴隶主阶级，对于奴隶阶级而言却是一道人身的"紧箍咒"。

　　欧洲的奴隶社会，奴隶主不仅占有一切生产资料，甚至还占有奴隶本身。当时的奴隶主简单地把生产工具分为三类：一是会说话的工具，二是发声的工具，三是无声的工具。② 在奴隶社会中，奴隶们没有丝毫的财产和人身安全，奴隶就是奴隶主的一种工具。可见在奴隶人身依附于奴隶主的时代，所谓的"产权正义"就是绝对地维护奴隶主对奴隶的剥削、压榨，无条件地保护奴隶主对一切财产的占有、使用和转让权利；而且那时的奴隶不仅没有丝毫的财产权利，就连奴隶自身都依照法律的规定被视为奴隶主的生产资料的一部分，奴隶主可以任意处置奴隶及其家庭的一切，

---

　　① ［意］彼德罗·彭梵得：《罗马法教科书》，黄风译，中国政法大学出版社1992年版，第196页；转引自赵文君：《西欧私人财产权利观念形式研究》，博士学位论文，东北师范大学，2011年，第26页。

　　② 陈孟熙、郭建青：《经济学说史教程》，中国人民大学出版社2003年版，第21页。

甚至包括他们的妻儿。

（二）欧洲中世纪的产权正义思想

历史的车轮又碾过多个世纪后，欧洲迎来了更高级的封建社会。欧洲中世纪落后的生产力决定了土地和劳动力是最大的财富载体，其特定的封臣封土制，确定了王国各方面基本的产权关系。国王是全国最高的封君，然后层层分封，形成了星罗棋布的金字塔似的封君封土制。包括国王在内的各级贵族们各自拥有属于自身的领地，但是按照当时的法理与习俗，他们又不能把这些领地当成自己的私产即他们无法拥有完整的土地产权。这些领地仅仅只被看成上一级封君为了获得下一级封臣的忠诚与奉献而赏赐给他们的“俸禄”。获赠的封臣必须宣誓效忠，在平时要缴纳贡赋，而在战时则自备军马、战备等听候封君的调遣。封臣必须履行的这些义务成为获赠领地产权正义的应有之义，被时人公认为封君正当合理的要求。倘使封臣爽约，未能履行或兑现这些誓约，封君则可以依法或者习俗收回封地或给予另外的严惩。对各种领地，各级封臣未经封君同意一律不能擅自继承、转赠、出售、抵押、让渡。国王被认为是人民的代表，他或她受人民的委托而拥有全国的土地。[①] 同样在习俗与法理上，国王也只是这些土地的代管者，而非所有者，充其量只能被称为王位或王权所有，国王要按照一定的规则将这些土地分封给下一层级的贵族。他或她自己支配的王室领地也只是被视为国王这个“职位”所得的“俸禄”，而非法律意义上完整的个人财产所有权。可见，大小封君虽然是封土名义上的所有者，但他们这种名义上的所有，受到多种条件的限制，是残缺的产权。正如马克思所指出的那样，英国女王是一国全部土地名义上的所有者，而这种所有是没有多大实际意义的。

就臣民财产权利的保护而言，他们则可以借助契约、规范、法律和习俗对国王的权力加以种种限制，并借此强化国王是全国财富的社会性代表这一身份，以确保他们的一定产权。就其实际而言，是在法律层面上否定

---

① ［英］比德·贾勒特：《中世纪社会理论：1200—1500》，伦敦，1926年版，第131页。

了国王对封臣地产的私有权，如果国王一旦违背了这一要件，国民与封臣则可以依据契约、习俗和法律的规定褫夺国王权力甚至推翻国君。国王靠自己"俸禄"过活意味着国王也和其他封建领主一样，依靠自身王室领地收入、司法收入、宗教收入等维持日常所需和行政开支。只有遇到战争、叛乱、人民起义等特殊情形，国王才可向全国臣民征税。这些原则不仅得到广大臣民的支持，而且也得到国王本人的认可。英王爱德华四世就曾在议会向广大议员庄重保证："朕依靠自己的领地生活，除非一些重大和紧急的事件，决不向臣民征敛。"①

因国王与贵族、自由农财产权利的不可调和性，国王屡屡违背这一人们普遍遵循的产权正义习俗，不断侵蚀贵族、自由农的产权，结果招致了人们的普遍不满，于是人们就借助各种力量甚至武力来迫使国王就范。1215 年的《大宪章》以及其后在英国强行推行的议会制等，就是保障贵族与自由农部分产权的正义表现。

这种产权正义体现的是与《罗马法》相对立的产权正义思想，尽管造成了私人对土地所有权的缺失，阻碍了土地资源的自由流动和优化配置，限制了人们收益的增长，但这些产权正义思想是欧洲封建时代统治者产权正义思想的表现，主要保护的是各级统治阶级的产权。欧洲中世纪产权保护的对象是国王、贵族和所谓的自由农，广大农奴不是自由人，即便拥有微薄的财产也根本得不到应有的保护，因为"农奴和他们的所有物都是领主的财产"。不要说拥有属于自己的财产，其实在实际生活中，农奴们连对自身都无法把握。中世纪的一位教皇就说过"农奴不属于他自己"；法语"农奴"一词就是言指"人身属于主人之人"②。可见，农奴的财产与自身都被视为贵族的私有财产，农奴们毫无产权可言，这正体现了中世纪产权正义的阶级实质。

---

① Joan Thirsk, *The Agrarian History of England and Wales*, *1500-1640*, Vol. 4, London: Cambridge University Press, 1967, p. 256.

② 详见赵文洪:《私人财产权利体系的发展：西方市场经济和资本主义的起源问题研究》，中国社会科学出版社 1998 年版，第 71—72 页。

　　封建制下的西欧之所以有如此内涵的产权制度和产权正义，究其原因，主要有两点：一是继承权方面的受限，二是受制于土地转让的诸多限制。其实，究其实质，还是在根本上受到封建制度的制约和基督教产权正义观的影响。

　　欧洲封建社会，从生产到生活，人们都受到基督教的极大影响，上到国王下至贩夫走卒无不打上宗教的烙印。教会与神职人员为了他们的经济与政治利益，纷纷向世人灌输基督思想。在对待财富的态度上，教会主张世人应该效仿基督，抛弃个人财产，弃尘绝世，以接近天国；而安贫守道、抛却财产才是正当的财产观，也是获得上帝青睐的首要和基本的条件。欧洲的封建制度是建立在贵族和教会的大所有制与农民、小手工业者的小所有制之上的，教会本身就是欧洲最富有的大财产持有者，何况社会的存续又不可能没有财产，因此，他们又不得不对产权以及产权正义加以新的必要的解释。当时最知名的经院哲学家与神学家阿奎那就针对这样的困窘部分地修正了基督教的原产权观，他反对片面地拒绝任何财富的说教，认为人不能有任何财产的说法是不公正的。阿奎那认为人们追求维系自己正常生活的财产不仅是生存的需要，而且也是尘世正义法则的必然；同时他又反对人们过度追求财富，认为正是由于贪婪，人们往往习惯于追逐超过自身需要的财产，而过度攫取财富就等于变相地占据了他人财富，是任何基督社会都不可容忍的非正义行径。但问题恰巧就在于教会对财富攫取的现实与阿奎那对产权正义的解释自相矛盾。因为教会是欧洲最大的产权主体，拥有欧洲最多的财富，它一方面谴责人们的各种贪婪，另一方面却又不择手段地大肆侵吞各种财富，甚至为了占有财富，不惜发动侵略战争。教会在面对财富占有时的心口不一、言行二致的窘态，恰恰表明了教会"犹抱琵琶半遮面"的心虚，及其"贞节与牌坊"式的熊掌与鱼皆要兼得的可耻，这正是中世纪封建统治者的伪善、狡黠与产权的非正义性的最好印证。

　　自然经济占主导地位的欧洲中世纪，人们天然地重视农业生产和农业产品。自给自足的生产、生活，使农民们几乎不需要外来产品，即便有所需要，也可以借助物物交换得以解决。商人的利润获取和商人的作用始终得不到社会的认可。人们普遍认为商业不能增加任何交易物品的价值，商人却能从中牟利，因此对此极其鄙视；他们也不看重货币形态的财富，视金钱如粪土，认为通过商品交易获取的货币形态的财富属于非正义所得。教会与神职人员更是对商业不屑一顾，认为商人们既不从事农业生产，也不见他们热衷于手工业产品的劳作，而只是通过一系列商业运作，采用欺骗伎俩、诱导消费者，贱买贵卖获得收入，因此商业被认为是最卑贱的行当之一。但社会的发展却又离不开商业，而无利可图的经济行为谁也不愿涉足。为了解决这个悖论，阿奎那等神学家以所谓"公正价格"来加以阐释。所谓"公正价格"，就是给顾客应得的东西。具体而言，如果某种商业行为是出于公众的利益，是为了保证人们的正常生活，而且其所获利润是用以回报和补偿商人的冒险活动以及在运输和贮藏商品时的损耗，那么这种适度的利润就不应该受到社会的责难。① 此外，商人们如果将其所获利润用于慈善事业或者基督事业也应无罪。这就是中世纪有那么多商人那么热衷于为基督大兴土木的根本原因所在。反之，吝啬和贪财就是罪恶，倘使满足这种卑贱的动机，也毫无疑问地应受到人们的谴责。但是如何识别商人的意图和适度的报酬，这也是阿奎那和其他神学家无法说清的问题，也是中世纪产权制度和产权正义无法解决的问题。

（三）资本主义过渡期的产权正义思想

新的经济现实需要新的产权与产权正义思想。中世纪民众排斥货币形态财富的获取，在自然经济占统治地位时尚有其存在的社会基础，那么，一旦商品经济发展起来，货币就以其自身的力量颠覆旧的产权制度和产权正义。在西方经济学说史中，对产权正义思想最早的较系统的论述之一是产生于15—17世纪的重商主义，这一源自资本原始积累需求的经济思潮，反映了资本主义最初的贪婪与对外掠夺的强烈愿望。

随着社会生产力的发展，到了15世纪，资本主义因素开始从封建主义

---

① 张椿年：《意大利文艺复兴时期财富观念的变化》，《世界历史》1987年第3期。

的母体中破茧而出，因经济的发展而形成了迎合资本原始积累需要的重商主义产权正义思想。这一时期作为封建主义向资本主义的过渡期，跨度仅为两个多世纪，但在西方产权正义思想领域却是承上启下的重要一环，它的影响在今天资本主义世界仍然存在。

15 世纪，工商业的繁荣使社会财富空前增长，一批巨商富贾脱颖而出，他们巨大的财富使其地位得到了显著的提高。我们通过前文知晓，在中世纪，商人受到社会的鄙弃，货币遭到排斥，但到了重商主义时代，情况有了很大的改观。"佛罗伦萨人如果不是商人，没有周游世界，没有阅历异国的风土人情，没有携带一笔钱财回到佛罗伦萨，就不能获得荣誉。"① 这是 15 世纪的一位历史学家对当时历史情境的写实，反映了当时商人社会地位因财富的剧增而相应抬升以及人们的产权与产权正义观的历史嬗变。在人们眼里，财产与贪婪不再被视为罪恶之源，安贫守道也不再是至高的人类美德。他们在现实生活中体会到丰厚的财富不仅能给予个人优渥的生活，更能赋予人们令人尊敬的社会地位。他们甚至认为人生的目的不是为了救赎灵魂而是为了发财致富，贪婪财富是一切事业的原动力，"人们做的一切事都是为了金钱，我们所有的人都充满着获取利润、获取更多的利润的欲望。如果弃绝了这个欲望，一切事业就会完全停止，要不指望获利，还有谁来从事任何一项活动呢？财利越明显，我们越愿意做任何的事，所有的人都在追逐财利，所有的人为了财利而努力。"又说，"如果你观察一下军事、商业、农业、手工业，或者所谓的自由艺术，原来，其中任何一项莫不为了得到钱，为了金钱我们克服了生活中的困难和危险。"② 他们认为财富不但是人们从事政治、文化、宗教精神领域等活动的工具，而且也是国家强大与繁荣的物质基石。他们关于财富属性的观点即产权观认为财富是人间一切幸福之泉，这一观点完全走向了基督教的对立面，他们彻底抛弃了基督教关于弃绝产权的错误观点。新的产权观公开地倡导为少数人的利益服务，把追求金钱当作人生目的或者实现人生目的最重要的手段。

———————————

① 张椿年：《意大利文艺复兴时期财富观念的变化》，《世界历史》1987 年第 3 期。
② 张椿年：《意大利文艺复兴时期财富观念的变化》，《世界历史》1987 年第 3 期。

　　这一时期，在对待货币的态度上，与欧洲中世纪鄙视、排斥货币财富的获取完全不同，在产权正义方面走了一条过犹不及的道路：货币是一切权力的权力，金钱成了冒险的商人、狡黠的银行家、精明的企业主等一批新的财富占有者的最根本的生活原则。

　　重商主义时期，人们对何为财富认识单一。这是由于工商业的发展需要，遍布欧洲的商业与金融网点以及远达印度和中国的商业足迹，凸显了金钱等货币对生产、生活的重要性。市民所需的农业产品几乎可以完全依赖金钱购买，城市商人把欧洲城市生产的工业品远销他处，往往出海的是一艘艘的工业品，满载而归的是一船船农产品。在他们眼里，只要有货币就有一切，根本不用费时费力从事农业生产，因此与中世纪的产权认识完全不同，他们不重视生产领域的财富积累和创造，只片面强调货币或金银为财富的唯一形态，是典型的货币万能主义，"财富与货币，无论从哪一点看，都是同义词"①。

　　重商主义还认为货币要借助于外贸及流通才能使商人、国王、国家受益，可是流通畅通、外贸通达必须强化国家的经济干预，因此还必须强调政府对财产的占有权、转让权和剩余索取权的严格保护。在这里，重商主义只认识到了外贸与流通对财富的作用，也即只在乎货币与金银的获取。就产权正义而论，他们关注的焦点在于货币产权的如何获得、收益、保护和转让。为了维护新兴资产阶级的利益，他们还特别强调了对国王所获财产利益比例的限制和对商人私产的保护，"一个国王的收入虽然是很多的，可是如果国家所得的利益很少，那么国王每年适于积存的财富的准则和比例也就应依后者而定：因为倘使他积聚的金钱大于对外贸易的顺差数值的话，那么他对于人民就好比是在羊身上吸血而不是剪羊毛了，那么，由于以后羊死而无毛可剪之故，他也必将与他的羊同归于尽"。② 这段话既形象

---

　　① ［英］亚当·斯密：《国民财富的性质和原因的研究》（下卷），郭大力、王亚南译，商务印书馆1974年版，第2页。

　　② ［英］托马斯·孟：《英国得自对外贸易的财富》，袁南宇译，商务印书馆1965年版，第68页。

又生动，是当时封建主义与资本主义两种政治、经济、文化力量相互角力的真实反映。资本主义那时正从封建主义的母体中艰难地分娩而出，它还处于婴儿期，力量还很弱小，需要与封建主义相互妥协才能更好地成长。这段话还一语道明了新兴资产阶级产权正义是在维持剥削制度的前提下，通过加强国家干预职能，一定程度地限制封建君主的经济特权，以保证资产阶级的财产获得的产权正义思想，它反映了资本原始积累阶段资本主义的产权正义需要，符合商品经济发展的要求，具有反封建主义的历史意义。

重商主义的产权思想极大地受到文艺复兴思想的浸润。从时间的关联来看，重商主义与文艺复兴运动"生死相约"。15 世纪，重商主义进入始发阶段，如初长的婴儿，嗷嗷待哺，而与此同时，文艺复兴也正蓄势待发；到了 17 世纪，经过两个世纪的发展、成熟后，重商主义与文艺复兴又几乎在同一时期唱出了生命的挽歌。文艺复兴和重商主义两种社会思想在同一时期产生，自有其深刻的社会根源。社会对财富发展的需要以及人们对财富的渴求已成为一股不可抗拒的历史潮流，在这股历史潮流的裹挟下，人们按捺不住地投身于世俗社会中发财致富。重商主义产生的另一个更深层次的背景，则是在追求财富的这股强大潮流冲击下，经济形式和阶级关系产生的巨大变化。商品经济的发展，使自然经济逐步走向商品经济，旧贵族也逐步演变为新式商人，阶级结构正在悄然发生改变。

（四）资本主义时期的产权正义思想

资本主义的迅速发展为财富的积累创造了良好的条件，也提供了产权关系产生巨大变化的基础。产权关系的变化引发了人们之间新的矛盾，同时也更大程度地引起了人们对产权新的道德追问。面对一系列由产权而产生的矛盾和道德追问，资产阶级经济学家、思想家、哲学家们为了资本主义的发展需要，在广度、深度上加大了对产权正义理论的探讨与研究。

1. 古典经济学派的产权正义

重商主义在盛行两个世纪（16 至 18 世纪）以后，被一种新的经济流派——以亚当·斯密（1723—1790）为代表的古典经济学取而代之，古典经济学统治西方经济思想也达二百余年之久。

在斯密之前，重商主义的不足已经显现，为了满足资本的需要，同时也为了纠正重商主义的偏颇，产生了一个与之观点相左的重农学派。重农学派以法国经济学家魁奈为首，他们认为土地才是财富的唯一源泉，但忽略商业和工业对财富创造的重要性，从重商主义的一个极端走向了另一极端，学界通常也把它归结为古典经济学门派。它在产权正义领域，特别强调所有权保护的重要性。魁奈就认为，如果没有土地所有权保障，土地就会被弃耕，土地所有者和出租者就会消失，更不会有土地耕种人，如此一来，地主、商人、佃农以及国家都无法从土地的收益中获利，国家也将走向衰亡。"只有在财富唯一源泉的土地果实的分配上，保有基本权利的最高主权，才能够保证国民的所有权。"[①] 而对于如何保护所有权，他认为既要加强保护性的权力机构的建设，也要依靠国家强权力推行法制来切实保障土地权利的实现。

其实，就重农主义产权正义而论，他们最关注土地产权正义的实现，在土地的拥有、使用、转让和剩余索取权利方面都有诸多严格的产权规定。在表面看来，他们也强调保护农民或佃农，认为维护土地产权，就是维护了依靠土地为生的农民或佃农的产权。但是，土地大多为封建地主、商人与新兴的资产阶级所拥有，因此，重农主义所强调的产权保护，其实质是保护地主、商人，尤其是即将大展雄姿的资产阶级的产权。

其后，以斯密为首的另一批古典经济学家既批评了重商主义财富观，也指出了重农学派财富观的错误。在斯密他们看来，重商主义只认识到货币或金银为财富，把生产资料和劳动生产物排除在外；与此相反，重农主义又仅仅把生产资料和劳动生产物当成财富的唯一形态，而把货币或金银视为财富的局外，这两种理论都过犹不及。斯密他们在二者的基础上，拓展了对财富的认识，认为财富是因劳动而产生的可以支配的所有物，所谓财富"就是一切有用或合意的物品，只要刨除那些不付出劳动或作出牺牲

---

① 吴斐丹、张草纫选译：《魁奈经济著作选集》之《农业国经济统治的一般准则》，商务印书馆 1979 年版，第 333 页。

便可随意得到的物品"①。另一位古典经济学家麦克库洛赫对此的解释是："一个人不能因为他对空气有无限的支配权而说是富有的，因为这是他和其他人所共同享有的权利，不能构成优越的基础。我们说某人富有，是根据他所支配的必需品、便利品、奢侈品的多少而说的，这些物品不是自然的赐予而是人类劳动的产物。"② 这二者在此都强调了劳动是财富的源泉，都肯定了通过劳动获得财富的正当性。

古典经济学家还从人是自私的视角出发，认为人的原始的趋利行为能增进社会财富的增长，人的主观上的自私与客观上的利他一致，个人对功利的追求与社会利益的最大化并行不悖。这些理论初看起来十分合理，但一经细究，从产权正义的制高点俯瞰，就会发现在古典主义经济学家的产权正义理论里，隐含着为资本扩张寻找合理依据的潜台词，即只要能增进财富的积累，任何人使用任何手段都合乎正义，市场这只"看不见的手"所行之事可以自行调节经济秩序，自动达到正义的规范。古典主义经济学大家萨伊甚至还毫不隐讳地指出："在研究人类财富的本质时，可无须探讨财产权的由来或财产权的正当性。不论土地的实际所有者，或给予他土地的人，是通过优先占领或通过暴力，或通过欺诈，取得土地，这对土地产品与分配没有什么关系。"③ 这些产权正义观点似乎与斯密、麦克库洛赫所强调的财产通过劳动所得的正当性看起来自相矛盾，但从实质上看，并没有本质的区别。斯密们强调劳动创造财富的正当性，但他们并没有否定资本借助其强势地位采用各种手段转移、剥夺财富的非正当性。如果否定了转移、剥夺财富的正当性，那也就是否定了他们一向所推崇的资本主义制度。

在古典经济学家眼里，劳动力产权的论述此时已初现端倪，可是他们关注的重点在财富因劳动而来，对劳动力产权正义的认识还很粗浅。那个

---

① 彭芳春:《西方产权思想史研究——兼论中国的产权改革与金融改革》，中国经济出版社2009年版，第73页。

② ［英］麦克库洛赫:《政治经济学原理》，商务印书馆1975年版，第6页。

③ 彭芳春:《西方产权思想史研究——兼论中国的产权改革与金融改革》，中国经济出版社2009年版，第55页。

时代的欧洲，许多地方对劳动力的流动施以人数、职业与地域的人为限制，这不但阻碍了资本主义的发展，也严重侵害了劳动者产权的自主性。古典主义经济学家认为劳动力是个人体力与技能的总和，劳动力产权为神圣不可侵犯的天赋人权。亚当·斯密说："劳动所有权是一切其他所有权的主要基础，所以，这种所有权是最神圣不可侵犯的。一个穷人所有的世袭财产，就是他的体力和技巧。不让他以他认为正当的方式，在不侵犯他邻人的条件下，使用他的体力与技巧，那明显是侵犯这最神圣的财产。"① 禁止劳动力产权自由流转，严重侵害了劳动力产权的使用权，违背了产权主体的自主性正义原则，伤害的不仅是劳动者本身，而且也是对整个社会的损害。劳动力产权是其他财产权利的基础，劳动力产权主体的自主性可以大大增加财富的创造，对劳动力产权的侵害无疑就会动摇资本等其他生产要素的财产权利根基。

　　尤为重要的是，众多的古典经济学者都从各自的研究范围论述了产权的性质、功能和保护。他们认为产权包括占有、使用和让渡权。财产的占有是财产得以存在的必要条件，使用权是增加财富的手段，让渡权是转移财富的工具。但是，占有权、使用权等要符合一定的条件，才是符合正义规则的权利。穆勒以土地权利为例论述了隐含具有占有、使用权利正义的思想观点，"如果地主不打算将其土地用于耕作，一般来说，他根本没有理由把它当作私产。如果某人说这块土地是他的财产，他应该知道，自己占有它是出于社会的宽容，而且，因为这样做不可能给社会带来任何好处，至少他的占有不得剥夺人们在土地未被占有以前他们可以取得的权利，这是他占有这块土地的条件。" 他还说，"他也没有资格认为这些土地都可以由他使用或滥用，而不许别人介入。他可以随意处置他能从这些土地取得的地租或利润，但是，对于这些土地，他所做的或不做的每一件事都在道义上受到约束，在可能的范围内，法律还要迫使他的利益和意向符合公益

---

　　① ［英］亚当·斯密：《国富论》（上卷），郭大力、王亚南译，商务印书馆 1972 年版，第134 页。

的要求。"① 可见，古典经济学家认为产权的占有、使用、让渡要以不危害他人或公众的利益获取为前提，而且在行使占有权、使用权、让渡权时，应该增加社会财富的总量。

古典经济学家还对某些特殊产权予以了否定。他们批驳了人身所有权、公职所有权（公职为某些特定阶级所有）等封建特权，认为这些特殊产权是封建制度的残留物，应该通过法律的手段加以废除，否则就无法建立健全的资本主义制度。这种对某些人依据不平等的身份获得财产的否定，并强调人人都有获取财产的自由与平等的主张，是资本主义产权主体平等性原则的一大进步。

古典经济学家在产权保护正义方面的论述也颇有见地，特别强调私人财产保护正义的重要性。他们认为政府不能随意征用人民财产，只有征得人民真心实意的同意，才能对其财产进行干预；同时，他们还认为只有在维护公共安全和维护社会生产的情况下，政府才能出于公共利益的考虑干预私人产权。为了保护财产的安全，制定严格的法律保护措施是最行之有效的方法。麦克库洛赫不但在《政治经济学原理》中论述了财产安全是生产财富首要和最不可少的条件，还对侵害财产安全的行为实行严格管制的必要性作了较为详细的展开，他认为，只有财产安全措施切实到位，所有国民才有安全感，国民才有动力去创造与积累财富。② 财产的平等保护是现代产权平等保护的正义原则之一，而在古典经济学家那里，就已经把对产权的保护上升到了人身安全的高度，上升到了人权保护原则的高度，这不能不说是人类从封建社会步入资本主义社会的一个历史性飞跃。

我们从正义的角度仔细斟酌古典经济学家的有关产权正义的论述就会发现古典经济学家在资本主义早期就已经在产权的占有权、使用权、让渡权、收益权等权益方面有了比较清晰的认识。他们初步认识到了财产劳动获取的正当性、劳动力产权的自主性正义原则，还简约论述了占有权、使

---

① ［英］约翰·穆勒：《政治经济学原理——及其在社会哲学上的若干应用》，商务印书馆1991年版，第262页。

② ［英］麦克库洛赫：《政治经济学原理》，商务印书馆1975年版，第45—46页。

用权、收益权的一些特性，强调了产权的占有、使用、让渡要以不危害他人或公众的利益获取为前提，而且在行使占有权、使用权、让渡权时，应该增加社会财富的总量；不但如此，他们还在一定程度上对特殊产权予以了否定，特别强调了对私人财产保护正义的重要性。

2. 新古典经济学派的产权正义思想

随着生产力的快速发展，需要新的经济理论为之服务，因此一个新的经济学门派——新古典经济学产生了。一般而论，新古典经济学是古典经济学的继承与发展，只是由于研究思路的改变和方法的创新，而人们又为了以示区别，才把肇始于19世纪70年代的"边际革命"，结束于20世纪30年代所谓的"凯恩斯革命"的古典经济学流派冠之以"新"，它的主要代表人物有杰文斯、门格尔、马歇尔、克拉克等，其中以马歇尔的思想最具影响力。新古典经济学经过前后四次的整合，到今天依然具有重大的影响力。

马歇尔的贡献在于，他对传统古典主义经济学"经济人"的简单假设有所突破，他承认利己的前提，但不否认人又有利他之心，认为社会发展的动力不完全出于利己经济趋利意图，有时人的非经济动机会占据主导地位。① 因此从产权正义的意义来看，他的这种突破已经赋予了产权正义新的内涵，即产权的获得也应该考虑一定的社会正义。他还认为一味地追求私利，而丝毫不顾及社会与他人的利益损失，最终也会影响到自身正当的产权利益。

他还通过具体个人享用财富的例子间接地说明了公有产权的正外部性问题。正外部性将导致私人从公有产权的财产支出或财产增收中获利，个人却不必承担任何成本开支，造成公有产权的成本支出与效用的享用严重失衡，因此这种获利途径是不正当的。② 马歇尔还强调了对产权保护的重要性，他在此最大的贡献就在于将产权保护的范围从生产领域延伸到分配等流通领域，从而丰富了产权保护的正义内涵。他借助于交换规则公平，

① ［英］马歇尔：《政治经济学原理》（上），商务印书馆1964年版，第42—45页。
② ［英］马歇尔：《政治经济学原理》（上），商务印书馆1964年版，第78—79页。

以均衡价格理论为基础建立了他的分配理论。此理论体现了劳动、资本和土地等所有者权利对等、收入均衡、效率优先的思想。

而马歇尔在产权保护重要性的正义认识上最为突出的，是他对劳动力产权保护的阐述。他认为如果对劳动力产权保护缺失，不但会严重影响到当代劳动力的正义诉求，还会波及下一代的健康成长，"因为父母的境遇不佳，所受的教育有限，和预计将来的能力的薄弱，都不能把资本投在教育和培养他们的子女上……"① 马歇尔把它简要概括为"积累性"效果。② 因此他主张给予工人高工资，以便改善他们的投资，使下一代的境遇有所好转。马歇尔的产权正义思想被他的后继者们所继承和发展，但由于他奠定了新古典经济学的产权正义思想的基本内涵和基本研究范式，因此马歇尔的产权正义思想无疑是新古典经济学产权正义思想的一个缩影。

新古典经济学既然是对古典经济学的继承，那么也就避免不了规则公平、效率优先的分配制度安排衍生出来的贫富差距问题，其产权正义思想也走不出与生俱来就注重程序正义而忽视结果正义的窠臼。

3. 制度经济学的产权正义思想

所谓制度经济学，简单地说，就是用经济学的方法研究制度的经济学。制度经济学产生了一系列经济思想，尽管他们并没有专门论述产权正义思想，但也不能就此否认其产权正义思想的存在。

制度经济学的产权正义思想主要包括以康芒斯为代表的近代制度经济学的产权正义思想，以及以科斯为代表的新制度经济学的产权正义理论。其主要代表人物，前期有凡勃伦、康芒斯，后期为科斯、德姆塞茨、诺斯等人。

制度经济学家们特别强调制度对经济效益的影响。在他们看来，人们理性地追求效用最大化必然受制于一定的制度安排。如果没有制度的约

① [英] 马歇尔：《经济学原理》（下），商务印书馆 1964 年版，第 231 页。
② 马歇尔认识到了人力资本投资的至关重要性，他认为不同境遇的劳动力对后代的影响会截然不同，因为经济状况的原因，上层社会对子女的经济投入多，回报也就多，形成良性循环；下层的劳动者对其后代的投入少，影响最差，形成一种恶性循环。参见 [英] 马歇尔：《经济学原理》（下），商务印书馆 1964 年版，第 228—234 页。

束，那么人人追求效用最大化的结果，势必引发社会生活的混乱，导致经济的低效。当然一切制度中最为核心的又是产权制度，因此产权制度对经济效益的影响最大。而产权制度对经济影响的最关键之处就在于是否提高了社会的经济效益，只有那些能最大限度地发挥产权的激励与约束机制，使资源得以最佳配置的产权制度才会对经济的发展有良性的推动作用。那么，什么样的产权制度才会对经济具有推动作用呢？他们认为只有正义的产权制度才对经济具有推动作用，而正义制度的标准又是效率。

制度经济学重新审视古典经济学关于"经济人"的假设，指出了人与人之间利己心的对立，认为在现实世界中，人们之间关系的基础是财产权利。① 既然人们之间关系的基础是财产，那人们自然就会受利益最大化的驱使，不计后果地追逐财富，如此一来，社会就会无序、低效。因此，必须制定包括产权制度在内的相应的一系列制度才能有效地制止这种大众的盲目趋利性行为，使经济高效运转。而国家又是产权制度的最终制定者，没有国家权力的介入，产权就无法得到有效的界定、保护和实施；但是国家的介入，又会对产权造成不正当的侵害，导致产权的低效和经济衰退，他们认为这是因为政府也具有趋利性。制度因为要由人设定、执行，所以制度在所难免会受到"经济人"的伦理观、意识形态等影响，受效用最大化动机支配。人的本性就是政府的本性，政府作为社会的代理人也并非是"道德人"，因此制度不可能中立，也不可能完全正义，总有效率的损耗；而且政府代理人也会受利益最大化驱使，通过寻租和创租牟取私利。正因为如此，制度经济学才在制度上、意识形态上再三强调公平正义。他们认为道德等意识形态对产权制度有重大影响，德姆塞茨就特别强调道德因素对财产权利稳定性的重要作用，认为产权制度"频繁的对权利（产权）进行非自愿的再分配，会摧毁'有恒产者有恒心'的局面"②。

也就是说，产权制度的安排是直接影响经济效率的最大因素，国家的

---

① ［美］凡勃伦：《有闲阶级论》，商务印书馆 1964 年版，第 21—27 页。

② ［美］哈罗德·德姆塞茨：《所有权、控制与企业——论经济活动的组织》，段毅才等译，经济科学出版社 1999 年版，第 338 页。

兴衰成败取决于产权制度的正义程度及由此所导致的效率损耗程度，导致经济效益高的产权制度就是正义的产权制度，而抑制经济效益的产权制度就是非正义的产权制度。

制度学派出于效率的考虑，关注的重点是投入和产出比。在他们看来，资源的有限性及其交易费用为正的情况必然决定产权初始界定的优先地位，因此，不可避免地要以个人经济效用最大化为标准。其鲜明的个人功利主义色彩决定了它看重的是个人的自主性与所谓的程序的公正而非结果的公正。所以不论是前期的凡勃伦、康芒斯，还是后期的科斯、德姆塞茨、诺斯，只要涉及产权正义思想的，论述最多的是对个人权利的无限尊重，对"私有产权神圣不可侵犯"的顶礼膜拜，而对关乎人民大众的产权问题却鲜有论及，即便论及也是质疑、否定甚至攻讦的声音居多。

制度经济学产权正义理论的核心就是效率，制度经济学家们试图通过建立所谓正义的产权制度，提高经济效益。事实上，通过这种产权安排，资产阶级个别企业的效率确实可能得以提高。可是，由于生产的社会化与生产资料私人占有制之间的固有矛盾，个人利益与国家整体利益总处于矛盾的纠葛之中，整体利益的实现和个人利益的"帕累托最优"也永远处在分离状态，因此各种利己主义行为就会顺势而起。久而久之，随之而来的就是经济危机所造成的巨大灾难和社会财富的极大毁灭。制度经济学家们主张效率提高，而现实对他们的最终回应却是整个社会效率的极大降低，这不能不说是对他们产权制度正义理论的极大嘲讽。

制度经济学的产权正义理论过分夸大了产权的约束与激励功能。在经济活动中，借助产权配置资源固然重要，但其局限性也显而易见。斯蒂格利茨就曾指出，只有当个人收益与社会收益非常一致时，市场才会运行得好；而当个人回报与社会收益不充分一致时，就很容易出现少数人受益，多数人遭殃的"市场失灵"现象。

4. 当代西方产权正义思想

除了当代经济学家们，产权正义也成为当代西方哲学家、思想家们讨论的一个热点话题。虽然这些哲学家、思想家并没有明确提出产权正义的概念，也没有对产权正义进行充分、明细的解释，但我们可以借助他们对正义理论的翔实阐述，从中提炼出他们有关产权正义的观点。概其要点如下：一类观点主张国家对财产进行必要的再分配，另一类观点则强调国家要维持既有的财产安排。其典型代表就是罗尔斯与诺齐克各自的主张。

罗尔斯的产权正义观点继承了洛克、卢梭、康德的社会契约论，它借助所谓原初状态下的原始契约来论证其正义原则的合理性。罗尔斯反对传统的功利主义，否认为了其他人获得更大的利益便可以使另一些人丧失自由的正当性；他认为正义是社会制度的首要美德，一种制度与法律不管如何有效率，只要不正义，就可以加以改造；社会之所以能容忍不正义制度以及现象的存在，是为了避免发生更大的不正义。可是，罗尔斯所处的资本主义社会偏偏存在诸多不平等现象，比如财富分配的差距进一步拉大，弱势群体的利益缺少正义的关怀等，这些问题都有可能对资本主义制度提出正义质疑，甚至可能会危及资产阶级的统治。为了回应这一质疑并试图化解这一矛盾，罗尔斯专门提出了所谓的"作为公平的正义"理论。他的这一理论主张公正的分配要能够实现"最小受惠者的最大利益"，即"社会和经济的不平等应这样安排，使它们：在与正义的储存原则一致的情况下，适合于最少受惠者的最大利益"①。他认为所有的财富和收入本来都应该平等地分配，但由于人们先天禀赋和制度等原因，财富完全平等的分配既不可能也不现实，所以社会的经济制度就必须按照"差别原则"来安排，而国家应通过税收、产权和市场结构等机制履行广泛的社会经济调控功能，对弱势群体进行必要的补偿和社会的再分配。

与之相反，诺齐克主张"持有正义观"，其"持有正义观"实质上是主张一种程序正义。诺齐克认为，人对财产的关系是否正义，是否构成权利关键在两个方面：一是持有的最初获得，即对无主物的占有是否合法；二是持有从一个人手中换到另一个人手中的转让过程是否合法，即对有财产的转让是否合法。正是基于这种持有正义观，他开始对罗尔斯的分配正

---

① ［美］约翰·罗尔斯《正义论》，何怀宏、何包钢、廖申白译，中国社会科学出版社 1988年版，第 302 页。

义理论提出了批评，认为罗尔斯的差别原则是对社会强者权利的侵犯，是对强者自由的践踏。他主张任何财产的分配，只要是自愿交易，同时其又符合正当的原则，那么这种财产分配便是正义的，即便这种分配产生极大的贫富差距也并不影响财产分配的正义性。他反对任何形式的再分配，认为制度设计的主要目的就在于保护个人产权，任何再分配都是对个人产权的侵犯，主张建立一个所谓最弱意义上的国家，即一种管事最少的、最低限度的国家，除了保护性功能之外再无其他功能的国家。[①]

罗尔斯"公平的正义观"与诺齐克"持有正义观"的分歧，表面来看是平等与自由孰先孰后、孰轻孰重的问题，而其实质，却反映着他们在财产价值取向上的差异，其分配正义与持有正义的理论之争其实就是资产阶级社会里，人们的财产能否平等、自由地进行再分配的问题。

过去，资产阶级正是利用自由与平等这一口号战胜了封建主义，从而赢得了资产阶级占有财产的平等与自由。可是，随着资本主义的发展，资本主义社会的个人财富也出现了极大的不平等，资产阶级占有大量财富，而广大人民群众获得的财富却极少。面对这一困局，广大的工人与其他弱势群体是否可以像当初资本家向地主提出获得财产的自由与平等那样向资产阶级提出自己的财产自由与平等主张呢？这个问题不可避免地摆在了资产阶级面前。资产阶级学者们站在维护资产阶级统治的立场上，各自提出了自己的应对之策。由此产生了以罗尔斯与诺齐克为代表的两种产权正义观。

罗尔斯承认先天禀赋以及社会因素会造成财富分配的不平等，也承认自由的充分赋予有可能导致更大的财富分配不平等。在面对是牺牲某些个人自由以达到较大的社会经济平等，还是宁可让不平等现象存在也要全面捍卫每个人的自由权利的选择时，罗尔斯选择了前者。他主张国家应按照"差别原则"履行广泛的社会经济调控功能，对财产的再分配做必要的调整。

---

① ［美］罗伯特·诺齐克：《无政府、国家和乌托邦》，王建凯译，中国社会科学出版社 1991 年版，第 238—241 页。

而诺齐克站在程序正义的角度，认为只要不违反"持有正义"的财产占有，无论其财产占有的多寡都是正义的。因此反对政府对财富进行再分配。他认为政府的合法干预只能限于保障每个人都能按照公正的程序拥有产权。比如，保证个人产权不因他人权利的行使而受到无补偿的妨碍，防止财产转让过程中的巧取豪夺等。除这些保护性措施之外，政府凡是对符合程序正义的财产进行再分配都是对自由权利的侵害。

罗尔斯与诺齐克的理论的共同之处就在于罗尔斯与诺齐克他们两人的正义理论都以自由主义作为前提，坚持个人主义立场，认为个人优先于社会，认为正当独立于"善"，都反对功利主义和目的论，都是为了维护资产阶级的统治。罗尔斯的产权正义更强调平等，反对绝对财产权的拥有、使用，主张在资产阶级的制度框架内对资产阶级的产权制度作一定的调整。他的观点代表了温和自由主义者的主张，获得西方一大批学者的呼应。当代美国的法学家凯斯·R. 孙斯坦就持有罗尔斯类似的观点，他对过分依赖市场经济提出了批评，认为市场并非神圣不可侵犯，为了保证社会正义，政府应该对市场进行必要的干预，制定正义的规则包括财产方面的正义规则，以确保人们机会平等。① 而诺齐克权利理论的重心则是强调个人获取、使用财产权利的绝对性，强调财产权和自由权的不可分割性，反对对资产阶级产权制度作任何必要的修正，他的产权正义主张代表了极端自由主义产权正义思想。同样，在西方世界，诺齐克的极端自由主义产权正义思想也获得了不少共鸣。与诺齐克齐名的另一位极端自由主义者哈耶克也认为市场价格体系虽然会造成人与人之间的不公平，但是为了追求收入和财富上的公平，采用政府干预措施，纠正市场自由竞争中的不公正现象，其结果可能是更大的不公正。②

诺齐克的产权正义理论过于极端，而罗尔斯的产权正义理论也不尽合理。罗尔斯假定的原初状态也即他谓之的"无知之幕"既非一种实际的历

---

① 参阅［美］凯斯·R. 孙斯坦：《自由市场与社会正义》，金朝武等译，中国政法大学出版社 2002 年版。

② 参阅［英］哈耶克：《自由秩序原理》（上册），邓正来译，三联书店 1997 年版。

史情状，也非文明之初的那种真实的原始状态，而是一种为了论证他正义理论特意人为设计的纯粹假设的状态。他假定，在这样的原初状态之下，人们对自己及他人的阶级地位、社会出身、先天资质以及能力、智力、体力等方面的运气一概一无所知。在这样的环境下，因为信息的不通畅、匮乏和不对称，任何人都无法设计有利于他自身的特殊原则，因此一旦人们在此"真空"条件下达成了共识即制定了原则，那这种原则即符合"公平的正义"。罗尔斯认为在这种条件下制定的正义原则应推而行之，将它视为现实社会的行动圭臬，以此原则来规范、衡量、框定、纠正现实的社会制度和规章，只有符合这种在"公正"的"无知之幕"条件下的正义原则制度才契合公平正义。他在《正义论》用这样的一段话表述了他的这种正义思想："正如我说过的，作为公平的正义以一种可能是大家一起作出的最一般的选择开始，亦即选择一种正义观的首要原则，这些原则支配着对制度的所有随后的批评和改造。然后，在选择一种正义观之后，我们就可推测他们要决定一部宪法和建立一个立法机关来制定法律等，所有这些都须符合最初同意的正义原则。我们的社会状况如果按这样一种假设的契约系列订立一种确定它的规范体系，那么它就是正义的。"①

可是事实上，现实中的一切产权正义规则都是在既有的产权制度条件下制定的，占据统治地位的阶级总是依据自身的经济利益高低对一切产权制度性建设"量身定做"，所谓的产权正义规则无非都是统治者内部的"公平的正义"。对被统治者而言，因为在制定最初的"公平的正义"原则时就没有基本的经济、政治、文化、力量与之抗衡，事实上在产权正义规则的协商时，他们就"缺场"了，他们根本没有制定规则的话语权，因此所谓的平等协商，只能是事实上的被动接受。现实世界里，资本主义就是在这种条件下制定了一套"公平的正义"原则敛财致富，并推而广之。只是在实际运行的过程中，视统治者内部利益的分化程度和被统治者的抗拒力度作一定范围的调整。这些产权正义规则的制定与调整看似正义，实质

———————
① ［美］约翰·罗尔斯《正义论》，何怀宏、何包钢、廖申白译，中国社会科学出版社 1988 年版，第 13 页。

却与正义"南辕北辙"。

三、马克思、恩格斯产权正义思想

作为资本主义最深刻的认识者和揭露者，马克思、恩格斯对产权、正义有极为深刻的认识，他们在总结人类发展的基础上，探寻财产产生、发展的规律，准确把握产权与正义的关联，揭示出产权正义的内在逻辑和本质。

（一）马克思、恩格斯产权正义思想：肯定资产阶级产权的程序正义，否认其结果正义，强调结果正义高于形式正义

马克思、恩格斯的这一思想，是通过其对资本主义产权获得的非正当性的批判来阐述的。在马克思、恩格斯看来，资产阶级通过榨取工人的剩余价值获取财富，他们的方式虽然野蛮，但他们的这种榨取与过去封建时代的剥削相比具有正义性，即便从程序正义的角度来讲，这种榨取也符合正义规范。马克思、恩格斯认为符合价值规律的就是正义的，他曾这样说道："资本家只要付给工人以劳动力的实际价值，就完全有权利，也就是符合于这种生产方式的权利，获得剩余价值。"[①] 而符合"这种生产方式"也即符合价值规律，在我们看来就是符合程序正义。可见，马克思的这段话暗含了他对资产阶级产权正义中程序正义的肯定。但从产权结果正义的角度来看，马克思、恩格斯认为，它与正义背道而驰，因为资产阶级攫取了不应该归其所有的本应属于工人的劳动成果。

马克思这一产权正义思想我们可通过他对剥削的鞭笞中略知一二。马克思在其著述中，虽从未明确地说过资产阶级对工人的剥削是非正义之类的话，但他批判剥削非正义的思想却隐含在他的字里行间。资本主义社会，资本家借助于无偿占有工人剩余劳动时间的方式，榨取了剩余价值，马克思对此极为反感，他甚至悲愤地把这种行为斥责为对工人的无情"盗窃""抢劫"。"盗窃""抢劫"，就是把本属于他人的财产通过非法手段"得

---

① 《马克思恩格斯全集》第19卷，人民出版社1963年版，第401页。

其所非得"，这与正义"得其所应得"的内涵明显相悖，因而在马克思看来，盗窃和抢劫工人的劳动时间与劳动成果就暗含了不通过合法、合理手段谋取他人财产权的非正义性。同时马克思在这里使用"盗窃""抢劫"等字眼来描摹资产阶级对工人财富的无情剥夺，也相应地暗含了工人在剩余劳动时间所创造的价值本应归工人所有的产权占有正义性，工人明显地失去他本应得到的劳动财富，在道义上这是一种非正义的产权制度，因此无产阶级行动起来，推翻这个非正义的产权制度，在道德上就有了正义理念的支撑。

这个观点也可以从这段经典表述中看出，"如果群众的道德意识宣布某一经济事实，如当年的奴隶制或徭役制，是不公正的，这就证明这一经济事实本身已经过时，其他经济事实已经出现，因而原来的事实已经变得不能忍受和不能维持了。"① 恩格斯的这段话里所说的"经济事实的不公正"就是言指剥削事实的不公正也即其结果的不正义。既然"已经变得不能忍受和不能维持了"，因此，工人就可以效仿奴隶们推翻奴隶制、资产阶级推翻封建制那样起来推翻资本主义制度。马克思、恩格斯的这些思想还可以透过此前的几句话得到解答："我们不过是说，这个经济事实同我们的道德情感相矛盾。所以马克思从来不把他的共产主义要求建立在这样的基础上，而是建立在资本主义生产方式的必然的、我们眼见一天甚于一天的崩溃上。"② 这些话无非表明，只要既有的制度不符合正义了，人民群众就应顺势而起，建立一个新的制度取而代之，直至建立共产主义社会。

马克思、恩格斯的这些论述，其实包含着结果正义高于程序正义的思想。马克思、恩格斯一贯主张结果正义高于程序正义，马克思曾在一篇文章中，形象地把程序法与实体法的关系喻为表与里的关系。他论述道："诉讼和法二者之间的联系如此密切，就像植物外形和植物本身的联系，动物外形和动物血肉的联系一样。使诉讼和法律获得生命的应该是同一种精

---

① 《马克思恩格斯全集》第 21 卷，人民出版社 1965 年版，第 209 页。
② 《马克思恩格斯文集》第 4 卷，人民出版社 2009 年版，第 203—204 页。

神，因为诉讼只不过是法律的生命形式，因而也是法律的内部生命的表现。"① 假若从法的正义原理来看，马克思这里所说的"精神"就是言指正义，"程序的精神"就是指程序正义，"法的精神"就是指实体正义即结果正义。可见，在马克思看来，结果正义是法的根本价值目标，而程序正义则处于次要和从属地位，二者是内容与形式、目的与手段的关系。从先前引用的例句，我们早已知道马克思、恩格斯肯定了资产阶级产权的程序正义，但又批评了其结果的非正义；再结合马克思对实体正义与程序正义关系的剖析，便可知马克思、恩格斯产权正义思想有强调结果正义高于程序正义的内蕴。

事实上，程序确实需要正义的考量，但是确保程序正义，其目的只是为了结果正义的实现。倘使程序保证不了结果正义，那么这个程序是否正义就值得商榷。而且，如果把程序正义置于结果正义之上，甚至用程序正义来否定结果正义，那么"程序正义"本身非但是正义的异化，而且在一定意义上已经与正义旨归相背离。资本主义的产权正义，资产者利用程序正义的手段，通过剥夺工人的剩余劳动，获取不正义的收入，产生了资产阶级剥削的事实，这样看上去正义的程序，实际上成为掩盖结果不正义的遮羞布。程序正义总归是为了结果正义，从这个层面上而言，结果正义高于程序正义，而不是相反。

我们要用程序正义去考量结果是否正义，更要用程序能否保证结果正义来考量这个程序的设计是否正义。当然不能据此断章取义地曲解为不讲程序，只是不能把程序看得高于一切，更不能用表面的"程序正义"来掩盖实质的非正义。程序是手段、是工具，结果是目的、是归宿，程序公正的标准和关键是实质正义。实质正义与程序正义的关系是内容与形式、目的与手段的关系，形式为内容服务，内容是形式的目的。但是，要防止出现以形式主义方式看待程序正义与实质正义的现象，那种只要目的得当、合理，就不顾程序的正当、合法，只要实现了实体正义，程序无论是否正

---

① 《马克思恩格斯全集》第 1 卷，人民出版社 1995 年版，第 287 页。

义都无关紧要的思想与做法是极端错误的。只重视实质正义，把实质正义
作为唯一的价值追求和目的，而把程序正义视为细枝末节的思想与做法，
会从根本上动摇实质正义的实现。

（二）马克思的产权正义发展观：低层次产权正义与高层次产权正义
的辩证统一

不同社会阶段有不同层次的产权正义和标准，不同阶级或不同社会集
团的人们对于什么是产权正义，也往往持有不同的观点。马克思在批判拉
萨尔主张的"公平的分配"时就论证道，什么是"公平的"分配呢？难道
资产阶级不是断言今天的分配是"公平"的吗？工人阶级出于自身产权利
益的保护，认为资本主义的产权制度是非正义的，而资本家出于贪婪的本
性，理所当然地以为自己的产权制度最正义莫过，即使他们明知自己的产
权制度的非正义性，也会出于维护自身利益的目的，百般狡辩。恩格斯在
回答这一问题时也指出，奴隶制度被古希腊人和古罗马人普遍视为公平正
义的制度，而资产阶级则认为封建制度缺乏最起码的公平正义，可见，人
们对于公平的看法各有各的理解。

随着人类社会的发展，产权正义会一步一步向前推进，尽管与之前相
较，它不失为一种社会进步，但仍不可避免地带有旧制度的消极影响，这
是历史发展的必然。《哥达纲领批判》中，马克思在批判资产阶级法权和评
述社会主义按劳分配制度时就认为，劳动者通常按贡献来分配生活资料，
这是一种平等，是历史的进步，但社会主义脱胎于资本主义，事实上它的
分配制度还带有很深的资产阶级法权痕迹，他说："但是它默认，劳动者的
不同等的个人天赋，从而不同等的工作能力，是天然特权。"[1] 正因为如
此，马克思认为这种看似平等的权利事实上却掩盖着实质上的非平等。在
现实生活中，劳动者个人天赋和实际需求千差万别，有些人个人禀赋好，
有些人个人禀赋差；有些人家庭人口多，而有些人家庭人口少；因而劳动
产品分配的结果必然是家庭贫富不均，付出相同数量和质量的劳动得到的

---

[1] 《马克思恩格斯文集》第 3 卷，人民出版社 2009 年版，第 435 页。

实际生活水平却不一样，所以马克思认为这种分配制度形式上公平但事实上却不平等。

正因为按劳分配还存在"资产阶级法权"的痕迹，存在着形式上的平等掩盖了事实上不平等的弊端，所以，这种分配方式并不是我们的理想目标。随着生产力的高度发达、产品的极大丰富，在未来的共产主义社会里，我们要用"按需分配"来取代"按劳分配"。不过这种并不理想的带有"资产阶级法权"性质的分配，在马克思看来是不可避免的，因为权利决不能超越社会的经济结构以及由经济结构制约的社会文化的发展。他说："这个内容，只要与生产方式相适应，相一致，就是正义的；只要与生产方式相矛盾，就是非正义的。"① 在社会主义阶段，一方面，社会主义生产资料公有制决定了只能按这种方式进行分配；另一方面，不够发达的生产力又决定了还不能按人们的实际需要进行分配。在这种情况下，按劳动的数量和质量进行分配是唯一公平的分配方式，因此，在社会主义社会里，正确地贯彻按劳分配原则，就是实现了公平。这也说明，人类的每个发展阶段的产权正义都有其合理性。

中国人民大学段忠桥教授在分析马克思《哥达纲领批判》中有关按劳分配论述的基础上进一步推断，马克思的这些论述中蕴含着一种新的正义观念即由偶然的天赋和负担的不同所导致的，进而言之，由非选择的偶然因素所导致的人们实际所得的不平等是不正义的，其原因"只能是劳动者的不平等的个人天赋由偶然因素造成的，即不是由他们自己选择的，因而从道德上讲是不应该得的，因此，由其导致的劳动者实际所得的不平等是不应当的"②。

尽管从道德角度来看，分配结果事实上是非正义的，但这种分配结果的非正义有其历史必然性，正义是历史性的范畴。"他（马克思——引者注）实际上是将正义之思与现实的社会生产关系与具体的历史背景结合起

---

① 《马克思恩格斯文集》第 7 卷，人民出版社 2009 年版，第 379 页。
② 段忠桥:《当前中国的贫富差距为什么是不正义的?》,《中国人民大学学报》2013 年第 1 期。

来，而不是抽象地引申出一套正义的标准和规范，正义由此也被解释成一个实践性和历史性范畴。"① 马克思在此对按劳分配的不足作了独具匠心的剖析，另一方面又指出，由于受生产力发展的制约，一定时期实行"按劳分配"的产权贡献正义原则又有其合理性。

正义是个历史性范畴，不同历史时期对正义有不同的标准，正义还有层次之分。奴隶社会对奴隶的拥有，在奴隶主看来是正义的；封建社会对农奴的剥削，在封建主看来是正义的；资本主义社会对工人的压榨，在资本家看来是正义的；社会主义社会按劳分配，在大多数人们眼里是正义的。不过到了一个更高级的社会阶段再去审视过去的那些正义标准，就会发现原先正义的标准都是非正义的，"在资本主义方式的基础上，奴隶制是非正义的；在商品质量上弄虚作假也是非正义的"②。

社会主义的按劳分配使劳动者作了各项必要的扣除后，获得了他应该得到的与其劳动量相等的产品，由此看来，这种分配制度毫无疑问要比资本主义社会无情剥夺工人剩余劳动量的产权正义要公正得多。但是社会主义的这种分配正义也只是相对的正义，随着生产力的高度发展，人类社会最终会步入共产主义，到那时正义的实现情形和判断标准又会随之改变。"在共产主义社会高级阶段，在迫使个人奴隶般地服从分工的情形已经消失，从而脑力劳动和体力劳动的对立也随之消失之后；在劳动已经不仅仅是谋生的手段，而且本身成了生活的第一需要之后；在随着个人的全面发展，他们的生产力也增长起来，而集体财富的一切源泉都充分涌流之后，——只有在那个时候，才能完全超出资产阶级权利的狭隘眼界，社会才能在自己的旗帜上写上：各尽所能，按需分配！"③

在李细来教授看来，"马克思的正义，在实至名归的意义上是基于'人的自我实现'"。"马克思批判资本主义的最高标准和最终根据，应当是人的自我实现的正义基准，而这一正义基准也正是马克思正义观超越近代自

① 李细来：《论马克思正义观的特质》，《中国人民大学学报》2013 年第 1 期。
② 《马克思恩格斯文集》第 7 卷，人民出版社 2009 年版，第 379 页。
③ 《马克思恩格斯文集》第 3 卷，人民出版社 2009 年版，第 435—436 页。

由主义正义观的一个重要维度。"① 因此，在马克思、恩格斯眼里，产权正
义是一个历史发展的过程，它随着人类生产力的不断发展会一步一步地向
更高阶段迈进，当人类进入"人的自由全面发展"的阶段，人就获得完全
的解放，这时人类才能享受真正的正义。正如马克思指出的那样，"真正的
自由和真正的平等只有在公社制度下才可能实现；要向他们表明，这样的
制度是正义所要求的"②。

第二节　中外产权正义思想比较

由于世界观、价值观以及文化背景的不同，古代中国和西方的思想家
们，尤其是一些非马克思主义的西方学者们，对产权和产权正义思想的理
解与马克思主义者有着本质差异，突出表现在对财产来源的正当性认知、
对私有财产的保护以及产权正义思想的不同旨归等方面。运用辩证的科学
思维方法对这些差异进行深刻而充分的比较和分析，有利于当今我国产权
制度的建设。

一、对财产来源正当性的解读不同

中国传统产权正义与马克思主义产权正义思想十分强调财产来源的正
当性，也对此作了比较精到的阐述，而西方产权正义思想对之的解释却苍
白无力。由于中国长期受儒家产权观的浸润，对产权获得方式的关注成了
人们最寻常不过的道德要求，而普遍尊奉"取之有道"的产权正义原则也
就成了人们不二的伦理选择。这与西方产权正义思想中不关注财产来源正
当性的牵强解释截然相反。

马克思主义者在对资本主义等私有制产权的揭露与评判中，以及在对
未来公有产权的讴歌与追求行动中，表明了他们对财产来源正当性的关

---

① 李细来：《论马克思正义观的特质》，《中国人民大学学报》2013 年第 1 期。
② 《马克思恩格斯全集》第 3 卷，人民出版社 2002 年版，第 482 页。

切。事实上，恩格斯在其《家庭、私有制及国家的起源》里早就把私有产权的初始占有的来源和历史言说得极为清晰，他在此实际上已经深刻地揭示出私有财产的本质属性。

西方产权正义思想的主流有一个明显的弊端，他们多主张私有财产神圣不可侵犯，却不甚关注财产来源的正当性和获取财产的程序正义。一旦涉及其财产来源的正当性讨论时，大多数西方政治家、思想家、经济学家等要么尽力回避，要么"王顾左右而言他"。无论是格劳秀斯，还是洛克，抑或是他们的继承者，无不从个人主义出发来解释他们的产权观和产权正义。个人主义在实践中的表现就是"天赋人权""自由、民主、平等"的普遍实现。这些观点随着个人主义的传播和发展，成为资产阶级理论体系的轴心和最重要的基础性概念。所谓的天赋人权主要包括生命权、自由权和产权。而其产权被大多数西方思想家冠之为人类的"第一权利"，是人类被自然法所赋予的一切天然权利的核心与基础。在资本主义思想家看来，资产阶级私有产权制度是最重要的权利，关乎整个资本主义生存和发展的基础，因此，在某种程度上可以说，资本主义的所有政治、经济、文化等思想和行为几乎都围绕着私有产权的产生、发展和完善这一主题而生发。

格劳秀斯是近代西方启蒙思想家中第一个比较系统论述自然法理论的学者，他对私有产权的产生作出了一个历史解释。他说，最初的财产都处于自然共享状态，人们通过先到先占原则，将土地以及其他财产私分，然后施以契约加以确认，于是私有产权确立，他认为私有产权是一种绝对权利，任何人必须予以尊重。洛克也认为，每个人都需要自己的财产，需要对处在自然状态中的土地和其中的一切东西作排斥他人的占有，私有产权具有神授和不可剥夺性。以后历代资产阶级思想家都沿着他们这种路径对产权正义进行了诠释。格劳秀斯、洛克他们在论述私有产权最初来源时，一致认为自然赋予了"先占先得"的原则。可我们知道，先占先得并不能排除弱肉强食、巧取豪夺、恃强凌弱等非正义手段获取财物的可能性。最初私有产权和其后历史事实告诉我们，无论哪种最初的私有产权获取都是凭借不平等的权力和不正当的手段所获。奴隶主的私有产权、封建地主的私有产权和资产阶级的私有产权概莫能外。

透过资本主义思想家冠冕堂皇的私有产权获取的解释，正视被奴役者的斑斑血迹，其憎恶的嘴脸昭然若揭，难怪马克思一针见血地指出："资本来到世间，从头到脚，每个毛孔都滴着血和肮脏的东西。"① 可见私有产权的野蛮获取事实明显违反了程序正义，而程序的非正义又带来了结果的非正义。私有产权治下的社会，贫富悬殊现象十分严重，一方是酒池肉林，一方是食不果腹；即便是当今社会财富已经喷涌而出的最发达资本主义国家——美国，也是"贫富二重天"，形成了"1%与99%"的阶级严重对立。

通过罪恶的"羊吃人的圈地运动"、对殖民地开展野蛮征服和残酷盘剥工人，资产阶级获取了资本主义私有产权的"第一桶金"，以后又采用一系列的手段积攒了更大的财富。这个时候，资产者的第一"要务"不再是心急火燎地进行资本的原始积累了，而是要处心积虑地考虑如何固化他们的"第一桶金"，以免惨遭财富被无产者剥夺的命运。因此资产拥有者迫切需要在全社会的文化层面上培植一种"私有财产神圣不可侵犯"的"良好文化"氛围，以期引导人们的观念和价值取向。恰逢此时，格劳秀斯等人的主张适时而出，极大地迎合了有产者的需要，得到资产阶级的大力推广和宣扬。经过之后多年的文化浸润和灌输，"私有产权神圣不可侵犯"的信条终于在西方社会"根深蒂固"。

新的产权正义观和资本主义价值观的形成并不能确保资产阶级产权的万无一失，如果要确保资本主义私有产权"万年不朽"，最好的出路在于打碎旧的国家机器，让资产阶级亲自操控政治权柄，因此资产阶级又在洛克等人的思想指引下掀起了推翻封建主义的革命风暴，夺取了国家权力。在控制国家政权后，利用国家政权维护资产阶级的私有产权的最好方式无疑是制定"私有产权神圣不可侵犯"原则下的法律，于是，保障私有产权的法令便在欧美等地"风生水起、蔚为大观"。资产阶级私有产权的文化形态、政治制度、法律规则就是这般借助资产阶级文化传输、政治革命和

---

① 《马克思恩格斯全集》23 卷，人民出版社 1972 年版，第 829 页。

议会操作成为资产阶级维护自身利益的上层建筑，并被人们形象地喻为资产阶级产权及产权正义保驾护航的"三驾马车"。

"三驾马车"作为资产阶级的上层建筑，成为资产阶级强大的稳固屏障。一方面，这些上层建筑形成后，反过来在文化上成为钳制人们思想的工具，使人们不思反抗。资产阶级革命后，一批批资产阶级思想家不厌其烦地宣传资产阶级的产权正义文化，经过数百年的"熏陶"，"私有财产神圣不可侵犯"渐已成为引导人们日常经济行为的"金科玉律"，也成为无产阶级革命的"天然文化障碍"。另一方面，一旦人们对"私有财产神圣不可侵犯"产生了道德质疑甚至武力反抗，资产阶级则可以"堂而皇之"借助国家政权和法律武器对之进行血腥镇压。

他们的手段有两个特点：其一是"软"，"软"就在于利用文化手段在精神上消弭人们的反抗意识和抗拒"隐患"，"灭患于无形"；其二是"硬"，"硬"就在于通过掌控政治权力、法律权力等强力手段，"消祸于有形"。资产阶级就这样借助"软、硬"二手灵动地维系"私有财产神圣不可侵犯"的产权正义体系。他们以非正义的手段获取的财富，借助国家政权获得了法律上的合法地位，取得了所谓"私有财产神圣不可侵犯"的"程序正义"。因此，以后只要发生危及他们经济利益的行为，他们都可以借助所谓的"程序正义"，堂而皇之地打击一切他们认为不正义的经济行为，以确保资产者个人及资产阶级的整体利益。基于这一点，我们就不难理解为什么现代最有名的资产阶级学者哈耶克和诺齐克都是程序正义的坚决捍卫者。

资产阶级的统治已经延续了几百年，他们的统治手段高明之极。虽然在他们的治下，社会财富剧增，人的潜能也得以极大发挥，但社会矛盾也不断凸显，尤其是两极分化现象极为严重。可是，在"私有财产神圣不可侵犯"的遮掩下，资产阶级只愿意做大"蛋糕"，却极不情愿合理分配"蛋糕"。这种产权制度的正义性难道真的值得我们去追捧，甚至趋之若鹜吗？罗能生对此就意味深长地说道："'私有财产神圣不可侵犯'的原则既是造成两极分化的原因之一，又把这种贫富悬殊合理化和用法律加以固定化，否定对社会财富加以合理调节。人类的道德良知不能容忍这种一边是酒池肉林，一边是饿殍遍野。"①

二、对公有与私有产权的保护态度不同

中国古代法律保障土地私有权，但更强调公有产权的重要性，不像西方把"私有财产不可侵犯"神圣化。私有财产这是中国自战国以来的土地私有制度的必然反映，是地主阶级意志的体现。土地是主要的生产资料，是封建政权的基础，也是人们赖以为生的生活资料。因此，必须保证一定的私有财产——田宅，人民才能安于现状。国家将农民们的少量田宅纳入田籍、户籍等账册备案，并强制性地要求他们缴纳一定的税负；在缴纳税负之后，这些私有土地和房产方能获得国家的确权，并依法获得国家的保护。同时，只有强调公有产权的重要性，地主阶级才能维持"溥天之下，莫非王土，率土之滨，莫非王臣"的土地王权所有的格局，而且强调公有产权的重要性可以保证赋税的稳定和合法性。为了保证赋税的来源，国家必须对全国的土地和房产进行登记确权，并依法予以征收赋税。而赋税的征收常常以"公有产权"的名义行之，这样更能保证征收的合法性和不可违逆性。

而西方产权正义思想不太论述公有产权，即便论述了也是批评、否认的居多，稍有些正面评价也是出于个人利己主义目的。西方学者缘于其阶级性和对"私有财产神圣不可侵犯"的顶礼膜拜，一味鼓吹私有产权的正义性，极力主张产权私有。他们认为私有产权符合人性，而且也是唯一能最大限度地提高经济效益的产权制度，最有利于个人利益的最大化，因此私有产权最具正义性。而公有产权既违背人性，又是人类历史上最阻碍经济效益提高的产权形式，最不利于个人利益最大化，是最不正义的产权制度，必须大加清除。虽然极少数西方学者也强调私有产权和公有产权的结合，甚至提出过"最大多数人的最大幸福"的口号，但由于其阶级本性决

---

① 罗能生：《产权的伦理维度》，人民出版社 2004 年版，第 30 页。

定了他们不可能把公有产权利益置于私有产权利益之上，一时关注公有产权也只是为了把它当成实现自身私有产权利益的手段而已，他们的正义思想始终脱离不了个人主义和利己主义的窠臼。

强调对公有产权的维护是马克思主义产权正义思想最具特色的内容之一。马克思通过剩余价值理论，揭示了资本主义剥削的秘密。工人创造了价值，却被资产阶级"巧妙"地予以剥夺，造成了劳动的异化、人的异化、产权的异化。因此，马克思主义产权正义思想继承了马克思的这一传统，十分强调产权的阶级利益，认为在资本主义社会里，正是因为私有产权制度才造成了资产阶级与无产阶级截然不同的经济利益，为了彻底改变无产阶级的悲惨命运，就必须关注公有产权的实现。只有实现了公有产权制度，才能最终维护无产阶级的利益，使无产阶级成为产权利益最大化者。

三、对产权结果正义的理解不同

中国传统产权正义思想与马克思主义产权正义思想都强调结果正义，但中国传统产权正义思想强调产权符合礼制的公平性，而马克思主义产权正义强调无差别的结果正义。中国传统产权正义强调中庸之道的调和思想，只要在礼制范围内满足了"均贫富""均田地"的产权安排，就是符合正义的产权制度。儒家的"不患寡而患不均"以及道家的"损有余而补不足"的财产权利思想是古代中国传统产权正义观的最简洁表达。然而，这种符合礼制的公平性，保障了上层人士体制内的财产权利均衡，却将体制外的普通民众的财产权利排除在外。它一方面强调"均贫富"的产权安排，另一方面又造成大量的财产严重失衡现象，因此而引发了无数次的农民起义，其产权安排最终也阻碍了生产效益的提高。

西方产权正义思想只关注程序正义，至于结果是否正义则并不太在其考虑之列。从奴隶社会开始，西方就走上了一条私有产权主导的发展之路，为了维护既得利益，应对被统治阶级对制度的不满，统治阶级的思想家、哲学家、经济学家们就极力鼓吹程序正义，以所谓的程序正义来维持统治阶级既有政治、经济、文化制度的现状。产权制度是制度的核心，因此极力主张产权的程序正义即维护既有产权制度的现状也就成了维护统治的核心要件，即便要适时调整产权制度，也必须控制在既有的制度框架内，必须按照所谓程序正义原则来处置，否则就是非法。总之，他们并不关注结果正义，如果要真正关注结果正义的现状，那么就势必对既有产权制度产生怀疑、否定，进而被统治者就会对之提出革命性的变革主张，这既非统治阶级所愿，也非统治阶级吹鼓手所乐见其成。

马克思主义产权正义思想一贯强调结果正义高于程序正义。结果正义是正义的根本价值目标所在，而程序正义则处于次要和从属地位，程序本身并不具备目的价值，只是实现结果正义的手段与方法的工具而已，结果正义与程序正义二者是内容与形式、目的与手段的关系。

第三章　当代产权正义基本原则

　　直面产权正义，我们需要专门论述产权正义的基本原则。何谓原则，简言之，"原生的规则"，也即与生俱来不可违背的准则。所谓产权正义原则，就是指与产权的产生、发展相伴而生的正义诉求、合理主张的价值评判的不可违逆的普遍性标准。

　　产权正义领域内涉及众多的原则，有些原则只关乎特别领域或特殊群体，抑或某些个体，有些也只是特殊时期的某些个案的产物，总之，这些原则不具有普遍性意义，这些只能称为特殊原则，它们丧失了"放之四海而皆准"的价值评判的指导性功效。我们所说的产权正义的基本原则，它是产权正义原则中具有基础性的价值评判标准，它们与特殊的原则群体的作用完全不一样，它们是其他特殊性价值原则的引领原则与指导原则。这些基本原则在理论上是产权正义评判的普遍性标准，是厘清产权正义理论上孰是孰非的方法论；而在实践层面，事实上，产权正义的基本原则已部分成为或即将成为具体产权正义践行的标杆，有些理应成为具体产权正义践行的指针，可是却因种种因素未能在现实生活中实现。随着社会文明的进步、政治家的开明、群众的觉醒、资本利益群体的担忧等多种合力的推进，产权正义的基本原则肯定会在将来的实践中大放异彩。

　　社会主义市场经济体制的建立、完善和发展，人的主体性意识的张扬和对人的生存权、发展权的强调，体现了现代文明先进理念的内在意蕴。当下，经济正义日益成为社会公正的主题，而产权正义恰恰又是当代经济正义的核心和基础。

　　今天，人们对财富的热情、渴望，决定了人们获取财富手段的多样性。究竟这些手段是合情、合理、合法还是非情、非理、非法，必须有一个相对普遍适用的标准。手段的多样性和生产力的活跃性使人们积聚财富的速度和规模与日俱增，那么这些财富如何分配，究竟是造福全人类还是为少数人所享用，也必须得制定切实可行的标准。而对这些标准的渴望也就成了人们对产权正义原则的探求。

财富究竟从何而来，成了人们关注的焦点；财富又因何而去，更是聚焦了人们的视线。对日常有关财产权的经济活动作出一番道德审视和考量成了民间、政界、学界等方方面面关注的热点，人们希冀制定、规范出某些具体的标准，以约束和评价人们的经济行为。如何评判这些经济活动和行为，对人们来说，不是一件易事，必须有一个基本的行为准则与评价标准。另外，一定的财产制度安排总是基于一定的财产价值观而构建，财产制度的有效运行以及财产权利与义务关系的协调，必须依赖一系列的产权正义原则的规导，并以此激励和制约人们的财产权利行为。

第一节　物质资源共享原则

所谓资源共享，就是指人们皆有平等的权利获得自然界赐予人类资源（不论是地球上还是地球之外的自然资源）的一部分以维系他或她生存、发展的需要，直面自然资源，任何个人或法人都无权不顾及他人利益和感受将资源攫为己有、己用。

在经济基础的全部内容中，生产资料所有制至关重要，马克思对此已经作了鞭辟入里的分析。在任何社会形态里，生产资料的归属问题具有决定性意义，它决定了生活资料的内容，因而也就决定了财富的内容，要想社会全体成员不因资源的占有、使用、受益等方面有失公平，生产资料归属的公平就显得尤为重要。只有那种在生产资料的所有制上，强调生产资料归社会或群体共有、共享的所有制才能保证每个个体在拥有财富上的起点公平，也就是我们历来所强调的程序正义①的一部分。这些内容和要求，折射到产权正义的理解、阐述以及实践运作上，也就是说，要符合产权的正义价值追求或达到产权正义的目的就必须以资源共享作为产权正义的第一步，使全体人们、集体或个人都有权占有、使用自然资源，社会不制造各种人为障碍把某些人、某些群体排斥在资源共有、共享的权利范围之外。因此，契合产权主体平等原则的实质，社会资源共享的平等原则应是题中应有之义，是实现正义的根本也是实现产权正义的根本。

一、物质资源天然共享原则

归功于大自然的造化，在人类产生以前，自然界慷慨地馈赠了无数宝贵的资源给予人类与其他生命体，因而这些资源天生就是无主或没有特定主人的资产，要说有主人的话，那么地球上所有的生物都是自然资源的天然股东。这些自然资源供地球上一切生命体共同享用。食肉动物遵循弱肉强食的自然法则放纵地大快朵颐，食草动物可尽情享用充足的植物，而植物则能轻松地摄取阳光、雨露，就连最低等的生物也有它们自由享用的供给。只是到了近 200 万—300 万年以来，类人猿借助各种条件"人猿相揖别"，慢慢进化为人，人依靠其独有的智慧、实践与工具，从无数的生命体中脱颖而出，成了"万物之灵"，成了"万物的尺度"，进而成为地球的主宰。早期的人类为了自身的生存与发展，其原始人群与原始部落成员利用其简单的工具，无所顾忌地占有地球上的一切资源。植物成了他们的口中之食或使用之器，动物成了他们大肆杀戮和大快朵颐的对象或圈养之物，矿产变成了手中的利刃或生产、生活工具。只有到了这个时候，人类才在思想观念、意识和行动中把自然资源看成人类独有和独占的财富，但那时，在人们已知视域内的一切资源，仍被视为全体部落成员所共有和共享之物。

---

① 在正义研究领域内，程序正义与实质正义的研究越来越受到学者的关注。实质正义是指为实体规范所确认的人们所应享有的具体权利和义务；程序正义则为这种确认的权利和义务如何分配的过程与方式。

原始社会，虽广袤的大地能提供无尽的自然资源，但人类生产力落后，能攫取的资源极为有限。逮至奴隶社会和封建社会，人们改造自然、征服自然的能力大为提高，对自然的开发、利用和破坏，其情景应该为过去几百万年来原始社会的人们闻所未闻。但单凭简单的铁制工具对大自然的开发，人类无论怎样努力攫取，资源的利用也仅限于极少的范围和程度。因此，从原始社会到封建社会的数百万年间，地球上的自然资源尽管已被人类部分使用、开发、破坏，但其绝大多数仍得以比较完整的保存，有待人们去进一步开发、享用。这些保留下来的以备后世开发的资源，成为延续人类文明和香火的物质基础。延至资产阶级工业革命，机器的发明，工厂制的推广，资本主义世界市场的形成，才真正带来了自然资源极度的开发、利用。诚如一代哲人所言，"资产阶级在它的不到一百年的阶级统治中所创造的生产力，比过去一切世代创造的全部生产力还要多，还要大。自然力的征服，机器的采用，化学在工业和农业中的应用，轮船的行驶，铁路的通行，电报的使用，整个整个大陆的开垦，河川的通航，仿佛用法术从地下呼唤出来的大量人口，——过去哪一个世纪料想到在社会劳动里蕴藏有这样的生产力呢？"① 现在离哲人所论述的时代又过去了160多年，人类从自然界攫取资源的广度与深度都与第一次工业革命时期不可等量齐观，人们越发意识到资源的宝贵。但是资本主义经过几百年的发展，早已经进入了帝国主义阶段，它的贪婪使世界资源日益枯竭，财富的分配走向了两极化。美国99%与1%贫富阶层的严重对立不单单是美国独有的现象，它只是西方资本主义世界在现阶段的一个最简单的缩影。这种严重的贫富对立，是因为资本主义社会极大地违背了资源共享原则，导致了人类发展的严重异化。

马克思在《资本论》中对土地所有权的论述中有这么一段话，给了我们很大的启迪，"从一个较高级的经济的社会形态的角度看，个别人对土地的私有权，和一个人对另一个的私有权一样，是十分荒谬的。甚至整个社

---

① 《马克思恩格斯选集》第 1 卷，人民出版社 1995 年版，第 277 页。

会，一个民族，以至一切同时存在的社会加在一起，都不是土地的所有者。他们只是土地的占有者，土地的受益者，并且他们应当作为好家长把经过改良的土地传给后代。"① 因此人类只有按照马克思所说的那样，按照资源共享原则生产、生活，才不会造成社会的严重动荡，才能维持人类的可持续发展。

　　自然资源、物质财富的有限性和人们现今生产力发展水平，注定了人类只能开发地球上有限的资源，因此要确保这些有限资源能保证人们的良性发展，在产权的设置、安排上，只能按照资源共享的正义原则去分配资源。休谟等资产阶级哲学家认为物质财富既不极为丰富也不极度匮乏的"中度匮乏"是正义存在的必要物质前提。② 维尔·金里卡在《当代政治哲学》中也说道，正义有其意义，仅仅因为我们处于两个正义的条件之中，第一，目标冲突；第二，物质资源的有限。而正是这些条件的产生才需要正义原则去解决冲突。如果人们的目标不一致且又面临资源匮乏，他们之间就必然产生冲突，解决冲突的方法就是要么消除人们的目标冲突，要么能够消除资源短缺。③ 在阶级社会里，人们所处的阶级地位不同，他们的目标肯定不一致，因此会因目标不同而争斗不息；同时，由于各阶级都处于同一个资源有限的社会，那些占据高位的阶级为了他们的"声色犬马"会不遗余力地攫取社会更多财富，而被统治阶级，也会为了他们的基本生存奋斗不息，这样就会形成巨大的矛盾冲突。休谟与金里卡的论述，给我们提供了资源共享是产权正义的一个基本原则的另一种角度的分析，当然他们的论述有自己的历史缺陷性，但就资源共享原则而言，他们的论述在某种程度上又和马克思的论述有异曲同工之妙。

二、私有制与私有观念历史局限性

　　原始社会，人们精诚合作，共同劳动，用自己的双手共同创造财富，

---

① 《马克思恩格斯文集》第7卷，人民出版社2009年版，第878页。
② ［英］大卫·休谟：《道德原则研究》，曾晓平译，商务印书馆2001年版，第35—36页。
③ ［加］维尔·金里卡：《当代政治哲学》（上卷），上海三联书店2004年版，第311页。

并共同享用大自然的馈赠，没有资源的私有观念和私有制度。随着生产力的发展，人们私有观念开始产生，最后形成了私有制度。在奴隶制和封建制下，奴隶主和地主肆意盘剥奴隶和农民，其贪欲之心不可遏止。但那时，生产力的水准决定了人类获取财富的载体无非是土地与人口，奴隶主与地主无论如何欲壑难填，也只能是尽其所能地加大对奴隶、农民的压榨和土地开发，以满足他们对财富增长的无限渴望。原始社会遗留下来的大片草场、森林被人为地开发而破坏，许多地方甚至由原先的茫茫草原和莽莽森林变成了人烟稠密的村镇大邑，土地资源遭到破坏。水资源与矿产资源由于缺乏现代的开采工具与手段，绝大多数被原封不动保存下来。

到了资本主义社会，资本主义的贪婪本性决定了它比历史上任何剥削制度对财富攫取欲望度都要高。资产阶级借助前人无可企及的先进的科学技术，对资源大肆甚至过度开发，一旦本国、本地区的资源不能满足资本的需求，他们就凭借坚船利炮和不公平的政治、经济规则，将利益之手深入别的国家和地区，巧取豪夺，不仅造成了资源的枯竭，也造成了环境的破坏。尤为令人担忧的是，就产权正义原则而言，他们这种对财富的占有方式，愈发践踏了自奴隶社会、封建社会就受到破坏的自然资源共享的财富观和财产制度。

地球上的一切自然资源，都是大自然馈赠给人类的礼物，它们不依赖任何个体而存在，每个人都可以说自己是这些资源的天然股东，没有人和集团能理直气壮地声称地球上的一切资源归属他个人或他所属的集团而毅然决然地将其他个体和集团排除在享用这些资源之外，人类几百万年的生活习俗和现实就是如此。这种情形一直延续到几千年前，由于奴隶制度的出现，这种状况才被大大改变，私有观念和私有制将这一固有的秩序击得粉碎。尽管这种过程符合历史的发展规律，但就资源人类共享而言，是对这一正义原则的严重践踏。

随着生产力的日新月异，自近代以来，对资源的利用度早已今非昔比，尤其是当代资本主义正以其巨大的生产力和狂热的占有欲大肆攫取自然资源来满足其一己之私，所造成的资源耗损和环境破坏令人瞠目结舌。

当代资本主义主要借助跨国公司，在全球攫取自然资源，它们为了一己私利，不顾发展中国家的未来，大肆破坏资源与环境。如听任资本主义以如此的速度和程度"开发"资源，地球资源将在未来可以预料的时间内消耗殆尽，那时人类将何以为生？要想人类能够薪火相传，生生不息，只有以科学的发展思路开发地球资源，而资本以追逐利益为最终目标的本性决定了它天生就是利己的驱动物，要想让它停止无节制的掠夺步伐，路径只有一条——回到马克思的消灭私有制。

资源的共享内在地要求人类凭借资源所获得的收入和财富也应该具有共享性。从自然资源中，人类获取了大量财富和收入，而这些财富和收入理应"取之于自然，用之于人们"，因为自然是人类共有的。可是，无论是奴隶社会、封建社会还是资本主义社会都严重地违背了收入和财富的共享性。少数人独自享用生产力发展带来的巨额财富，他们傲踞高高的塔尖"飞鹰走犬"，无动于衷地俯瞰匍匐于金字塔的底端而"苟延残喘"的广大民众。

产权改革后，社会生产力迅猛发展，社会财富急剧增加，人民群众的生活水平显著提高，但社会上也出现了比较严重的贫富不均的现象。基尼系数居高不下，应引起我们高度重视。

第二节　产权主体平等原则

人们首先要解决衣食住行，而后才能从事政治、科学、文学、艺术、宗教、体育等人类的活动，这也就是唯物史观所归结的经济基础决定上层建筑的一条最基本的人类发展规律。

在那些标榜民主与法制的资本主义国家，在法律条文与政治、经济生活的话语中，无时无刻不出现人权、博爱、平等等字眼，而且资产阶级平等、自由、博爱等观念也已经深入人心。不论其平等是流于形式还是实质上的虚无，但与封建时代相比，他们的平等主张还是符合历史的发展潮流。其实，无论过去还是现在，无论是资本主义社会还是社会主义社会，人类文明的脚步在要求人们的基本权利享有上的平等性是基本一致的，这样的美好要求，人们已经渴望了无数的岁月。这种平等性的要求首先包括人们产权的平等性，拥有一定的财产对维持个体和人类整体的生存具有根本的意义。

正义的社会制度，首先表现在财产权利制度的安排上应赋予产权主体的平等性，它通过了合理的规章制度，保障社会成员平等地获取、拥有、支配财产的权利，并且明确每个个体在财产权利的享有与义务的分担之间对等性的关系架构。当然，产权主体的平等性不是绝对的，产权平等受制于经济基础和客观条件，具有相对性。

一、产权获取主体平等

很早以来，我们人类就产生了平等的观念。"平等的观念，无论以资产阶级的形式出现，还是以无产阶级的形式出现，本身都是一种历史的产物。"[①] "一切人，作为人来说，都有某些共同点，在这些共同点所及的范围内，他们是平等的，这样的观念自然是非常古老的。"[②] "但是现代的平等要求与此完全不同；这种平等要求更应当是从人的这种共同特性中，从人就他们是人而言的这种平等中引申出这样的要求：一切人，或至少是一个国家的一切公民，或一个社会的一切成员，都应当有平等的政治地位和社会地位。"[③] 马克思、恩格斯的话语为我们揭开了平等观念与平等的神秘面纱。

唯物史观认为社会结构系统中经济是基础，而在经济结构中生产资料所有制具有决定性作用，经济基础决定人与人之间的关系和交往。作为经济利益的折射和反映，财产权利是其核心和矛盾所在，常常表现为对生产或生活资料的占有、使用和处置。如果财产权利都无法达到人与人之间的平等，那么所谓的个体价值的实现与人格尊严就成了无本之木。因此，社

①《马克思恩格斯文集》第 9 卷，人民出版社 2009 年版，第 113 页。
②《马克思恩格斯文集》第 9 卷，人民出版社 2009 年版，第 109 页。
③《马克思恩格斯文集》第 9 卷，人民出版社 2009 年版，第 109 页。

会共同体内的任一个体在获取物质财产以维持自身生存上都应具有平等的权利，绝不能以等级化来分配财产权利或给予不同的人以不同的财产拥有权利。但是由于生产力的所限，当今社会确实出现了大量"给予不同的人以不同的财产拥有权利"的现象。比如财产继承法就依据血缘亲疏关系为序分配财产继承权，这是当今法律衡量公平前提下合情性的必然结果；天赋较高的人事实上比天赋稍低的人获得的财产更多，这种现象更是比比皆是。当然随着人类社会的发展，今天看来这种合情合理的东西，到了将来也必将视为不合理不正义之举，必将被人类所摒弃。连资产阶级学者罗尔斯都主张个人因其自然天赋的出类拔萃而获得的额外收益要归置于集体为人类所共享。

在前资本主义社会，人类所经历过的三个社会形态中，无论是原始社会、奴隶社会还是封建社会，人们事实上获取和拥有财产权利极不平等，这一点尽人皆知。生产与生活资料表现为氏族部落公有的原始社会，生产力的低下、工具的简单和生活资料的匮乏，使人们只有依凭他人的力量或集体的力量，众志成城才能维持个体的存在和种的延续，这就决定了氏族成员对集体具有超乎寻常的依赖性和财产的公有性。可是建立在这种极其简陋和财富的极端稀有基础上的公有形式，可想而知也是最为低级、最为粗糙的共有体，因而，它的个体无法自觉地获取私有财产，或者说，根本就不可能存在个体的能自主支配的财产。

在奴隶制与封建制下，人们获取财产的载体主要是劳动力与土地，而恰恰是财富来源最大贡献体的土地，却为奴隶主和地主所有。奴隶主与奴隶、地主与农民的身份标识也明白无误地告诉人们，财产的获取与拥有不单是靠简单的体力付出，挥汗如雨般地劳作最多也仅仅能维持生命的延续，阶级等差才是事物的根本。马克思对此洞察极深，"资本家的资本，土地所有者的土地，工人的劳动力或者不如说他的劳动本身……对资本家、土地所有者和工人来说，表现为他们各自特有的收入，即利润、地租、工资的三个不同的源泉"。①

随着物质生产力的发展，持续三百年的文艺复兴推进了历史的进程，紧随其后的是资产阶级的启蒙运动。十七八世纪欧洲发生了一场反封建、反教会的资产阶级思想文化解放运动，它为资产阶级革命作了思想准备和舆论宣传，是继文艺复兴运动之后欧洲近代第二次思想解放运动。经过马基雅维利、培根、霍布斯、洛克、伏尔泰、卢梭、孟德斯鸠等一大批先进的人文主义与启蒙思想家对"民主、平等、自由"理念的宣传、推介、倡导，促进了欧洲大陆人们自我主体的觉醒。人由神性回归人性，由对奴隶主和地主的人身依附到个体生命主体的觉醒，由人的三六九等的桎梏到人人生而平等的解放，摆脱了对神的膜拜、消除了人身依附、打碎了等级观念的枷锁。这些资产阶级意志的反映，最终通过资产阶级的革命，以资产阶级宪法等法律形式加以了肯定和保护。在资产阶级建立政权后，人们渐渐获得拥有财产的自由和平等权利，依据个人主体的意愿和能力去获取和拥有财产，并自觉地要求国家在法律方面对个人财产权利的平等性给予确认和保护。

然而，作为一个剥削阶级，由于资本的贪婪本性，它无法真正解决生产资料建立在私有制基础之上的雇佣劳动制与社会化大生产之间的深层结构问题，它形式上的平等弥补不了事实上的不平等。贫富悬殊的日益加深，造成社会极端的不公平。这一财产权利的发展阶段正是处于马克思所言说的人类三大历史形态中的第二大形态，即"以物的依赖性为基础的人的独立性"②。在这种社会制度下，人的独立性基于片面地强调对物的占有，是物役化下的单向度的人，失去了自我否定性和自我超越性，人的自由自在的发展受到物质条件的限制。因而，与封建主义相较，资本主义虽然在产权正义方面有了很大的历史进步性，但它并没有真正实现平等无差别内涵意义上的产权正义。2012年爆发的"占领华尔街"运动，以及随后因欧债危机而引发的资本主义动荡，其实就是对资本主义产权不公的有力

① 《马克思恩格斯文集》第7卷，人民出版社2009年版，第930—931页。
② 《马克思恩格斯文集》第8卷，人民出版社2009年版，第52页。

回击，也是资本主义社会的人们对真正意义上产权正义的强烈呼唤。

　　肯定了人人在获取和拥有财产权上的平等性，还只是理论层面的论述，要使理论付诸实践，则要有制度上的配套和具体的安排落实。任何一种合乎正义伦理的产权制度安排，都要尽可能地为社会共同体内的每一成员在实现他的财产权利时提供及创造现实可能条件。而资本主义产权制度从其生产关系来看，出于自私逐利的完全人性假设，建立了生产资料私有制，从而它不可避免地造成社会成员的两极分化，且这种分化呈愈加蔓延之势。且在古典自由主义经济学看来，因为人出于合乎理性的自私本性，尽管这种社会财富分化严重，但其结果并非不合理，因而资本主义在财富获得的结果上，排除了道德上的良心拷问，既然承认人们财产获取的不平等，从而也就实质上否认了财产权利的人人平等性，因此在它的所有的制度安排上，资产阶级的倾向也就不难理解了。

　　然而，马克思主义政治经济学则认为，要实现人人在获取和拥有财产权利上的平等性，其基本途径就是要根本消灭使人异化的私有制，建立财产公有制，只有在公有制生产关系下才可真正实现人人皆有的平等财产权，因此社会主义的制度安排皆以人民为目的的价值取向也就不言自明。另外，公平的产权制度安排在获取财产方面还应尽量做到机会的开放性和均等性，这是保障社会共同体内每个个体平等的财产获取和拥有权利的必要条件。所谓财产权利的开放性和均等性，也就是在市场经济体制内的产权制度设计，应符合同一产权获取的机会向社会各个主体一视同仁地开放的原则，它排除身份特权与市场垄断的特殊性获取，且获取的规则公正、公开，它决不人为地因人而异地设置准入障碍。社会主义有关制度安排和有关财产的法律业已在制度设计上为人人平等获取财富做了现实层面的安排。产权作为公民基本权利的一个延伸，可以说产权主体的平等性既是人类文明进步的表现和要求，也是当代市场经济发展内在强调公平和机会均等的必然结果，它符合社会公正和经济正义的基本理念。

二、产权获取机会平等

　　机会是指人们获取利益和发展的一个时间或空间的可能性条件。机会平等就是指人们获取利益和发展的一个时间或空间的可能性条件要一视同仁。

（一）产权获得的协商机会平等

在市场竞争过程中，参与竞争的产权主体实力强弱不等，经营主管或运营团体禀赋也高低不一，但作为市场的任何一方，无论强弱与否，其竞争的游戏规则应通过所有竞争方的平等协商达成。达成协议是相互博弈的过程，有时谈判能速战速决，因为谈判各方能就各个条款一拍即合。但在大多数情况下，谈判可能漫无边际，因为博弈各方利益诉求不一。各方只会紧盯自己利益，精打细算，互不退让，谈判旷日持久，进入胶着状态，无法达成合作共赢的框架。但只要各方有利可图，假以时日，大家诚心合作，合作的协议透明、公正，总会有达成交易的一天。

市场等价交换的规律决定了协商过程也是产权主体之间平等关系的形成过程，产权交易能不能实现，关键在于产权主体所提供的商品与服务是否能够满足交易双方的利益和需求，只有符合交易双方的利益诉求，交易才能完成，所以马克思说"商品是天生的平等派"①。

（二）产权获得的机会均等

正义的产权制度应赋予各类产权主体在获取产权时以均等的机会。市场应遵循经济的规律，依照公正、合理、合法的规则，一视同仁地将同一产权获取的机会面向社会全体成员开放，各类成员不因身份、地位、财产等原因获得不均等的产权占有机会与概率。只要社会成员有获取产权的意愿，其民族、种族、阶级、性别、地域、文化等差异就不应该在考虑范围之列，权力机关也不能人为地设置市场准入门槛，以限制某些成员获取产权。但关系到国家或公共利益安全的产权领域要作一些特定的安排，必须限制一定的社会成员或组织进入该领域，否则有可能引起意想不到的严重后果。在市场经济中成员间地位、实力、禀赋的差异常常影响产权的实际获取，因此必须严格制定统一、公正的游戏规则，以防止强势者借助优势

① 《马克思恩格斯文集》第5卷，人民出版社2009年版，第104页。

地位制定对己有利的规则，使产权获得机会均流于形式。

产权是公民基本权利的延伸，获取产权机会的平等性既是人类文明进步的表现和要求，也是当代市场经济发展内在强调公平和机会均等的必然结果。

个人先天禀赋和各种不利条件会造成某些个体或群体社会处境不同，而一些政策与制度本身的不平等也可能使弱势群体会受到不公正对待，同时不公正对待又会加重这种不平等的趋势。因此在设计基本制度与制定有关政策时，相关部门或人员事先就要展开充分的调研，多方权衡比较，厘清弱势群体受到不平等对待的原因和有关制度或政策上的原因，制定出符合机会平等的相关规则。

我们通常认为造成不平等的原因有四种，即社会环境、自然天赋、运气和责任。其中社会环境、自然天赋和运气是客观的，而责任则属于主观的因素。这些主客观条件会造成形式上的机会平等。在这种形式上的机会平等中，由于缺乏制度保证来提供平等的条件，所以个人的前途总是受到社会环境、自然天赋、运气的影响。这种形式上的机会平等结果就会形成结果的不平等。因此，产权制度在设计上既要考虑到人们形式上产权获得机会的平等，更要在实践上保证处于不利的自然、社会条件的人们事实上获取产权的机会平等。

三、产权主体权利与义务对等性

正义不仅赋予了人们权利和尊严，也相应地附加了责任与义务的内涵。从社会正义和当代政治理论的角度看，权利与义务是一对相互依存、相互制约的关系范畴。如果说权利对主体而言是一种利益的获得，那么义务对之相应地就是为既得利益的一种必要成本的付出，也即任何利益的获取必然有一定的成本付出。拥有了某项财产权利也就是从财产的使用中获得了收益，同时它也就内在地要求权利主体必须主动承担起收益中所花费的成本，并要通过交纳赋税来回馈社会，或对权利获取带给他人他方的负面效应作必要补偿等。享受权利就必须承担相应的责任，从一定意义上说，权利与义务的对等性是当代社会政治法律文明的应然之旨。

正义的核心是"得其所应得"，而这种"得其所应得"不仅是指"得其所应得的权利"，也意味着"得其所应得的义务"。产权即人们的财产权利，就产权正义而言，产权主体在享有产权带来的众多权利时，应主动承担并履行相应的责任。这就首先要求权利和义务必须有质的统一。有多大程度的权利，就有多大程度的义务。其次，权利和义务必须有量的一致。权利大的人尽更多的义务，尽义务多的人享有更大的权利。反之，某些人所享权利很大却履行义务很少，或者尽义务很多但享权利很少，这就是非正义。再次，权利和义务相统一以社会制度的平等为基础。权利与义务作为社会关系范畴，依存于一定的社会制度。只有社会制度从形式到内容都是平等的，才能为人的权利与义务的平等提供根本保证。

可是在现实世界上，产权主体只注重享有权利，却不关注必要的义务担当，社会制度对正义的规范和制度保证也存在众多问题。改革开放三十多年来，一方面，使个人重视自己权利；另一方面，自私的观念也影响了一些受众。按照分配正义的理念，个人享有正当的权利的过程也是正常履行个人义务的过程，可是在一般社会生活中，人们往往关注的是个人权利的应得，常常忽视作为权利人对于其他权利人所负有的保障义务，权利人权利的获得是其他权利人义务付出的结晶，权利人义务的践行也是其他权利人享有权利的前提。

人们不仅对于他人权利的获得负有义务，而且对自身权利的实现也应承担某种责任。对于已获得某种正义权利的社会成员来说，只有认真履行维护自身权利的义务才是对享有权利的正常行使；反之，不去或者未能谨慎履行维护自身权利的义务就是失职。享有正当产权是每个公民应得的权利，但只有把正常维护自身产权权利的实现当成自己真正的义务，产权权利才能真正实现。一些剥削阶级或特权阶层，他们不劳而获地拥有大量的产权，却没有或很少承担起相应的义务。相反，那些被压迫的人民群众，却承负着额外繁重的义务。这样非正义的产权制度，引发了无数的社会震荡。现在，虽然剥削制度已经不存在，但那种不顾道义、盲目享受权利、不思承担社会责任的事不在少数。因此，权利与义务的对等性不但要从根本上保证产权的权利获取，而且也要求人们相应地去履行自己的义务。

第三节　产权获得正当原则

在道德哲学上，历来有义务论和功利论的分歧。义务论也即道义论，其正义观强调行为在道德上的正当性，正当性对善而言具有优先性。不可否认，"产权的正义性首先应来自于其获得的正当性。只有通过正当途径以正当方式获得的财产才拥有正当的所有权。"① 这也是为什么我国传统产权正义观里着重强调"以义生利""义然后取"的根本原因所在。一个事实是，从古罗马法到文艺复兴后的资产阶级宪法都竭力宣扬"私有财产神圣不可侵犯"的产权正义观，并以此作为衡量社会产权正义与否的根本价值尺度。然而，辩证地看，这种忽略了物质财产获得手段、方法或来源正当性的价值评判，无疑是人类正义观的一次历史性飞跃，它表明了反对封建王权和在封建制下追求资本主义财富的正当要求，但从其实质而言，它并非真正"正义而神圣"。通过欺骗或掠夺方法获取财产，尔后借助法律对此不公正的结果默认并加以严格保护，这又何来神圣，哪里"正义"？只问结果不管过程的产权正义对标榜高扬正义之剑的法律而言显然是荒谬的二律背反。资本主义之所以如此特别强调私有财产神圣不可侵犯，正是他们内心空虚的表现，他们野蛮的资本原始积累，使他们的财产天然带有"原罪"，惶恐日后人民觉悟而去"清算"他们的罪行，剥夺他们的非法所得，因此他们建立政权后就故意不说或者刻意隐瞒他们"第一桶金"的真正来由，然后又借助政权之力，把"私有财产神圣不可侵犯"统统写进了宪法，掩盖他们的历史与真正意图，得到非法收入合法化的保证。不过资本主义的财产正当性的理论与实践虽存在巨大的不合理性，但却为市场经济的发展提供了一个价值前提，在现代市场经济的环境里，正当所获的财产神圣不可侵犯已经成为人们的一种共识，成为社会制度、法律、道德规

---

① 罗能生：《产权的伦理维度》，人民出版社 2004 年版，第 97 页。

范的一块基石。

因此，在当代法治文明社会，要确定产权的正义性，除了赋予社会共同体内的每个个体平等的财产权外，还必须要明确个体财产"何以获得"这一手段方法的正当性。只有人们都以合法、合理的手段获取他们的财富，整个社会的经济行为才能既公正又有效率。

一、劳动是财富之母原则

随着人类生产力水平的提高和发展，人们获取生产资料和生活资料的方法、手段与途径日益丰富多样，有先占获得、继承获得、馈赠获得、偶然获得、风险获得、劳动获得等。但就其实质来源而言，无论是先占获得还是偶然、风险、继承等财富获取方式，都是最初人们通过体力劳动、脑力劳动、直接劳动、间接劳动等手段创造的价值。但依据"价值创造与利益获取相一致"的原则，人类财富的获取最合情合理的方式是"劳动获得"。

洛克就说过"劳动创造财富"，英国古典经济学家威廉·配第也提出了"土地为财富之母，而劳动及其能动要素为财富之父"① 的著名论断。亚当·斯密还在《国民财富的性质和原因的研究》一书中直言国民财富的产生主要取决于两个因素：一是劳动力的技术、技巧和判断力，二是劳动力和总人口的比例。但第一个因素更起决定性作用。马克思主义认识到，劳动创造了人，生产物质生活资料是人类的第一个历史性活动，有了这种物质生活资料的生产活动基础，人类才有可能从事其他一切活动。同样，人类的物质财产的产生和获得离不开一定的生产劳动。由此，从人类物质财产的创造根源来说，人类的财富无不是通过代际间的生产劳动代代累积的结果，不管这种劳动是出于体力劳动还是脑力劳动，实际上并无本体论上的本质区别。关于这一点，从配第的"劳动是财富之父"和洛克的"劳动占有说"以及十七、十八世纪以来的一大批启蒙思想家们对劳动致富方法的讴歌和讨论中可见一斑。

---

① ［英］威廉·配第：《配第经济著作选集——赋税论》，陈冬野、马清槐、周锦如译，商务印书馆 1981 年版，第 66 页。

然而，这种劳动致富方式要基于一定的条件，也就是说劳动致富的公平正义性应合乎当时的法律规范，违背法律规范的劳动致富就会走向公平正义的反面——非正义。亚里士多德就说过"公平正义就是合法性"。不同时代有不同的制度安排，不同时代的法律在性质和条文内容规定上也都有所不同，但只要不违反当时的法律而通过正当劳动所获就是正义的劳动所得。否则，某人通过制假贩假、制毒贩毒这种"劳动"方式而同样获得财富就会变得理所当然。为此，我们当代在建设社会主义市场经济时，必须注重"物权的取得和行使，应当遵守法律，尊重社会公德，不得损害公共利益和他人合法权益"；牢固树立"诚实劳动、合法经营"的良好风尚，在产权获得的源头上紧紧把握好正义的标杆。

二、有益于社会原则

"诚实劳动、合法经营"能使某些产权主体走上富裕之道，如果这种致富方式仅囿于一己之私而不考虑社会、考虑他人福利的递增，那么这种产权获得方式从本质上讲仍属于消极致富的范畴。换句话说，产权主体对某项产权的获得不仅是要通过合理、合法的方式，而且这种获得还应有益于他人、有益于社会。古典经济学的斯密们虔心于"第三只手"的无形作用，并想当然地认为当个体的福利增加时，就会自动地促进整个社会福利水平的提高。但这种"理性经济人"理论假设的前提是他或她首先必然要内在具有"利他"的道德精神，否则，这也只能是一厢情愿的良好愿望。因此，关键在于，我们要使每一个产权主体都明确树立起"有益于社会"的整体道德价值观。

唯物史观认为，作为现实的人，人的本质既不抽象的，也不离群索居，"在其现实性上，它是一切社会关系的总和"①。可见，人与社会是一个休戚与共的统一体。社会需要的是帕累托改进效应，它意味着一种产权的获得不仅要有益于自身，而且也要有利于他人与社会，因为就其根本而

① 《马克思恩格斯文集》第1卷，人民出版社2009年版，第505页。

言"己他两利主义是最优良的道德"①。生产力的高度现代化使现代社会的任何个体都不再是"孤岛上的鲁宾逊",而是相互统一的整体中的个体;他的劳动也不再是单枪匹马的孤军奋斗,而是全社会协同作战的一分子。

在提倡"等价交换"的时代,买方利益的获得也就意味着卖方利益的实现,只要这些交易品是通过诚实劳动所得,至少也会如诺齐克"持有的正义"观所言的财产的劳动获得应当"使其他人的状况不致变坏"②。因而,在一定价值层面上,通过"诚实劳动和合法经营"所获财富就个体而言充其量只能算合理;而就社会整体来说,要做到合情,还需实现人我两利。"我们在确立劳动作为财产获得正当性的根本依据的同时,辅之以有利于他人作为一般依据,由此来评判产权获得的正当性,就比较全面和完整了"③,这应该是产权获得正义原则的不二法则。

第四节 产权保护严格原则

以正当方法获取的财产权理应受到国家相关法律的严格保护,如今,随着工业化、城镇化的发展,经济突飞猛进,但合法财产被他人或有关机关随意侵占、剥夺的事例却屡见不鲜。如果听任这种严重侵害公民财产权利的情况发生、发展而不严加管制的话,那么产权主体的平等性和财产权的所有就只能流于空泛,严重影响人的基本生存和发展。因此,从人生存的基本权利要求出发,我们必须加强对产权保护的严格性。要让"风能进、雨能进、国王不能进"④成为产权保护的不二信条。

一、人权保护原则

人权,是人基于人的独特性质而提出的具有正当性的利益要求,是人

---

① 王海明:《新伦理学》,商务印书馆 2001 年版,第 240 页。
② 陈炳辉:《解读"持有的正义"》,《浙江学刊》2003 年第 5 期。
③ 罗能生:《产权的伦理维度》,人民出版社 2004 年版,第 100 页。
④ 源自英国首相老威廉·皮特 1763 年在议会的演讲《论英国人个人居家安全的权利》。

作为人所应当享有和实际享有的各种基本权利，它包括财产权、生存权、自由权、平等权、发展权等。人权受政治、法律、文化、宗教、社会习俗和意识形态等多方面的影响，而且人权受制于不同国家和民族的自身利益。人们往往会按符合自己利益的范式来阐释人权，因此，人权到底是什么，尚没有一个公认的定义。可以说，人权也有一张与正义一样的"普洛透斯式的脸"。

马克思在《犹太人问题》一文中曾经把人权分为狭义的人权（单指社会即市民社会领域的人权）和广义的人权（指社会领域的人权再加上公民权，即国家或政治领域的人权）。① 财产权是人权的不可或缺的重要组成部分，是人类生活的最基本的保障权利，没有产权人类无法生存与发展。洛克认为私有财产是人权基础，没有私有财产则无人权可言。人的价值、地位、尊严从根本上来说，需要产权作为支撑点，即通常所说的经济基础决定上层建筑。黑格尔就说过"人格权即物权"②。巴塞尔也把产权称之为使用经济物品的人权。他们都指出了基本的物质财产需求对维护人的尊严与实现人的个体价值所起的基础性作用。

人类之所以需要用一定的手段、方法来获取物质财产，是为了满足基本生存需求。马克思和恩格斯在《德意志意识形态》中的这段话给了我们很大的启示："我们首先应当确定一切人类生存的第一个前提，也就是一切历史的第一个前提，这个前提是：人们为了能够'创造历史'，必须能够生活。但是为了生活，首先就需要吃喝住穿以及其他一些东西。因此第一个历史活动就是生产满足这些需要的资料，即生产物质生活本身。"③ 有了一定的财产保证，才有人的生存权、自由权、平等权、发展权等。毛泽东就认为："独立性、个性、人格是一个意义的东西，这是财产所有权的产物。"④

可见，站在人的基本权利的主张上，产权是人权的基础与前提。资本

---

① 参见《马克思恩格斯文集》第1卷，人民出版社2009年版，第39页。
② ［德］黑格尔:《法哲学原理》，范扬、张企泰译，商务印书馆1961年版，第48页。
③ 《马克思恩格斯文集》第1卷，人民出版社2009年版，第531页。
④ 《毛泽东文集》第三卷，人民出版社1996年版，第415页。

主义发展到今天，不论哪个时代哪个国家的资产阶级之所以都特别强调"私有财产神圣不可侵犯"，并无一例外地将它纳入宪法，问题即在于此。没有产权，其他的政治、文化权利都无从谈起，正如黑格尔所言的那样，物权是"自由最初的定在"。

尊重和保障人权是我国政府的责任。继 2004 年将"尊重和保障人权"写入宪法，首次将"人权"由一个政治概念上升为法律概念后，我国又在 2007 年颁布了《物权法》，在确立产权的前提下保障人权。

2012 年，十八大又将"人权得到切实尊重和保障"定为全面建成小康社会的奋斗目标之一，将人权的发展与经济建设、政治建设、文化建设、社会建设和生态文明建设相结合，把保障人民的生存权、发展权放在首位，努力促进经济、社会和文化权利与公民、政治权利的全面、协调发展。

2013 年 5 月，国家还发布了《2012 年中国人权事业的进展》白皮书，将经济建设、政治建设、文化建设、社会建设和生态文明建设中的人权建设通过具体的实例与数字一一展现，以此说明我国对人权的重视程度和所取得的成绩。

这一切充分说明了不保障产权、不改善人民衣食住行用等条件，其他一切权利都难以实现，同时人权的充分保证也能更好地促进产权的良性发展。

二、正当产权不可侵犯原则

劳动是财富之母，任何施加了人类劳动的自然物都属于人类的财富，而施加了人类劳动，就意味着人类为此付出了努力、汗水和各种辛劳，因此这种财富理应受到自身、他人、社会的尊重，不能任意践踏。

西方产权学派尽管没有对财富的最初来源作过多的合理性解释，但一旦拥有了产权，他们就非常注重对它的"排他性"占有，严格保护所获产权，即所谓"风能进、雨能进、国王不能进"。产权主体要求排他性的权限界定即产权主体具有排除他人干涉其财产并能自主地支配其财产的权利，如果缺少了这种排他性，那么这种产权收益对拥有它的主体来说就是低效或无效。在现代西方产权经济学派看来，产权的清楚界定就等同于一种权利的排他性占有。西方产权经济学派代表 Y. 巴泽尔在其专著《产权的经济分析》中就说过，"资产将产生的净收入取决于权利的界定，也就是说，取决于权利受到怎样的保障。"他还解释说："一般而言，产权界定越明确，财富被无偿占有的可能性就越小，因此产权的价值就越大。"①

国内的一些学者就此也指出："产权是排他性的专用权利，是市场经济的基础。产权像一切权利一样，依托于社会关于'正确和正义'的共识，但离不开正式的和非正式的社会强制机制。其中政府依法保护产权是现代经济秩序最重要的环节。政府保护产权，当然就是保护排他性权利。"② 在当今社会里，合理、正当财产权的不可侵犯性是其道德规范和法律制度的一块基石。③

人们之所以形成了对物质财产泾渭分明的一种"你的、我的"的产权界定，其根本原因即源于人类处置财产时最初的"霍布斯丛林法则"所造成的乱象，外部的不经济，机会主义的盛行，加剧了社会发展与经济运行的成本。为了有效维护自我权益以及便于财产交易，达到效益的最大化，人们经过多次博弈后发现，只有形成"你我"的产权观念，并通过法律确立了相应产权主体的权、责、利关系，产权才具有激励、约束、引导等功用。对产权施以严格的保护能最大限度地实现经济活动中的"外部性内部化"，大量减少"人对人是狼"的社会达尔文现象。

社会良性发展的前提之一首先就是人们赖以生存发展的各种财产能得到公众观念上的认可和支持，其次财产权能通过国家政权特别是借助法律加以切实保障，否则就会因为产权的不明引起道德的失范和社会的混乱。强调正当产权不可侵犯，应该注意的是，它内在地包含其所有权、使用权、收益权、经营权等权项的不可侵犯性，也包含着对公私等产权的一视同仁的保护，排除各级政府与任何组织或对个人或私有产权主体的侵害，

①　[美] Y. 巴泽尔:《产权的经济分析》，费方域、段毅才译，上海三联书店、上海人民出版社 1997 年版，第 8、125 页。

②　周其仁:《产权与制度变迁》(增订本)，北京大学出版社 2004 年版，第 265 页。

③　《物权法》整个立旨即在此。

也排除个体对公有或共有产权的不当侵占①。现今对公有产权的侵害事件屡有所闻，且成为当今的一种产权侵害的常态，这不能不引起我们的警觉。保障产权要注意不能因为政策、法规及其他因素对不同的产权主体区别对待，不同的产权主体是享有平等保护的法人，任何时候、任何地点都要贯彻平等保护的原则。

当然，产权保护的严格性也并非绝对不可变通，当遭遇不可抗力因素的影响，如战争、抢险、救灾等紧急需要，国家可依照法律规定的权限和程序征收、征用各种动产或者不动产，任何财产主体必须服从、服务于国家这一大局；而且为了公共利益的需要，集体所有的土地、单位和个人的房屋及其他不动产也可归入政府征收、征用的范畴。这些措施是为了一时之需，不到不得不为之时决不能轻易动用，在动用这些措施时，一定要尽量征得产权主体的同意，即便万不得已强制征用，也应事后分情况给予合法、合理、合当的解释。并将征用的产权归还给产权主体，对损坏或用尽的财产应照价补偿，以体现一切正当财产神圣不可侵犯的主旨。

产权保护严格，要贯彻各种产权主体的平等保护的精神，在产权主体的平等原则中就内含有对各种产权主体的保护应一视同仁的精神内核，只要财产来源正当、合理，无论是公有产权还是私有产权都应同等对待。

第五节　产权处置自主原则

产权的终极目的，是在市场交易费用为正的情况下，通过对产权的界定与产权的诸种功能而达到资源的最优配置和个人福利的最大化。这一目的实现必须具备两个基本条件：一是能够为产权主体提供充足的激励动力和约束机制，二是产权可以借助于市场自由地进行流转交易。无论是产权的约束与激励机制，还是产权的流转交易，都离不开人的能动的自主、自

---

① 《物权法》第四条明文规定"国家、集体、私人的物权和其他权利人的物权受法律保护，任何单位和个人不得侵犯"。不仅如此，在第五十六条、第六十三条和第六十六条中又分别对它们的保护性问题作出明文细化规定。很明显，公有产权与私人产权在受法律严格保护上是同等对待的。

为性，也即离不开人对产权处置的自主性。

一、自主是人的主体性本质

人的主体性作为哲学范畴有其特定的内涵，在其主客体关系谱系中，主体具有相对于客体，又区别于活动对象客体的独有特性。它包含能动性、自主性和自为性，其中主体的自主性主要表现为主体的一种权利，真正主体性的人必然是具有自主性的主体，他既有能力又有权利。人的自主与意志自由无不是先哲古贤们所孜孜以求的价值目标。17—18 世纪人文启蒙思想以来，由于强调人的主体解放和个性伸张，在理性看来，作为真正独立意义上的"人"，他已毫无疑问地标志着自身个体能"意志自由地选择"进行相关社会生产和政治经济活动，因而，这种意义上的"人"是"主体性"而存在的人。

在马克思看来，人从根本上说，是劳动实践主体，是历史活动主体。人的本质属性从根本上说是人的主体性。作为历史的、具体的从事现实生产劳动实践的人，马克思更是认为"自由的有意识的活动恰恰就是人的类特性"[①]；他具体表现在人作为实践主体的主体性，是人作为活动主体在对客体的作用过程中所体现出来的自主性、自为性、能动性和创造性的统一，人的实践活动的成败得失取决于人的这种主体性及其发挥程度。这里，很明显的是，人的主体性原则应是"自主自由"的，是人的一种内属权利；或者说，自主就是人的主体性本质——就产权为人权内容的基本构件之一而言，产权处置的自主自由性应是财产权利作为人权重要形式的内在伦理要求（"人生而自由平等"的理念无不昭示了这一点）。这样，我们就不难理解，为什么现代西方产权学派代表巴泽尔和艾尔奇安甚至将产权称作是"使用经济物品的人权"[②] 了。

---

① 《马克思恩格斯文集》第 1 卷，人民出版社 2009 年版，第 162 页。
② 转引自刘伟、李风圣：《产权通论》，北京出版社 1998 年版，第 729 页。

二、产权处置的自主性原则

产权处置是指财产权的使用、流转以及交易等能给财产所有者带来预期收益的系列经济行为。无论是以货币为中介去购买对方的商品，还是直接的物物交换，它们都是以自己的财产权彼此进行等价交易，因而，产权处置是当代市场经济运行的主要实质内容。而要达到彼此的财产交易目的，使各自的利益最大化，就必须对产权主体的自主性权利予以充分尊重。

所谓产权处置的主体性原则，即在处理、安置产权的过程中，对财产的获取、占有、使用、转让等行为，产权主体都能按照以符合自己意图的方式自由、自主地行使产权所赋予的权利，他人与一切组织无权干涉。产权界定的目的就是确定财产相关主体的权、责、利关系，形成一定的激励与约束机制，从而提高社会与个人的经济效益。因此产权主体应该拥有不受他人与组织干预和控制，自由、自主地处理财产的权利。

程序正义理论对主体性原有过独到的论述，它们的学者主要诉诸契约论哲学的自主性同意来论证自主性。他们认为，自主性同意是指利益相关方出于本身意愿并经过讨价还价而形成的共同认可的标准。而注重对义务论研究的学者，他们主张无论哪个领域的程序，都必须符合当事人自主选择的统一标准，即使某些目的性价值值得追求，但只要与程序正义的自主性同意相悖，这种价值就失去了追求的意义。因此在他们看来自主性同意是达到自主性原则的先决条件。

马克思主义认为，政治自由的实现基础是经济自由。在马克思之前，黑格尔便将物权视为"自由最初的定在"，可见，在黑格尔看来，经济是身心、政治、文化等一切自由的必要前提，在这一点上他和马克思的观点如出一辙。在一个生产资料甚至生活资料都要受制于他人的社会里，人绝无可能获得真正的人身自由，这样的例子在历史上俯拾即是，奴隶社会的奴隶如此，封建社会的农奴也是如此，资本主义社会的工人更是如此。

完全的市场经济，其运行机制本身就是一种平等的机制，作为市场经济有机构成部分的产权，宪法和各种法律已经给予了足够的明细规则，保障了各种产权主体能自主地参与产权交易，产权该不该交易，交易对象是谁，完全取决于产权主体，只要不危及公共安全，政府无权干涉；至于交易收益的多寡，也取决于交易双方自主、自愿协商所形成的市场价格，因此产权的自主性保障了产权的价值实现。

实现和保障产权处置过程中的产权自主性，必须有制度的承诺和正义的安排。首先，产权处置的自主性应当是指财产权在使用、流转及交易的过程中完全出于产权主体自己的意愿，只要这行为正当合法，国家、政府及相关组织就不应对之设置人为的障碍和政策的束缚。相反，就应加强有关法律法规的建设力度来严格保护产权自主处置的权利。我国封建社会的商品经济发展缓慢与封建制度对商品经济的私有产权的人为设限不无关系，无疑这是一种对产权自主处置的行政干预，它直接违背了商品经济运行的规律，从而导致了资本主义经济发展的迟滞。实现产权运作处置的自主性，它既符合现代"经济人"理性，也符合对人权基本尊重的正义诉求。早在二百多年前英国的古典政治经济学代表亚当·斯密就在《国民财富的性质和原因的研究》中说道："每一个人在他不违反正义的法律时，都应听其完全自由，让他采用自己的方法，追求自己的利益，以及劳动及资本和其他人和其他阶级相竞争。"[①]

其次，产权运作的自主性赋予了产权主体应该自觉主动负有责任、义务的意识。权利与义务的对等性肯定了权利主体权利与义务的双向性，权利与责任互存，任何权利都以承付相应的义务为条件。因此，产权运作处置的自主性内在地要求既要充分尊重和保障相关主体对产权使用的自主、自由性的权利，也相应地强调了产权主体自主地承担起产权处置过程中的应有的义务与责任。任何只想"利益内敛化"或者贪图"成本外溢化"的产权主体，都是权利与义务对等原则的背离者。

---

① ［英］亚当·斯密:《国民财富的性质和原因的研究》(下卷)，商务印书馆 1974 年版，第 252 页。

　　再次，自主性是有条件的，主体只能在一定条件和范围内自由、自主地行使财产权利，主体的权利不能危害他人权利的实现，当主体权利影响到另外主体权利，就应相互协商，达成一致意见后方能行使权利，更不能危害到整体利益，无论如何，整体利益只要正当合理，总是高于个人利益。因此，产权主体自觉地承担既有的产权责任，不但是产权的本质要求，也是产权主体正义伦理对产权的有效规范。

第六节　产权价值人本原则

　　产权，无论是有形的财产权，还是无形的财产权，作为维持人生存、发展的工具、手段，毕竟不是人类追寻的本质意义。它只是工具，是人的生命本质活动的一种外在表现，它存在的最大价值在于符合"人是目的"即以人为本的目标追求，而"人是目的"的价值观，无论是道义论还是功利论都给予了高度的颂扬。

一、人是目的原则

　　13 世纪到 16 世纪的文艺复兴，以及随后的 17—18 世纪以来的欧洲思想启蒙运动，对人的价值、人的尊严、人的自由地位的强调和倡导，给人的自我意识的苏醒和主体性张扬开辟了广阔的道路。康德就有过"人永远是目的"①的类似表达。无论是道义论还是功利论都承认"人是目的"的价值观。既然人是目的，那么在人是目的的最基本的意义上，人的生命价值是各种价值中最重要、最可贵的价值。

　　唯物主义认为，人类的一切物质生产活动都是以满足人的发展为最终归宿，因此，人类的任何制度安排也无非是为实现人的不同目的而服务，而产权制度是社会的一个最基本的制度安排，它无疑也是以人的最终发展与目的为旨归。它为我们正确对待和使用产权指明了方向，即有利于人的

_____

　　①　参阅［德］伊曼努尔·康德：《道德形而上学原理》，苗力田译，上海世纪出版集团、上海人民出版社 2005 年版，第 48、53 页。

全面而自由地发展。当然，这"人的发展"应是指一社会共同体内所有成员的发展，而不是某个或某些特殊利益阶层的发展。

然而，在人类的历史的长河中，钳制人的自由全面发展的产权制度却长期存在。奴隶社会与封建社会的产权制度只服务于少数特殊阶层，它满足了少数人自由全面发展的要求，却阻隔了绝大多数社会成员自由全面发展的空间，劳动者们被强制性地"非人化"，成为无生命工具，像机器零件似的任人摆布，劳动者的这种人格的异化，成为人类历史上最悲惨的历史记忆之一。资本主义社会，它为社会成员平等占有一份财产权提供了可能和基础，但自由市场机制内生的个体利益扩张性和近乎"达尔文式"弱肉强食的竞争机制使贫富的两极分化日趋严重，财富的等级分化结果是政治地位的截然不同。这种产权制度必然造就资本、商品这一"世俗上帝"，它与过去的上帝一样，使人们日益成为马尔库塞笔下"单向度的人"。拜金主义盛行，人的异化日益严重，成为桎梏社会良性发展的一道重重的铁门，人们高扬起社会主义旗帜，这一切才大为改变。生产资料公有制的建立，人们逐步摆脱了私有产权的束缚，我们正疾步走向马克思所说的"人的全面而自由地发展"。公有产权的建立，生产资料的占有，社会财富实行按劳分配的原则，从根本上消除了剥削的现实基础。

人是生产力中最活跃、最革命的因素。所以，解放和发展生产力最重要的就是解放和发展人，而解放与发展人就必须发展适当的产权制度，而产权制度受一定的生产力发展水平的决定与制约。人的积极性、主动性、创造性充分发挥出来，生产力就会获得生机和活力，生产力的发展又会促进产权制度的发展，从而实现整个社会的蓬勃发展。

人既是社会发展的主体和推动者，也是社会发展的受益者，而人的这种推动受制于一定的产权制度。符合生产力发展的产权制度就能够充分调动和发挥人的积极性、主动性、创造性，解放和发展生产力；反之，则会抑制人的积极性、主动性、创造性，束缚生产力发展。调整和改革产权制度，要打破束缚人的生产关系和经济制度，释放人的活力和创造力，从而解放和发展生产力，推动经济社会发展。人不仅是生产力发展的主体，也是产权变革的主体。人不但是正义价值的主体，而且人的发展与完善是正义价值的最高追求目标。

改革开放三十多年来最大的变化，外在表现是产权制度符合生产力与生产关系辩证关系历史性的发展，内在原因却是人的解放、发展和以人为最终发展的回归。

二、共同富裕原则

社会主义的本质是解放生产力、发展生产力，消灭剥削，削除两极分化，最终实现共同富裕。共同富裕是社会主义的一个基本价值目标，实现"共同富裕"是产权价值的最高目的和终极表现。相对于人的本质意义而言，产权只是作为维持人类生存发展的工具价值，不管人们如何去强调它的经济与社会功能，人类发展的最终归宿也还是人的自身。因此，作为社会经济制度的核心，产权制度的安排与设计应该是有利于人的本质的丰富和发展，而不是相反。

同样，作为产权主体而言，必须具有一种自觉的社会关怀精神和自我超越意志，不应成为产权的奴隶，否则就成为马克思笔下的异化人；相反，产权主体都是活生生的人，"人是万物的尺度"，是人而不是产权去驾驭财产，应把财产权的获取、使用和人的自我素质及人类整体水平的提高与生命本质力量作为根本，在"经济人"与"道德人"的统一下，实现自我利益与社会福利的有机结合，这才是有效产权制定的意义。而这种产权制度，应该说，也只有在社会主义制度下才能真正实现，也可以说，坚持"共同富裕"的发展之路，是社会主义产权制度优越于人类其他产权制度的根本所在。

共同富裕是人类孜孜以求的一种理想状态。从柏拉图的"理想国"到空想社会主义的"乌托邦"再到科学社会主义的"自由人的联合体"，构成了一幅完整的共同富裕的梦想图。其实就其实现的社会土壤和制度基础而言，也只有社会主义产权制度确立的条件下才能实现共同富裕的理想。在马克思看来，随着社会生产力的发展，生产资料私人占有制将成为伤痛的历史，经过无数代人的共同努力，社会财富将喷涌而来，到那时共产主义制度下的按需分配就能够实现。

物质财富匮乏的社会，绝不可能实现真正意义上的社会正义，诚如马克思所言，"生产力的这种发展（随着这种发展，人们的世界历史性的而不是地域性的存在同时已经是经验的存在了）之所以是绝对必需的实际前提，还因为如果没有这种发展，那就只会有贫穷、极端贫困的普遍化；而在极端贫困的情况下，必须重新开始争取必需品的斗争，全部陈腐污浊的东西又要死灰复燃。"[1] 因此，必须大力解放和发展社会生产力，在现有的社会主义制度安排下，合理制定各种产权，尽可能地将各种产权的激励、制约、引导功能发挥到最好，充分调动各种产权主体的积极性，发展社会主义经济，实现共同富裕。现有的产权制度既有合理的成分也有不合理的成分，它一方面极大地激发了人们的创造力，为社会创造了大量财富，但也造成了比较明显的两极分化，因此要制定一种合理且有效地达到共同富裕的产权制度，还需在既有的产权模式中不断发展完善。坚持公有产权为主、私有产权为辅的社会主义产权制度应是我们走进共同富裕之路的不二选择。

---

① 《马克思恩格斯文集》第 1 卷，人民出版社 2009 年版，第 538 页。

第四章　国有企业产权改革的正义探析

国有企业①是指资本全部或主要由国家投入，依法设立从事生产经营活动的企业经济组织。国企改革是经济体制改革的中心环节，而国企改革的实质就是国有企业的产权制度改革，它能否成功关系国家命运，关系整个经济体制改革成败。过去，国有企业效率不高，招致了不少人的诟病，但近年来，通过一系列的国企产权改革，我国国有企业成绩斐然，为世人瞩目。

美国《财富》杂志 2012 年公布的世界企业 500 强中，中国国企就有 63 家。《财富》杂志就认为，只要中国经济能达到如政府预期的 7.5% 的增长目标，2013 年中国上榜国有公司数量肯定会继续增加。② 从 2002 年到 2012 年，央企营业收入从 3.36 万亿元增加到 22.5 万亿元，增加近 7 倍，年均国有资产保值增值率达到 115%。"截至 2010 年底，全国国有企业资产总额达 68.6 万亿元，实现营业收入 32 万亿元，实现净利润 1.7 万亿元，分别是 2002 年的 3.8 倍、3.8 倍和 7.2 倍；国有资产保值增值率 106.9%，平均资产收益率 7.4%，分别比 2002 年提高 3.8 个百分点和 4.1 个百分点。国有企业改革发展的显著成效，既彰显了中国特色社会主义制度的优势，也丰富了中国特色社会主义道路的伟大实践。实践表明，国有经济与市场经济完全能够有机结合，通过深化改革、创新体制、转换机制，国有企业

---

① 1993 年 2 月，中共中央委员会向第七届全国人民代表大会常务委员会提出《关于修改宪法部分内容的建议》，把"国营企业"改为"国有企业"。为了行文方便，本章对"国营企业"和"国有企业"不做严格区别，统称为"国有企业"，或者把 1978 年改革开放前的国营企业称之为传统国有企业，把改革开放后的国有企业称之为现代国有企业。

② 果然作为国企主干的央企表现更为不俗，正如《财富》杂志所料，2013 年上榜企业竟达到 44 家，比上一年度增加了不少，展现了更为强劲的市场活力与竞争力。

完全可以在市场竞争中发展壮大、做强做优。"而且国资委的数据也表明国有企业确实表现不俗，"2002 年至 2011 年，全国国有企业营业收入年均增长 17.6%，实现利润年均增长 22%，上缴税金年均增长 17.9%"。[①] 另据中国企业联合会、中国企业家协会发布的"2013 中国企业 500 强"的数据显示，中国国有企业又再次凯歌高奏，"2013 中国企业 500 强中，国有及国有控股企业仍旧保持主导地位，共有 310 家，占总数的 62.00%；实现营业收入 40.9 万亿元，较上年增长 12.09%，占 500 强企业营业收入总额的 81.94%；资产总额为 137.76 万亿元，较上年增长 14.14%，占 500 强资产总额的 91.26%；实现利润总额为 1.87 万亿元，较上年增长 5.59%，占 500 强企业利润总额的 85.91%。"[②] 而这些成绩，在十年前，是无法想象的，那时国有企业普遍亏损，从上到下几乎都是对国有产权的担忧或"鞭挞"。面对今天国有产权这样的发展成就，像 20 世纪 90 年代那样动辄指责国企效率低下的声音渐趋减弱，可代之而起的却是垄断性非正义所得之类的责难。因此我们有必要对国有企业产权的历史变革做个清晰的梳理，并在此基础上对国有企业产权的正义性作出合理的阐释。

第一节　国有企业产权制度变迁脉络、特点及正义分析

　　任何制度的产生与发展都有它的历史因由和历史的推进力量，生产力与生产关系的矛盾运动导致了制度的变迁有其内在的逻辑和历史发展轨迹。每个时代生产力的不同会产生不同的生产关系，不同的生产力与生产关系又会生发不同的矛盾运动。生产力与生产关系，经济基础与上层建筑矛盾的不同，决定了不同矛盾运动会产生不同的结果，而这些矛盾运动又

---

　　① 国务院国有资产监督管理委员会党委：《坚定不移地推进国有企业改革发展》，《求是》2012 年第 10 期。

　　② 廖丰：《企业 500 强出炉中石化九年冠　"国资系"占 310 席》，《京华时报》2013 年 9 月 1 日。

具有共性，因此其原因与结果又有共同的特点。新中国成立后，国有企业产权变革跌宕起伏，有些甚至是翻天覆地的变化。因产权变革的历史背景、主导力量以及变革目的等的相似性，国有企业产权几十年的变革呈现出一些共同的特点。

一、国有企业产权制度变迁脉络

新中国成立以来，经济体制经历了从新民主主义经济到社会主义计划经济，再到社会主义市场经济的变化过程，国有企业不仅一直是国民经济的领导力量，而且始终是经济体制改革的焦点。我国国有企业走了一条从无到有、从弱到强、从公有制一家独大到以公有制为主体多种所有制共同发展的不平坦之路。国有企业与国有产权相生相伴，因此国有企业产权的变革之路也不是一蹴而就，而是一个不断发展完善的过程。

（一）1949—1978 年

在旧中国，由于半封建、半殖民地的性质，我国几乎没有真正意义上的国有企业，因此也就谈不上真正意义上的国有企业产权。但是，国民党政府及其高级官吏在执政的 22 年间，通过各种方式形成了庞大的、控制了国民经济命脉的所谓国家资本和官僚资本，这就为新中国建立强大的可以控制国民经济命脉的国有企业奠定了基础。没收官僚资本，成了新中国国有企业的主源。

新中国成立初期，我国政府一方面发展壮大原先解放区的新民主主义性质的企业，另一方面通过没收官僚资本和外国资本，将国有企业进一步完善、壮大。1953 年以后，中国开始向苏联模式的社会主义过渡；到了1956 年底，通过公私合营方式基本上将私营工商业转变成了国营企业，建立了计划经济体制下的全民所有制和集体所有制的国有企业；到了 1978年，全国各地就有了 40 万个左右的大中小型国有企业，而且"到 1978 年，仅国营工业在工业总产值中所占比重就达到 79%"。① 而就这些国有企业的

---

① 武力、肖翔：《中国共产党关于国有企业发展与改革的探索》，《湖南社会科学》2011 年第2 期。

产权性质来说，无论是全民所有还是集体所有，其产权都高度集中于国家，由国家代表全体人民行使产权，企业只是国家的附属品，它不具备真正属于自己意义上的权、责、利关系，因此也就不能算是真正意义上的产权主体。生产、经营什么，怎样生产、经营，为谁生产、经营皆由政府决定，企业一般无权置喙，政府集所有权、经营权、受益权、转让权于一身。这样的企业缺乏企业应有的特性，其产权的激励与约束功能得不到体现，企业的主动性和创造性并不能得到全面释放。

为了匡正弊端，1956年国务院召开全国体制会议，检讨中央权力过度集中的问题，决定向地方尤其是地方企业主管部门"下放"计划、财政、企业、事业、物资、人事方面的行政管理权。会后，确实给了地方一些国有企业产权，但这次改革并没有达到预期效果。随后不久，中央将下放给地方的权力收回，然而，"统得过多、管得过死"的弊病很快又浮现出来。国务院于是又在1970年进行了一次"权力下放"，但其结果与1956年的大同小异，最后仍是权力复归中央。

1978年十一届三中全会后，农地产权制度的改革初见成效。农村的联产承包责任制激发了城市的改革热情，因此为了适应时代发展的需要，以国有企业产权改革为主的城市经济体制改革也悄然兴起。1978年10月，中央率先在四川进行了扩大企业自主权的试验，其具体措施是：先由上级主管部门核定每家试点企业利润指标，企业在完成规定的任务参数后，可以提留5%的利润，如有超额利润，则可提成20%，以之作为企业自用资金，并可从中抽取部分作为职工奖金。

肇始于四川的国有企业产权改革，激发了广大职工的积极性，产生巨大的创造力，从此一发不可遏制，成星火燎原之势，渐渐蔓延至全国，到今天仍在释放"正能量"。细细梳理三十多年来的国有企业产权改革的脉络，我们不难发现它呈现出一条清晰且富有特色的发展之路。

（二）1978—1981年

这是国有企业产权改革的第一阶段，此阶段的主要特点是放权让利。为了推广"放权让利"的改革，中央先是在北京、上海、天津等大城市扩大了企业自主权的改革试点面，将试点企业增加到 8 家，尔后国务院又通过了相关决议，在全国范围内推介这一做法，使这种放权让利的产权改革模式很快得以在全国范围内铺开。放权让利激发了广大干部和群众的生产积极性，但大量国有资产却在这轮改革中流失，这不但引起了人们的警觉，也引起了中央的高度重视。后来，国家有关部门在认真总结这一经验、教训时发现：国有企业不放权让利就缺少活力，一放权让利就过犹不及，企业难以走出"一统就死，一放就乱"的怪圈。而究其最根本的原因是企业没有获得真正的经营权，也没有得到产权关系上的权、责、利的合理安排。因此，必须再次加大国有企业产权改革的力度。

（三）1982—1992 年

这一阶段国有企业普遍实行厂长、经理承包经营责任制度，我们把它称之为国有企业产权改革的承包经营权改革阶段。

基于人们对企业经营权的迫切需求，加上此时风起云涌般的农村家庭联产承包责任制已经取得了巨大的成就，它激发了政府与人民对国有企业产权改革的热情与希望，于是国家加大了对国有企业产权改革的力度与深度。1982 年国务院作出了《关于国营工业企业进行全面整顿的决定》，开始实行厂长、经理负责制，使厂长、经理享有行政、生产、经营指挥权，这极大地激发了企业领导人想干事、能干事、干好事的热情。产权改革的成绩促使国务院在 1984 年又作出了进一步扩大国有企业经营自主权的决定，以便调动企业更大的生产积极性与主动性。不久中央召开了十二届三中全会，认为社会主义初级阶段的经济是有计划的商品经济。这是石破天惊的一举，在理论上计划与市场关系有了重大突破，厘清了计划与市场的关系，使改革的目标更加明确。

随之而来的是具体经营政策的转变，两年后，国务院对具体经营政策作了调整，开始推行多种形式的经营承包责任制。承包经营制基本满足了广大职工对企业经营权改革的呼声，得到了人们的热烈响应。到 1987 年底，全国大中型企业的承包经营面已高达 80%。在 1990 年，第二轮承包经营的热潮在全国范围内又再次掀起，从此厂长（经理）负责制在全国全面铺开。1992 年邓小平南方谈话后，市场经济的洪流继续裹挟着国有企业产权改革政策大踏步前行。当年，《全民所有制工业企业转换经营机制条例》就在党和国家领导人的敦促之下顺时而出。

转换企业经营机制，成为我国国有企业产权改革的一个重要转折点。实行承包经营责任制，虽然能确立国有企业和国家相关部门之间的责、权、利关系，能有效调动国有企业经营者的生产积极性；但是，这一制度安排尚未真正涉及国有企业产权关系的根本，也没有改变国有企业产权虚置的根本弊端。随着国有企业承包经营制在全国范围内的全面推广，问题也接踵而至。经济人的趋利性、承包指标的随意性、承包人行为短期化等问题相继困扰着国有企业的产权改革。与此同时，国有企业历史遗留问题也大量发酵，产权改革形势并不乐观。其后的 10 年里，国有企业在市场竞争中遭遇了前所未有的困境，国有企业普遍亏损。在最困难的 1998 年，全国竟有 2/3 以上国有企业亏损，国企利润总额仅为 213.7 亿元。国企改革也因此被称作"最难啃的骨头"。承包经营责任制度的产权改革，并没有从根本上解决国有企业的实际困难，而且导致了许多企业经营不善甚至倒闭。实际上承包经营制只是解决了企业管理权与经营权分离的问题，并没有切实解决好管理权与经营权两个权能间的复杂关系，产权不明导致的外部性问题也愈发严重，国有企业并没有成为真正的产权主体。

（四）1992—2002 年

1992 年，以邓小平南方谈话为标志，全国掀起了一场声势浩大的市场经济改革浪潮，这十年是计划经济体制向市场经济体制转轨的过程。至此，我国国有企业改革迈入了一个以产权改革为核心的制度创新阶段。

20 世纪 90 年代初，社会主义制度在苏联的解体对我国形成了巨大冲击。此时的中国国企改革面临着计划与市场的僵持不下、落后的生产设备与日新月异的发展要求的矛盾等一系列严重困难。国有企业不仅自身缺乏良性发展的机制，而且在现实的市场较量中，其低下的生产效率甚至使其无法与乡镇企业一决雌雄。寻找一种更加深刻的制度变革，以便使国有企业冲出重围，成为国企改革的时代要求。

党的十四大指出，我国经济体制改革的目标是建立社会主义市场经济体制，这使国有企业产权改革从政策调整阶段进入了制度创新阶段。1993年十四届三中全会适时通过了《中共中央关于建立社会主义市场经济体制若干问题的决定》。该决定指出，建立社会主义市场经济体制，就是要使市场在国家宏观调控下对资源配置起基础性作用，要进一步转换国有企业经营机制，建立"产权清晰、权责明确、政企分开、管理科学"的现代企业制度。在这种精神指导下，国有企业产权改革取得了巨大成绩，但出现的问题也不少，许多企业亏损严重，濒临倒闭。据1997年第三次全国工业普查结果显示，国有工业此时的负债总额已占到所有制权益的1.92倍，整个国有企业集团已经资不抵债。针对这种情况，党的十五届一中全会更加明确提出，要用三年左右的时间，使大多数国有大中型亏损企业扭亏为盈，力争到世纪末使其初步建立现代企业制度。

这种改革思路大大加快了国有企业产权改革的步伐，"抓大放小战略"渐渐成型，许多小型国有企业利用市场化的方式，通过破产、兼并、重组等手段走上了市场化道路，改革成绩显著。到2000年，国有大中型骨干企业80%以上初步建立起现代企业制度，国有企业实现利润3786亿元，国有企业改革与脱困三年目标基本实现。不过，与"抓大放小战略"接踵而至的是"国退民进"时代的到来，大量中、小型国企的私有化，一开始就呈现出泛运动化和法制监管失控的趋势，很多灰色改制方式大行其道，出现了严重腐败现象，在短短五年间造成了大量的国有资产流失，不少"硕鼠"就是利用这次国有企业产权改革中饱私囊。

（五）2002年至今

从2002年一直持续到现在的国有企业改革，是现代企业制度的深化与完善阶段。国有企业的扭亏为盈使国有企业产权改革迈上了一个新的台阶，也为国有企业下一步产权改革奠定了坚实的基础。面对大好且紧迫的改革形势，党的十六大提出了要完善社会主义市场经济体制的改革要求，这给国有企业产权改革提出了新的任务与目标。

为了贯彻中央的精神，国有企业改革的侧重点开始从小企业、竞争性领域中退出，而将目标瞄准了大企业、非竞争性领域。而且，这一改革趋势成为今后很长一段时间国有产权改革的必由之路。

为了更好地应对国有企业产权改革，中央专门成立了主管国有企业与国有企业产权改革的机构——国务院国有资产监督管理委员会，而且地方政府也相应地成立了类似机构。各级国资委的成立加大了对国有企业兼并重组力度，国有企业产权改革的重点转为整体上市与重组。随后，大批小型国有企业被兼并、重组，国有企业数量大幅锐减，代之而起的是一大批新型国有控股企业的诞生。由此，国有企业经济效益开始好转，从 2007 年起，它们纷纷向国家上缴 5% 至 10% 的红利，成为国家财政的重要支撑点，现代企业制度得以进一步完善。

国有企业要做大做强，必须关注民生和国家安全。国有企业改革取得连续多年的成绩，极大地增强了国家的整体实力，也增强了党与政府的威信。为了进一步壮大国有企业，中央又对国有企业改革提出了新的改革要求：“要毫不动摇巩固和发展公有制经济，推行公有制多种实现形式，推动国有资本更多投向关系国家安全和国民经济命脉的重要行业和关键领域，不断增强国有经济活力、控制力、影响力。”此后，各级国有企业尤其是中央企业的产权改革进一步踏入深水区，其成绩也愈发显著。截至 2012 年底，尽管国务院国资委管理的央企数量从 198 家减少到 116 家，但是其资产总额不降反升，从 2002 年的 7.13 万亿元增加到了 2011 年底的 28 万亿元，是十年前的 3 倍多。中国国企经过产权改革，在国际上的竞争力也大增，美国《财富》杂志 2013 年公布的世界 500 强企业中，国务院国资委监管的央企就达到 44 家，比上一年度又有所增加，其中还不乏处于完全竞争性领域的企业，如中远集团、中国五矿、中国建筑等。

国有企业的业绩确实令人自豪，但绝不能陶醉于既有的成绩，止步不前，必须继续进一步加大产权改革的力度。2013 年 5 月 18 日，国务院颁布了《关于 2013 年深化经济体制改革重点工作的意见》，其中特意强调，要“继续推进国有企业改革。推动大型国有企业公司制股份制改革，大力发展混合所有制经济。推进国有经济战略性调整和国有企业并购重组，着力培育一批具有国际竞争力的大企业。完善各类国有资产监督管理制度。加快解决国有企业办社会负担和历史遗留问题"。可见，国有企业产权改革只有进行时没有完成时，其改革步骤将会随着市场化的深入继续加快。不出意外的话，今后一段时间的改革着力点将是解决国有企业产权历史遗留问题，并将国有企业产权引向更加市场化目标。

中国国有企业从无到有，从弱到强已走过了六十多个春秋。中国共产党为了人民的福祉，不论在计划经济时代还是改革开放时期，都对国有企业产权做强做好殚精竭虑，使国有产权变革经历了几十年不平凡的历程。计划经济时代的国有企业产权无论有多少弊端，它对国家、民族与人民的贡献都是谁也无法抹杀的。

社会主义改革开放时期，国有企业产权也历经了三十多年的坎坷道路。国资委原主任李荣融将国有企业产权改革过程形象地划分为"热身""预赛"和"正赛"三个阶段。"热身阶段"，从改革开放初期到十四届三中全会；"预赛阶段"，从十四届三中全会到党的十六大；"正赛阶段"，从十六大至今。1993年以前的改革，目标是激励企业内部人员为获得更多的收益而努力，同时达到增加国有资产权益的目的，主要通过"企业下放""扩大企业自主权"和"企业承包制"等手段。但这些改革都只是在企业产权制度未根本改变的前提下，对企业经营机制所作的适当调整。以1993年11月中共十四届三中全会通过《关于建立社会主义市场经济体制若干问题的决议》为标志，改革转向了以建立现代企业制度为目标的企业制度创新阶段，主要手段是产权改革，这条路走得并不顺利。一直主抓国有企业产权改革的原国家经贸委主任盛华仁就在纪录片《国企备忘录》中说："1978年开始，就在抓这个国有企业，经过了放权让利，承包经营，一直到1997年，这个20年的探索过程，没有找到一条切实可行的路子。"①不过，我国的国有企业产权改革，在发现问题、解决问题的"试错法"中，一步步壮大了国有企业产权，但国有企业产权离真正的现

---

① 国资委、中央电视台：大型纪录片《国企备忘录》第二集，《浴火重生》，2013年。

代产权制度还有很长的一段路要走，国有企业产权改革没有终点，改革仍在路上。

二、国有企业产权制度变迁的特点

任何制度变迁都有其变革的原因，也有其变革的特点。通观我国六十多年尤其是改革开放三十多年来国有企业产权的变革之路，我们发现它有一些自身的特点。

（一）国有企业产权变革的主导力量是政府

无论是新中国成立初期的国有企业的从无到有、从小到大，还是改革开放三十多年来各个时期的国有企业产权变革，其主导力量都是政府。新中国成立初期，人民政府为了尽快恢复和发展经济，巩固和发展新政权的经济基础，一方面对原先解放区的人民政府企业加大投资和技术改造力度；另一方面对帝国主义在华企业予以强制没收，"建国初期，征用、转让终结了帝国主义在华企业的经营"[1]。同时，花大力气对旧政权原有的工业资本结构进行了必要的调整，对官僚资本性质的企业实行接管并转变为新民主主义国营企业。其实早在 1947 年，中共就已确定了对以四大家族为核心的官僚资本实行没收政策。[2] 新中国成立后，政府对官僚资本最雄厚的上海就采取了紧迫且合理的没收政策，"上海的官僚资本企业接管和改造工作在很短的时间里便基本实现了预期目标，办事的高效协调不容置疑。之所以取得成功，与中共中央高度重视不无关系，也与相关接管单位的精心部署有关"[3]。以后人民政府又通过 1953 年到 1956 年的社会主义改造运动，将几乎所有的私人工商业转变成了社会主义国营企业，"从 1956 年基本完成社会主义改造到 1978 年改革开放以前的 20 多年里，各级政府实际上也成为经济运行的唯一决策人和管理者"[4]。

---

[1] 沈彬：《帝国主义在华企业的终局》，《东方早报》2012 年 8 月 14 日。

[2] 参阅《毛泽东选集》第四卷，人民出版社 1991 年版，第 1253 页。

[3] 程光安：《官僚资本工业企业的接管及再认识——解放初期上海工业资本结构调整探微》，《福建党史月刊》2009 年第 14 期。

[4] 武力：《新中国工业化起步阶段的国有经济》，《学术月刊》2006 年第 8 期。

　　为了更快、更好地建成我国的社会主义国有工业，我国政府还利用与苏联的友好关系，由毛泽东、周恩来亲自前往苏联与苏联最高领导人协商，在1950年签订了《关于苏联贷款给中华人民共和国的协定》。这个协定规定，苏联以年利1%的优惠条件，向中国提供3亿美元的贷款。当年苏联即开始用这笔贷款向中国提供第一批大型工程项50个，这50个项目就是156项工程中的第一批，以后又陆续增加了106个援建工矿项目。[①]这些援建项目帮助中国进行国民经济最重要部门的恢复与发展，为以后建立独立的国民经济发展体系夯实了基础。

　　（二）国有企业产权改革的路径是"摸着石头过河"

　　从1978年到今天的各个领域的所有改革，都是按邓小平"摸着石头过河"的路径在探索中曲折前进。国有企业产权改革是对具有浓烈苏联模式的国有企业产权制度的革新，因此没有先例，只能自己摸索。对中国这么一个国有企业产权比例如此之高的产权制度进行创新，牵一发而动全身。中国的国有企业产权改革是渐进式的产权改革。改革首先是放权让利，在放权让利基础上进一步经历了两权分离、建立现代企业制度等阶段，先后采取过扩大企业自主权、利改税、承包经营责任制、股份制改造、调整国有经济布局和组建国资委等措施。一般的做法是先试点，后推广，先局部，后全局；也就是先试错，后总结，再试错，再总结，然后广而推之。之所以采取这样的顺序是因为：一方面，渐进式改革首先考虑减小改革初期的阻力成本；另一方面，在改革条件还没有完全齐备和成熟的情况下直接进行大动作的全面改革，风险成本比较高。邓小平早就说过，改革要大胆地改，大胆地试；错了不要紧，改了就行了；改对了就大力推广。

　　（三）国有企业产权制度变迁方式是循序渐进

　　新民主主义革命时期，人民政权就以苏联为参照系数建立了属于自己的工、矿、商业等企业。新中国成立后，由于西方的封锁、苏联经济成就

的感召、我国本身经验有限、资金与技术不足等原因，我国国有企业产权模式只有向苏联看齐，因此，在 1949 年到 1956 年间，我国的国有企业产权模式基本上是苏联的国有企业产权模式的复制和翻版。

苏联的国有企业产权高度集中于中央，地方财权占有率极低，而厂长、经理的财权就仅仅只有 200 至 500 元的机动权。"整个'一五'期间，企业利润留成只相当于同期国家财政企业收入的 3.57%。劳动用工制度和工资制度也由中央集中管理，地方和企业无决定权。这些都影响了地方和企业的积极性，妨碍了生产的发展。"① 这种产权模式因缺少激励与约束机制，不但造成了苏联经济的普遍乏力，也使中国的国有企业出现了不少问题。在实行几年后，毛泽东等人认识到了它的弊端，并开始加以匡正。在 1955 年，毛泽东首次提出了"以苏为鉴"，而对苏联建设模式有所突破却是在党的八大之后。党按照八大的精神，调整了中央、地方、企业间的关系，把一部分产权下放地方与国有企业，有力地调动了地方和企业的积极性，但也造成了不少负面问题。对苏联国有企业产权模式的大规模检讨和改进持续了好几年，只是到了 1962 年才停止这种反思和改革，因此，1956 年到 1962 年可以称之为国有企业产权模式的反思阶段。

进入 20 世纪 60 年代，毛泽东等人出于反修防修的考虑，"对公有化程度提出了更高的要求，大搞集体向全民过渡，追求所有制形式的一大二公，对非计划经济活动予以制止和取缔，使生产资料私有制接近消失，在相当多的经济领域内，全民所有制成为唯一的经济成分"②。此后，开始将余下的公私合营企业一律改为国营企业，大批城镇集体工商企业也转为国营。自此，国有企业产权模式基本上一统天下。从 1962 年延续到 1978 年的这种国有企业产权模式的探索，是为了确保经济上社会主义全面所有制占绝对主导地位，以防止社会主义成为修正主义，所以实际上这种国有企业产权模式是对苏联国有企业产权模式的维护。

---

① 王真：《50 年代中期我国对苏联建设模式的突破》，《当代中国史研究》1995 年第 2 期。

② 毛传清：《中国共产党对苏联经济模式认识过程的考察》，《党史研究与教学》2007 年第 5 期。

改革开放后，国有企业产权实行了一系列的改革。1978 年到 1981 年，是我国国有企业产权改革的第一阶段，以"放权让利"为主的国有企业产权改革在四川取得显著成效后，才逐步在全国范围内正式推广。尔后，在总结"放权让利"式产权改革经验与教训的基础上，及时调整了产权改革的模式。在 1982 年到 1992 年间，主要推行厂长、经理承包经营责任制度，因此这一阶段我们把它称之为承包经营权改革阶段。1992 年至 2002 年，在十四大的精神指引下，从 1992 年开始，形成了长达十年之久的市场经济改革浪潮，这一阶段，我国国有企业改革是以产权改革为重点的制度创新阶段。2002 年至今，是现代国有企业产权制度的深化与完善阶段，党的十六大关于完善社会主义市场经济体制改革的主张，为国有企业产权改革的深化提供了重要契机，使国有企业产权改革取得了举世瞩目的成绩。目前，这种国有企业产权的改革还处在不断的完善与发展过程中，党的十八大又对此提出了新的目标要求。①

我国传统国有企业产权的创立和发展，无论是从其一门心思"以俄为师"的阶段，还是选择性地"以苏为鉴"的阶段，抑或是竭尽全力对国有企业产权模式的维护阶段，都是一个在理论与实践中慢慢摸索前进的过程，从其历史发展轨迹上看，它并非一蹴而就，也不是跳跃性的发展过程，而是遵循循序渐进的发展路径。

1978 年开始的国有企业产权改革，也是一个逐步发展的过程。它与俄罗斯国有企业产权改革的激进模式完全不一样，采取的是循序渐进式的改进方式。我国改革的目标是走中国特色社会主义市场经济发展道路，而不是照搬西方市场经济模式。国有企业产权改革是市场经济改革的重要一环，历史与现实赋予了我们理应走出一条既能激发市场效率，又能满足人民日益增长的物质文化需要的国有企业产权的可持续发展之路。

（四）国有企业产权变革的目的是一切为了人民

旧中国，由于处在半殖民地半封建社会，国民经济掌控在帝国主义和

---

① 要毫不动摇巩固和发展公有制经济，推行公有制多种实现形式，深化国有企业改革，完善各类国有资产管理体制，推动国有资本更多投向关系国家安全和国民经济命脉的重要行业和关键领域，不断增强国有经济活力、控制力、影响力。

官僚资本主义等少数统治阶级手中，人民生活极为不幸。要改变这种悲惨状况，就必须由人民来掌握生产与生活资料，因此党和政府通过一系列的国家行政行为纷纷将帝国主义在华资本、官僚资本等予以没收，并在此基础上建立了国有企业产权制度。以后党和政府在计划经济年代所进行的系列国有企业产权制度上的政府行为，不论对错，其目的无非都是为了践行党的宗旨——"全心全意为人民服务"。

改革开放后，我们在不同的阶段实行了不同的国有企业产权制度改革举措，这些举措都是为了完善、发展公有产权，而发展公有产权目的也无非是为了人民的利益。人民的利益高于一切，无论是国有企业产权的草创，还是毛泽东、邓小平、江泽民等共产党人为了完善国有企业产权所进行的系列产权发展举措，无不是为了民族的发展、民生的改善。我们国有企业产权的一部发展史，就是一部立足于人民，坚持一切发展为了人民、一切发展依靠人民、一切发展成果由人民共享的历史。

我们之所以与俄罗斯"休克疗法"式的激进产权改革不同，就是本着对人民负责的精神，绝不允许大规模化公为私，鲸吞国有资产。俄罗斯的产权改革，少数达官显贵中饱私囊，投机钻营者大快朵颐，而无数的工人群众却一无所获。这样的产权改革，完全与人民利益背道而驰，给了我们深刻的教训。习近平总书记提出了社会主义改革的目标是实现伟大的中国梦。把实现民族复兴、国家富强、人民幸福的美好蓝图喻为实现中国梦，贴切而形象，中国梦是人民的梦，是13亿中国人共同的梦。国有企业产权改革是中国社会主义改革的重要组成部分，无疑它也是实现伟大的中国梦的一个重要步骤，是与人民利益攸关的重要构件之一。

三、传统国有企业产权的主要特点及正义分析

在1993年以前，中国传统的国有企业都被定义为"国营企业"，传统的国营企业按列宁的国家"辛迪加"① 模式而建立，我们习惯性地将1978

---

① 《列宁选集》第3卷，人民出版社1995年版，第299页。

年经济改革之前的这种国营企业，称之为传统国有企业。传统国有企业根据中央或地方政府的指令从事生产经营，没有自己的独立产权。国家根据需要每年都会在实物平衡的基础上统一制定各经济部门和各地区之间资源配置的指令性计划，即"国民经济计划"。这一计划涵盖了绝大多数物资原材料的统配，规定了每个企业的生产方向、生产规模、燃料动力、原材料来源和协作关系，甚至统一安排了每个企业的人财物和产供销。然后通过行政系统将这一计划层层下达，最后直至将任务一一分解到具体的国营企业加以执行。按这个计划，整个国家就像一个大工厂，而每个国营企业不过是这个大工厂中一个"车间"或者"班组"。同时，中央政府集中掌握全部的剩余索取权，对国营企业实行"统收统支""统负盈亏"。

传统国有企业产权没有自主性，不可能将产权的激励与约束机制发挥到极致，带有与生俱来的弊端，在一定程度上影响了企业的生产积极性。但无可置疑的是，它为新中国的建设作出了巨大贡献，事实上其已经基本满足了那个时代的生产与生活之需，也是1978年改革开放得以顺利开展的一个重要前提，它之所以能以"病弱之身"取得巨大的建设成就，肯定有其自身的特点。

（一）传统国有企业产权的特点

改革开放以前，国家对国有企业实行计划统一下达，资金统贷统还，物资统一调配，产品统收统销，就业统包统揽，盈亏都由国家负责，国有企业没有经营自主权，因此在一定程度上企业缺乏主动性、创新性与积极性。

1. 传统国有企业产权所有者"缺位"，因而未能切实保障国民的财产权利

国有企业的所有者是"全体劳动人民"，但"全体劳动人民"并不能直接对成千上万家企业行使控制权和剩余索取权。就目前改革阶段的我国国有企业而言，基本上实行了三个层级的委托代理管理方式，还带有传统国有企业的很大痕迹。第一层级是国民授权与国家，由国家代行管理企业；第二层级是国家授权给国资委，由国资委履行出资人职责；第三层级

代理则是国资委委托企业经营层具体负责企业的日常生产、销售等经营活动。这些代理形式其实是所有者与经营者根据一定的契约，形成的三种委托代理关系。国有产权的三层委托代理关系表明国民的所有权与企业经营者的经营权在一定条件下产生了分离，所有权仍属于国民，使用权在一定条件下让渡给了具体的企业管理者。过去，传统国有企业只有两个层级的代理关系：一层是国民授权与国家，由政府代行管理企业；二层是政府授权企业负责具体的微观经济活动。按常理，代理人应该按契约的约定以所有者的利益为依归，努力经营，创造良好的业绩，既满足国民的利益，也在创造财富的过程中获得自身必要的经济收益，同时自身精神境界也得以提升。

　　企业经理人，也是一个社会人，只要有正常的思维或有一颗正常的报国之心，为国有企业做点贡献其实就是人生的一种成功标志。但由于人性的自私、信息的不对称、有限理性、交易费用、个人道德素质等原因，造成大量的机会主义行为的发生，委托人无法完全掌控经理人。尤其是传统国有大型企业，作为资产所有者的国民是个虚幻而模糊的群体，因此国民作为产权主体而言也虚幻且模糊。全民所有制企业，名义上产权归全体国民所有，但全体人民如恒河沙数，不可能像私有产权主体那样采取直接掌控所有权的方式对企业进行经营、管理；让全体人民具体监督各个企业的管理人员，并对各个企业的经营管理作出集体决策的方式肯定行不通。如果硬要这样运作，所需成本必定大得无法估计，企业根本就无法运转。同样，全体人民也不可能直接分享各个企业的剩余收益。因此，作为所有者的人民必须委托具有权威的机构来主持行使其对国有企业的控制权和剩余索取权，即只能由国家作为全体国民的利益代表来行使国有产权。国家也是个抽象的概念，它无法直接负责国有企业的日常经营，那么，国有企业只能由国家委托给具有具体政治含义的政府，而政府部门又很多，许多不同的政府部门、按行业划分的企业主管部门都可以从不同权力范围去管理企业，如此一来就无法明确该由哪一个部门对国有资产的保值增值负责，从而导致国有资产的产权主体缺位。总的来说，就是国家和人民都是一个抽象的概念，不指具体的哪个人，而实际管理工作却要落实到每一个具体的活生生的个体，这样就造成了产权主体不明。

有管理就有权力，权力容易滋生腐败。企业经理人、政府官员等由于道德素质、不作为、偷懒、机会主义、"搭便车"等"外部性"原因，会层层背离委托人的利益，直至损害产权所有者即国民的利益来谋取个人或集团的不当私利，导致"人人所有，人人都没有"的悲剧发生。

2. 传统国有企业产权的不可交易性，影响了它的经济效益

可交易性是产权的一大特点，产权主体可以根据自身利益，对产权进行转让、并购等。但传统的国有企业产权在理论上不能作为商品，在实践上，国有资产更不能随意流动，只能听任国家下达行政命令对国有企业"关、停、并、转"，因此不存在真正意义上的并购、重组、破产等产权交易行为。针对产业结构和地区分布的不合理情况，以及国有产权的低效率等问题，国家无法通过存量盘活从根本上加以解决，只能借助行政命令施以适当的微调。这样做，不但经济波动大，而且缺少市场的灵活机动性，调整成本很高。企业产权的不可交易性，钳制了企业产权的灵巧机动，不利于企业根据市场需要进行产权的转让，影响了国有企业产权的经济效益。

3. 传统国有企业产权借助精神而非物质激励手段提高企业经济效率

传统国有企业出于"高积累、低消费"的需要，实行平均主义分配政策。在满足员工的基本物质需求之外，除实现过少量和短期的奖金激励外，一般来说主要靠精神手段而非物质手段来激励生产。实行物质激励与那个时代的主旋律既不合拍，也没有现实的物质基础。而且囿于那个时代的财富观和价值观，产权的物质激励效果并不明显，广大干部、职工宁可要一张小小的奖状，也不要大大的物质与金钱奖励，这种先进事迹在那个时代并不少见。可见，职工的积极性更多依赖于精神激励而非物质刺激，这反映的是一个时代的风貌。

（二）传统国有企业产权的理性分析

马克思主义认为看待历史现象要从历史发生的那个具体阶段去分析它

的合理性，而不能一味地苛责前人。传统国有企业产权的构建有其历史必然性，也有其特定的现实性。虽然传统国有企业产权确有很多缺点与不足，但那是那个时代特定的生产力、生产关系、政治、文化、管理水平等综合因素合力的结果。我们不能以现在的情形与眼光去挑剔过去的国有企业产权的不足，而是要从中汲取有益的经验与教训。

1. 传统国有企业产权所有人的"缺位"是历史形成的，有其历史必然性、现实可行性和理论基础

中国传统国有企业产权所有人的"缺位"并非市场自发形成，而是当时生产力、生产关系、上层建筑等诸因素共同作用的结果。旧中国生产力极其落后，生产力落后要求国家对经济资源进行集中配置。旧中国之所以处于半殖民地半封建社会，一个重要原因就是没有一个强有力的政府能组织统一生产，增加国家财富。几千年落后的生产力和文化传统，使中国人的私有观念根深蒂固。中国的生产关系十分复杂，个体经济、私营经济、官僚资本主义经济、买办经济等产权模式都存在。这些产权模式，所有权权属非常清晰，但是中国依旧贫穷落后。所以，必须建立一个由国家控制的全民所有的新的产权模式，才能集全国、全民之力，尽快使中国摆脱奴役之路。要摆脱奴役之路，就意味着要彻底消灭旧的生产关系，建立一种新的生产关系。在新的生产关系中，人民群众不但要成为生产资料的所有者，而且也要成为社会剩余的创造者，还要成为社会剩余的分享者，这就要求有相应的所有制作为经济基础。因此，国有企业产权的全民所有，是保证人民获得企业控制权和分享经济剩余的必经之路。

新中国成立后，我们要建立新型的国有企业产权模式，没有多少经验可循，而苏联却有多年的经验值得我们借鉴。"这在当时是不可避免的。因为我们没有管理现代经济的经验，知识不足，经济技术落后，以美国为首的资本主义国家又对我们进行了全面封锁和禁运。而苏联有了近20年管理社会主义经济的经验和技术，相对来说已达到了较高水平。"[1] 因此我们才

---

① 薄一波:《若干重大决策与事件的回顾》，中共中央党校出版社 1991 年版，第471—472 页。

将国有企业产权的所有权也是虚置的"苏联范式"几乎原封不动地照搬过来。①

马克思的产权理论也对国有企业产权所有权的虚置有极大的影响。过去一切的剥削社会，都是生产资料与生产者相脱离，拥有生产资料的所有者凭借生产资料剥削劳动者，所以要建立的社会主义经济制度，必须是公有制，它要求在生产资料领域彻底消除私人所有。马克思认为在生产资料社会主义公有制的条件下，生产资料属于全体劳动者共同所有，生产资料占有的平等，使得任何人都不可能凭借生产资料所有权无偿地占有他人剩余劳动的产品，也就是说排除了按生产资料占有的多少进行分配，这就为消灭剥削、消除两极分化奠定了基础。

2. 传统国有企业产权的不可转让性，确保了社会主义公有制经济基础的稳固

产权转让是指经济主体以产权为商品进行买卖的一种市场经营活动，它既包括产权在不同所有者之间的转移，也包括在产权归属不变或者不完全转移的条件下，有关产权的不同权能（占有、使用、收益、处分）在不同经济主体之间的转移。产权转让是产权的基本特性之一，但传统国有企业产权，囿于社会主义的特殊阶段，其产权却不能在各种产权主体间自由交易。

新中国成立之初，我们正是鉴于鸦片战争以来的积贫积弱，才意图通过建立强大的国有经济，以确保中华民族屹立于世界民族之林。因此，中国共产党不惜采用对官僚资本和敌伪资本没收、对民族资本和平赎买，以及在工农之间实行剪刀差等政策发展国有经济。经过几十年的发展，国有经济从无到有，从小到大，一步一步地发展、壮大，到了20世纪70年代，终于建立、形成了比较完整的国民经济体系。假设当初在社会主义国有企业产权还处在襁褓中时，我们就采取西方产权在不同产权主体间可以自由交易和转让的政策，那也就不可能成就社会主义国有企业产权的参天大

---

① 参阅刘凤义：《中国国有企业60年：理论探索与政策演进》，《经济学家》2010年第1期。

树。传统国有企业产权，尽管它的不可交易性制约了国有企业在新的历史时期的进一步发展，但考虑到当时的国际、国内背景和受马克思主义所有制理论影响的情况，传统国有企业产权的不可转让性符合当时的历史发展规律，是新中国建立社会主义公有制的经济基础的必然选择。

3. 精神激励代替物质激励，是一种切合当时实际的产权激励替代机制

产权的激励机制，通常能极大地提高产权主体和相关利益人的积极性，提高经济效益，但是对中国传统国有企业产权而言，其积极性与效益主要靠精神激励。中国历史上，还从未有像社会主义国有企业产权制度这样的一种产权制度安排能带给人们如此多的全新感受。它不仅仅是给予人们实实在在的经济利益，而且也给予了普通工人无可比拟的尊严感。而在旧中国的私有企业工作，工人既无经济地位，更无人格尊严可言。新旧社会工人地位的截然不同，极大地鼓舞了全体人民建设国有企业的热情。政府和企业管理层，也总是不厌其烦地向工人们灌输主人翁的责任感思想，号召他们发扬无私奉献的精神，强化他们爱厂如家的集体主义理念，并大规模开展文体活动以提高职工集体荣誉感。通过技能竞赛，提高工人技术；借助劳模评比，发挥"群仿效应"；依托政治荣誉授予，奖励各种先进分子。总之，政府试图通过思想政治教育、竞技比赛、文体活动等一系列运动，来带动企业的生产活力，提高企业的经济效益。功夫不负有心人，政府的付出结出的是累累硕果。一大批国家级、省级、市级、厂级等劳动模范、技术能手和各种先进工作者脱颖而出，比如享誉全国的淘粪工人时传祥、石油工人王进喜、技术革新能手倪志福等，不一而足。这些劳模与各种先进分子影响的不仅仅是一片区域，而是掀起了风起云涌的全国性你追我赶的劳动热潮，并营造出良好的生产氛围，它激荡着人民的心灵，鼓舞着广大人民群众积极投身国有企业的伟大建设。尽管这些举措提高了企业的经济效益，也带来良好的社会效益，但是从整体上看，单纯的精神激励确实难以长期保持有效性。

随着"文化大革命"负面影响的不断扩大，尤其是林彪事件发生后，广大工人群众对"文化大革命"产生了怀疑，政治热情骤降。政治热情的

下降，直接影响工人的生产积极性，不少职工从此养成了懒散拖沓的作风。到改革开放后，农村的联产承包责任制以及私营经济的外在物质刺激，尤其给广大干部职工心灵带来巨大冲击。此时，市场经济的种子已在国有企业工人们内心萌芽，再靠精神而非物质手段去激励他们生产的积极性，既无外在大环境，也无一定的内在小气候。他们通常以磨洋工、"搭便车"等消极方式来对抗传统国有企业产权模式。时代在发展，国有企业的经营管理模式也要与时俱进，单靠精神而非物质激励来发挥国有企业的优越性，提高生产效率，在市场经济的大潮中，显然已不合时宜。

（三）传统国有企业产权正义的辩证分析

新中国成立后，传统的国有企业为我国的经济建设作出了巨大贡献，但由于传统的国有企业本身所固有的矛盾，也产生了不少问题，遭到不少人诟病。而产权改革后，生产力得到了飞速发展，人民生活水平得到了显著改善，因此对原先的国有企业产权的质疑声更是经久不息。为了正本清源，有必要从产权正义的角度对传统国有企业产权作一番正义上的辨析。

1. 传统国有企业产权效率与正义相统一的辩证分析

一种产权制度安排，不管它是出于维护公众利益，设定为公有产权，还是基于私人利益的考虑，设定为私有产权，如果这种产权制度，投入与产出不成正比，投入多，产出少，损害的不仅仅是公众利益或者私人利益，更是对自然资源的极大浪费，因此这种暴殄天物而没有效率的产权制度就是非正义的产权制度。中国传统的国有企业产权，成长于极其薄弱的条件下。正如毛泽东所言，"我国过去是殖民地、半殖民地……很多地方不如人家"[1]。"现在我们能造什么……但是，一辆汽车、一架飞机、一辆坦克、一辆拖拉机都不能造"。[2] 据资料显示，1952 年我国工业水平实际低于 1800 年的英国、1890 年的法国，只接近于 1910 年的俄国。如果按人口平均计算，大概相当于英国 18 世纪后期的水平。[3]

---

① 《毛泽东文集》第七卷，人民出版社 1999 年版，第 43 页。
② 《毛泽东文集》第六卷，人民出版社 1999 年版，第 329 页。
③ 贺耀敏：《新中国成立以来经济建设成就与经验》，《北京党史》2009 年第 5 期。

城市的工业基础如此令人沮丧，农村的发展状况更是令人寒心。当时中国的农村几乎处于原始的农业状态。1949 年，粮食平均亩产量仅 137 斤，文盲占全国总人口的 80%—90%，全国没有一处完整的水利设施，更没有现代意义上的农用机械，农业生产几乎完全依赖于自然。[①]

工业与农业的总体差距，中国比西方国家落后大体为 100 年至 200 年，要想从根本上解决中国的问题，只有加速发展工农业。而发展工农业需要原始资本，因此只能采取高积累、低消费的政策，以暂时牺牲人民的利益为代价，而农民利益的牺牲首当其冲。为了发展工业，尤其是为了发展重工业，人民节衣缩食积聚原始资金。为此，周恩来曾公开对人民作出过如此解释："重工业需要的资金比较多，建设时间比较长，赢利比较慢，产品大部分不能直接供给人民的消费，因此在国家集中力量发展重工业的期间，虽然轻工业和农业也将有相应的发展，人民还是不能不暂时忍受生活上的某些困难和不便，但是我们究竟是忍受某些暂时的困难和不便，换取长远的繁荣幸福好呢，还是贪图眼前的小利，结果永远不能摆脱落后和贫困好呢？我们相信，大家一定会认为第一个主意好，第二个主意不好。"[②]人民就是在这样的大背景下，对中国的经济发展模式作出了选择，牺牲了自身，护佑了国家。

在这样艰巨的条件下，工业发展虽然取得了巨大的成绩，但人民也为此作出了重大的牺牲。根据国家统计局网站提供的 1953 年至 1979 年全社会固定资产投资和居民消费水平数据，在整个计划经济时代，年均的消费率只有 60% 上下，而积累率却高达 40% 左右。不仅工人、农民普遍承受了"低消费"的代价，就连干部与知识分子也不能幸免。有牺牲才有收获，没有人民的"勤俭节约""艰苦奋斗"，就不可能有今天国有企业腾飞的基石。如果没有"高积累、低消费"的经济举措，要想在"一穷二白"的基础上发展工业，原始资金的问题就无法解决。正是因为二十多年的"省吃俭用"，中国才有了第一桶金，借助这些启动资本，中国才发展到 1978 年

---

① 章有义：《中国近代史资料》第 3 辑，三联书店 1957 年版，第 977 页。

② 《周恩来选集》下卷，人民出版社 1984 年版，第 133—134 页。

独立且完整的国民经济体系的建成。

到 1978 年，我国的经济建设取得了巨大成就，建立了门类比较齐全的国民经济体系。单是钢产量就由 1949 年的 "15.8 万吨升至 2040 万吨，由原来仅是美国的五百分之一变为了六分之一强，仅是英国的百分之一变为基本持平，仅是印度的八分之一变为超过其一倍多"①。"1978 年我国工农业产值的实际比大约是 5∶5，一个独立而强大的现代工业化体系已经建立起来，在军事工业和高技术方面，与国际水平迅速接近，1970—1980 年 10 年奋斗，大型喷气式飞机已经成功，至今说起来还无人相信。人均国民收入达到 300 美元，基本完成了工业化原始积累。"② 这些可喜的数据表明，我国的工业建设成绩举世瞩目。

邓小平 1980 年 12 月也讲过："建国三十一年来……建立了比较完整的工业体系和国民经济体系。全国人民的生活比解放前好得多了。同一些比较大的发展中国家相比，我们所取得的成绩比它们大，建设的速度也比它们快。"③ 这说明，至少在 1980 年前，中国独立且比较完整的工业体系和国民经济体系就已基本建立，为今后提高人们物质文化生活水平的基础也已基本夯实。这一切主要成就是在一穷二白的基础上，在计划经济短短的 29 年内完成的，这不能不说是人间的一个奇迹。

据统计资料显示，其实我们的发展速度不但超过了所有发展中国家，而且也超越了绝大多数发达国家。在计划经济时代，除了一些国防工矿企业或者提供公共产品的国有企业外，绝大多数国有企业的效率很高。因为，就逻辑而言，如果大部分国有企业真如某些专家所言的那样效率不高，那如何解释我们改革开放初期还有多达 40 万家的国有大中小型企业？如果大多数国有企业都是亏损或者无效益，那何以能苦苦支撑二十余年，何以还能 "苟延残喘" 到改革开放的年代？有人想当然地认为国家会对这

　　① 朱佳木：《毛泽东时计划经济的探索成果及其历史意义和现实意义》，《毛泽东与 20 世纪中国社会的伟大变革》（上），"毛泽东与 20 世纪中国社会的伟大变革" 学术研讨会，2006 年 9 月。
　　② 杨凡：《对中国计划经济时期成就的客观评价——从历史与可持续发展角度》，《云南财经大学学报》2008 年第 2 期。
　　③ 《邓小平文选》第二卷，人民出版社 1994 年版，第 356—357 页。

些亏损企业极力扶持，可是如果共和国的经济脊梁——国有企业的绝大多数都是亏损的，那国家又从哪里挪出这么一大笔近似天文数字的资金对这些企业进行大幅度的补贴呢？如果绝大多数国有企业都是效率不高的，那又何以解释共和国在短短 30 年内取得的工业、农业、国防、科技、医疗卫生、教育等领域的巨大建设成就呢？

不光计划经济时代的中国选择压低人们的日常消费，积攒更多的资金发展生产，其实私有产权也并非一味地消费，许多做大做强的私有企业，一开始也是走高积累、低消费的道路。产权所有者不但自己"省吃俭用"，恨不得"一分钱掰成两半花"，还逼迫工人"节衣缩食"以扩充更多用于生产的资本。原始资本主义时期产权所有者对工人相当苛刻，有些剥削惨景甚至令人发指，就是因为最初的资本积累并不雄厚，生产技术又不高，所以资产阶级只有借助于延长劳动时间或增加劳动强度来榨取剩余价值。如果没有这种资本的冷血剥削，也就不可能有十八、十九世纪资本主义高歌猛进的发展。经过最初原始野蛮的资本扩张，再加以几百年时间的洗练，资本主义企业积累了雄厚的资本，生产技术得到迅猛发展，生产效率大大提高，他们不断做大做强，许多业已成为庞大的国际跨国集团。即便这样，大富豪的生活也并非像传说中那样都是"灯红酒绿""纸醉金迷"，不少企业家如比尔·盖茨等人都尽量避免毫无节制的消费方式，他们仍能知道如何去"节约"每一分钱，尽量不要在生活资料方面花费太多，以免影响企业的可持续发展。

通过以上对中外产权发展历史理性的阐述与分析，我们发现"高积累、低消费"是一个普遍的战略路径。不论计划经济的中国还是市场经济的西方，在它们发展的最初阶段，重积累、轻消费，这是一个铁的历史事实。可见，我国计划经济的"高积累、低消费"的战略选择高屋建瓴，是我们发展国有企业产权的必然选择。如果不这样，就无法实现高效率的发展需要，也就不可能如此快速地发展工业化，更不可能建立如此庞大的国有企业群。从产权正义的角度看，有效益的产权就是符合正义的产权制度。传统国有企业用短短不到 30 年的时间，完成了西方国家需要 200 年才能走完的工业化发展之路，使中国快速地缩短了与西方发达国家的差距。

　　马克思主义产权正义强调产权应该有效率，但它不抽象地谈论效率，它关注的是这种产权提高的具体的效率，即"谁的效率"。马克思主义认为那种损害社会总体效率只是片面地突出局部集团利益的效率是非正义的，在这个意义上，它批评了资产阶级为了提高所谓的效率，却无情地盘剥工人的剩余劳动，资产阶级提高的是资产阶级效率，这种效率对工人无益，也无益于社会整体效率的提高；它认为只有为了社会大多数人的利益提高生产效率的产权，才是正义价值下的产权。因此在"谁的效率"问题上，中国传统国有企业产权提高的是整个社会的效率而不是某些特殊利益群体的效率。从这一产权效率层面上说，它远比资产阶级产权的效率要高得多，因而，中国传统国有企业产权制度的安排不但正当合理，而且它具有资产阶级产权无法超越的效率优势。

　　2. 劳动者劳动所付与劳动所得基本一致性的正义性维护

　　按产权正义原则来说，劳动者付出的劳动与收获的劳动成果要成正比，付出多，收获就要多；付出少，收获就要少。社会主义传统国有企业产权赋予了劳动者产权主体的地位，工人阶级成为领导阶级，国有企业产权成为人民的产权。国有企业产权给予了工人与人民群众应有的劳动报酬和惠及全体国有企业职工的社会福利，其产权符合正义的价值规范。

　　有人以为传统的国有企业产权名义上每个人都是生产资料的所有者，其实生产资料掌握在少数的管理阶层手中，个人只能被动地接受劳动安排和收益分配，因此劳动者不能切实感受到自己是生产资料的收益者。这些分析初看起来似乎符合实际，其实深究起来，问题不少。确实，那时的发展不平衡，农、轻、重比例失调。实事求是地讲，计划经济时代的物质生活水平的提高，也远远落后于人民的良好愿望，国有企业产权带给国有企业员工的经济利益也与员工的心理预期有较大的差距。国家对国有企业管得过死，政府决定国有企业的产、供、销，国有企业不能独立地支配和处理资产，也不能享有使用资产获得的收益，甚至无法决定产品的去向。国有企业从本身的生产与经营中得不到经济实惠，国有企业产权主体的利益得不到体现，员工得到的工资很低，没有奖金，即使有，差别也不大。因此他们普遍认为企业没有经济效益，普遍感到生产好坏一个样，产多产少没区别。这极大地挫伤了劳动者的生产积极性与主动性。从单个的企业来看，似乎确实是没有经济效益，因为它的产品由国家"统购统销"，生产由企业承担，利润却归国家掌控。但从整体来看，情况又不一样。单个企业确实没得到它的利润，其产生的利润由国家统一调配到别的企业或行业，用以统筹发展国民经济，用以全国人民生活以及社会福利的改善，因此从这个角度来看，大多数传统国有企业有收益而且收益不低，它的利润有所安排地赋予了其他劳动人民，相应地，其他国有企业产权带来的利润也会惠及这些企业员工。

不少精英分子对此始终无法理解，他们极力推崇西方资产阶级的产权模式和产权正义；质疑国有企业产权模式和产权正义，认为国有企业产权带给人民的是"普遍贫穷"，同时也对自己生活水平的相对下降始终耿耿于怀。他们回避资本主义产权与产权正义的片面性，只关注资产阶级产权正义性的一面，而忽视资产阶级产权的非正义性；另一方面，他们又只看到国有企业产权模式和产权正义的缺陷，而不正视它的优越性。

资产阶级产权确实给人类带来了巨大的财富创造，也惠及了广大工人的生活。但资产阶级产权的主体利益为资产阶级所得，广大工人所得甚少，一边是资产阶级"纸醉金迷"的普遍化，另一边是工人生活相对增长的缓慢，99%与1%的对抗不断加剧。当然，像过去那种野蛮剥削的惨境如今在资本主义社会已不多见，其消费水平也有了显著提高。这一切，不是来自资产阶级的良心发现与资本主义产权制度的改进，而是来自工人无数次的反抗以及生产力充分发展所产生的红利。经过三次工业革命，生产力突飞猛进，资产阶级不再依靠绝对剩余价值，而是借助相对剩余价值的生产来满足他们生产、生活的需要。而且，社会财富的喷薄而出也给资产阶级提高工人生活水平提供了足够的空间，并夯实了消弭工人反抗的基石。

这些人也不明了在社会主义的宏大目标中，个人利益服从集体利益，暂时利益让位于国家的长远利益，这是明智的选择。没有这种明智的战略选择，个人最终的物质利益也正如周恩来所言的那样无法实现。何况，我们的生活水平也并非如他们所说的那样"普遍贫穷"，而只能说是"相对贫困"。客观地说，与1949年相比，我国传统国有企业产权在经过最初的白手起家后，让我们广大职工的生活水平尤其是社会福利水平有了大幅提升。社会物质财富基本上能满足职工的日常生活，国家建立了几乎辐射全体职工的免费医疗、免费教育，以及覆盖全部国有企业的免费住房保障体系。尽管这种覆盖体系是低层次与低水平的，但它确实满足了人民的基本需要。

它与旧中国、西方资产阶级发达国家私有产权相比，那已是天壤之别。旧中国，人民饥寒交迫，流离失所，连基本人权都没有，就更谈不上私有产权能满足他们的正义诉求；与西方资本主义的产权正义相比，我国国有企业产权在劳动所付与所得相一致的意义上，具有巨大的优势。西方私有产权体系下的广大工人群众，艰辛劳作，但他们的劳动所得与劳动所创依旧不成正比，与野蛮资本主义时代相比，所获得的劳动报酬绝对数量是大大增加，但从相对数量上相较，比例更加不相称，他们被剥削的程度更高，只是由于剥削方式的改进，其剥削的表象看起来要文明得多。因此就正义而言，现代的资本主义产权与过去野蛮时代的资本主义产权相比，要正义得多；但就产权正义原则中的劳动所得与劳动所获原则来说，却远远达不到正义的要求。而我们传统国有企业产权中的劳动群众，从劳动所付与劳动所获相称的正义原则来看，传统国有企业产权给予了劳动者相当大比重的劳动收获，这些收获表现在工资领域的只是一小部分，很大一部分体现在他们享受的社会福利里头，当然，份额更多的一部分用在了高积累方面，而这些积累也不是为了少数人的"锦衣玉食"，而是为了将来能更好地回馈广大国有企业职工的应然之举。这种国有企业产权制度符合社会主义公平正义观。

而且，传统国营企业产权的发展也为突破贫困陷阱、克服纳克斯归纳的"贫困循环"作出了重要贡献。所谓贫困循环即从供给来看，有低收入—低储蓄水平—低资本形成—低生产率—低产出—低收入的恶性循环；

而从需求上看，存在低收入—投资引诱不足—低资本形成—低生产率—低收入的恶性循环。通过改革开放前与改革开放后共六十多年的事实与实践表明，在整个计划经济时代，公有产权的手段是通过生产资料与劳动者结合，使每个劳动者都成为生产资料的所有者，达到提高生产效率，满足人们生产、生活的需要，最终达到人的"自由全面发展"。我国采用"高积累、低消费"的方式，既走出了一条富有成效的社会主义发展道路，在经济建设等方面取得重大历史性突破，也避免了这种可怕的"贫困循环"陷阱，为改革开放时代国民生活水平的大幅提高夯实了基础。

当面对今天经济建设的巨大成就时，千万不要忘记传统国有企业产权的巨大贡献，正如胡锦涛指出的那样，"毛泽东同志和党中央带领全党全国人民对适合中国国情的社会主义道路进行了艰苦探索，并取得了重要的理论成果。我们不仅建立起独立的比较完整的工业体系和国民经济体系，为社会主义现代化建设奠定了重要的物质技术基础，而且积累了在中国这样的社会生产力水平十分落后的东方大国进行社会主义建设的重要经验。"[1]

当然，随着国际国内形势的变化，传统的国有企业产权越来越不适应时代的需要，其弊端在新时期暴露得愈加明显，因此必须加以产权改革。

3. 传统国有企业产权践行主旨是社会正义

产权正义原则之一，就是产权要有益于社会与他人。而传统国有企业产权恰恰就是在满足企业自身的基本需要基础上，更多的是奉献给他人、国家、社会，为实现社会正义服务。正义可以分为个人正义与社会正义。个人正义主要是指个人的品德和行为对于正义的符合及践行，考量的标准主要是个体利益的获取和责任承付；[2] 而社会正义是关于人与人之间关系的一种理想目标和价值准则，它所指称的是人与人之间的一种合理关系的制度和规范。它有两方面的内涵：一是指社会的稳定秩序、和谐统一及发展进步状态；二是指有助于造成这种状态的价值原则即权利原则，是一种政治善，应当成为政治追求的目标。其政治追求的目标是让全体社会成员

① 《十六大以来重要文献选编》（上），中央文献出版社 2005 年版，第 641 页。
② 李积伟：《马克思社会正义理论研究》，硕士学位论文，西北师范大学，2012 年，第 3 页。

共享社会经济的成果，创造一个使每一个社会成员都能够拥有充分自由发展的空间。罗尔斯认为社会正义重于个人正义，因为人生活在社会中，只有在社会制度的基础上，才能决定个体行为是否具有道德合理性。

公平正义是我国社会主义制度的重要价值和基本特征。一般产权以及产权正义理论关注的多是产权主体的权利获取和尽量少的责任承付。而传统国有企业产权制度，作为我国基本的经济制度的核心内容，它关注的是建立一个能保障人人平等的社会主义制度下的社会正义基础，它关注的是整个社会的共生共荣，它直指社会全体成员的权利保障和整个社会主义的繁荣昌盛，是所有人共同享受的正义，它要求权利与义务的对等，它还承担着为国家政治稳定、经济发展、社会良性循环的综合责任。

传统的国有企业本身就是政府的附属物，政企不分，企业是政府的延伸。传统国有企业的经营目标一般都混合着经济、政治和社会目标，承担着为国家政治稳定、经济发展、社会良性循环的综合责任。在国家集体利益高于企业利益的大局意识下，作为政府的一个车间，企业的首要职责和核心功能是为政府服务，满足社会的整体需要。国家对企业的要求以政治标准为尺度，贯彻政府的意志以及国家与社会的利益高于国有企业利益是传统国有企业产权的最高准则。因此，它在一定范围与程度上承担着政府的某些职能，它实现正义的主旨不仅仅是经济正义，同时它更主要是为了服务大局，为了整个社会正义作出贡献。

传统国有企业经营权也不完整，政府的干预无处不在，企业缺乏自主性。随着国有企业规模、实力的扩大，政府为了减轻财政压力开始把部分社会职能交付给企业管理。国有企业的经营宗旨之一就是"低工资、高福利、高就业"，在这样的大环境下，企业逐渐形成了为政府分解责任、分担社会管理职能的态势。在当时那样的大背景下，企业为政府分忧解难的管理方式确实取得了积极作用，它为职工解决了一些生活、工作上的实际困难，凝聚了人心，增强了人民建设社会主义的向心力。

传统国有企业内，员工少的有几十人，搭上家属就有数百人；多的则有几十万人，算上家属那就多达百万之众。这么多人，企业不但要关心职工的衣食住行和生老病死，而且连带他们的家属也要统统照顾到位，所以厂区内，就是一个小社会，学校、食堂、医院等服务性机构一应俱全。因为，这些人就是一个大集体，是社会的重要组成部分，服务好这个集体，就是为国家、为整个社会作出了贡献，是企业承担社会责任的一种方式。这是政府赋予企业的神圣使命，也是当时绝大多数国有企业员工的良好愿望。虽然这样负担沉重，从国有企业产权的经济效益来讲，它显然违背了所谓的经济规律；但从政治层面上说，这却符合了社会主义企业作为政府的延伸，它还具有一定的政治功能和社会保障功能，符合社会主义制度实现普遍社会正义的宗旨，也契合了广大国有企业职工美好的心愿。

传统国有企业产权主张实现社会正义优于个人正义，把社会利益置于单位利益之上，是完全必要的或者说必不可少的。它肩负着那个时代的历史重任，这种当时克服现实困难的应急之举，达到了发展国有企业产权、提高劳动生产效率、促进经济发展的目的。一大批从无到有、从小到大发展壮大起来的国营企业支撑着共和国的经济命脉，为共和国高速成长提供了雄厚的基础和强劲的动力。同时，"企业办社会"在一定范围内展示了国有企业产权制度的优越性，是工人群众当家做主后的现实利益的生动反映，对当时的整个社会有一种强有力的示范效应，为实现那时的社会正义作出了巨大贡献。

4. 传统国有企业产权在改革过程中所受不正当侵害的道德质疑

传统国有企业有许多弊端，这些弊端究竟是什么？产生的原因又是什么？要对传统国有企业产权进行有效的改革，我们首先应该解决这些问题，只有这些问题解决了我们才能对症下药。正如毛泽东在探讨如何革命时，就开宗明义地指出的那样，"谁是我们的敌人？谁是我们的朋友？这个问题是革命的首要问题。中国过去一切革命斗争成效甚少，其基本原因就是因为不能团结真正的朋友，以攻击真正的敌人。"[1] 传统国有企业产权之所以经过三十多年的系列产权改革，仍未建成高效有力的现代企业制度，

---

① 《毛泽东选集》第一卷，人民出版社 1991 年版，第 3 页。

问题的症结之一就在于没有真正弄清楚国有企业的弊端，尤其是这些弊端产生的深层次原因。

通过对传统国有企业产权和产权改革以来各种实践的历史梳理和反思，我们发现国有企业产权的很多问题是由于计划经济体制等原因与生俱来的弊端，有些是二十多年的计划经济时代与改革开放年代由于经营管理等原因所形成的矛盾叠加，而有些是在产权改革过程中出现的新问题。从1978年开始，我们就认识到原有的国有经济产权已经不适应新的政治、经济形势的发展和需要，因此政府开始对传统国有企业产权进行改革。但是改革之路并不一帆风顺，在改革过程中发现了问题，也解决了不少问题；可是有些问题即便发现了也采取了补救的改革措施，但是药方不对，旧问题非但没有解决好，反而在改革过程中使问题更趋复杂化，产生了更为棘手的难题。因此，才有盛华仁发出的"1978年开始，就在抓这个国有企业，经过了放权让利，承包经营，一直到1997年，这个20年的探索过程，没有找到一条切实可行的路子"[①] 的感叹。

（1）国有企业产权的改革任务艰巨，问题复杂，多年来，传统国有企业产权由于自身体制的原因，确实产生了一些痼疾。一是因为企业承担着部分政府功能角色，其经济目标中往往不可避免地混杂着政治、社会目标，从而导致了产权主体的权、责、利晦暗不明，进而影响了与企业有关的各个层级的责任心。二是传统的国有企业产权承担着为家属、社会解决广泛就业的压力，造成企业冗员多；冗员多，人浮于事，劳动生产率低。三是社会保障的负担重，由于国有企业的职工多，特别是老的国有企业，养老、医疗费用的负担非常重。

这些固有的问题在计划经济时代，由于企业不自负盈亏，一切由政府负责，因此企业感受不到负担过多的压力。一旦要与市场经济接轨，政企分开，这些固有的负担一下子就全压给了企业自身，不利于国有企业在市场上辗转腾挪。

---

① 国资委、中央电视台：大型纪录片《国企备忘录》第二集，《浴火重生》，2013年。

（2）二十多年的计划经济与三十多年的改革开放，因经营管理等原因而形成了矛盾叠加。一是设备、技术、产品落后。国家底子不厚，许多传统国有企业的设备多年没有置换、更新、生产技术相对落后，国有企业产权改革后，取消了"统购统销"，生产的产品由于质量等原因而缺乏市场竞争力，这是产权改革后造成国有企业亏损的一个极其重要的原因。二是负债率高。负债率高的原因在于产权改革后，国家投资政策产生变化，由拨款改为贷款，随着贷款的增加，企业又因为经营不善等原因造成连年亏损，偿债压力非常大，最后由于银行贷款中断等原因，市场竞争力严重下滑。三是非经营资产的负担重。产权改革前后，为满足职工的生活需要，形成了非经营性资产，巨额的非经营性资产不但不能给企业创造利润，反而增加了企业的费用支出。四是产品不适应市场需求。在产权改革之前，传统国有企业的生产和销售都纳入统一的指令性计划，企业无须知道其产品是否适应市场需求；在转向市场经济的过程中，计划指标在企业销售中的比重逐步下降，因此企业的销售收入主要来源于市场，相当一部分国有企业的产品因不适应市场的需求而导致企业破产。五是企业的管理不适应市场经济的要求。传统国有企业的企业管理模式，一时难以市场化转轨。另外，由于计划经济的残余思想，以及政府职能转变和机构改革的滞后，政府仍在一定程度上控制着国有企业。因此，许多国有企业在经营中，企图获得政府的补贴而不重视利润指标；另一方面，政府为了维持社会稳定，保持就业，明知生产亏损，仍会指令继续生产。其亏损由财政填补，或由政府担保、银行贷款予以解决。六是激励机制不健全。原有的精神激励机制已经不适应产权改革的形势发展，日益土崩瓦解，而新的产权激励机制又不健全，严重影响企业效率。

通过对以上种种弊端的分析，综合地反映了国有企业在转向市场经济时所面临的困惑。一方面在失去了原有计划经济体制庇护的同时，还多少受到计划经济体制的束缚，它们在计划经济体制中形成的问题不同程度地存在于向市场经济转轨过程中。与此同时，由于产权固有的矛盾，传统国有企业产权与建设中的现代国有企业产权有些问题不可避免地叠加在一起，形成了矛盾的累积。这些问题严重束缚了企业的竞争力，使不少企业经营状况持续恶化。当然，国有企业在转向市场经济中经营状况的恶化，不能说是国有企业产权改革的失败，但是，在国有企业产权改革的目标和方式上确有许多值得反思的地方。另一方面，由于改革不到位，或者方式不对，旧矛盾非但没解决好，反而在新的改革过程中出现了新问题，出现了一些违背产权正义的现象。这些非正义的现象，不但造成了严重的政治、经济危害性，也违背了国企产权改革的正义诉求。

第一，国有企业资产大量非正当的流失，使不少国有企业因"失血"而"败亡"，既严重违背了产权保护严格的原则，又背离了产权有益于社会原则。

所谓国有企业资产非正当流失，主要指运用各种不正当手段和方式将国有企业产权转化成非国有产权，由此造成国有企业资产的毁损、消减甚至完全消亡。

国有企业产权改革过程中，旧的约束和管理机制在渐渐失去效率，新的更富有约束力的管理体制又没有有效地建成，再加上传统国有企业产权主体与经营管理者的权、责、利关系不明等原因，给了许多道德品德不佳的相关者，在"一本万利"或"无本万利"的条件下，行使机会主义行为的时机。许多地方由于急于产权改革，出现了对国有企业产权监管不严、惩戒力度不够的现象，即便有些地方对经济犯罪分子监管严格，惩罚严厉，但国有企业资产流失给犯罪分子高额的回报率也足以诱使不少罪犯铤而走险。马克思就鞭辟入里地指出："如果有50%的利润，他就会铤而走险；有100%的利润，他就敢践踏一切人间法律；有300%的利润，他就敢犯任何罪行，甚至冒绞首的危险。"① 这些机会主义行为，造成的危害极大。

据学者推测，在整个20世纪80年代，"国有资产每年流失的数额达500多亿元，平均每天流失1亿多元；进入90年代以来，每年至少流失

---

① 《马克思恩格斯文集》第5卷，人民出版社2009年版，第871页。

800亿—1000亿"①。进入新世纪后，这种国有企业资产流失的情况也未得到有效的遏制，大量国有企业资产被侵吞。从这些触目惊心的数字可以看出，国有资产流失的数额、比例之高已经严重影响到企业的生产与再生产。国有企业产权改革的三十多年来，确有不少国有企业就是因为这种国有资产流失，造成资金流断裂，最后不得不走上破产、倒闭、被出售、被兼并之路。

这种由"内部人控制"的现象，随着国有企业产权改革愈演愈烈，国有企业资产流失的广度与深度日甚一日。如果从产权正义严格保护的原则来说，这些财产都是人民通过劳动合法创造，而且这些财富为社会主义建设和人民社会福利的增长作出了不可替代的贡献。劳动是财富之母，产权正义原则规定要对这样的财富严加保护。可是由于管理制度滞后等多种原因，国有企业财产流失严重，这是对产权正义的严重践踏。

产权正义原则的另一个要求是财富要有益于社会。国有企业创造的财产是全体人民共有、共享的财富，理应造福全社会。但是，由于国有企业资产的大量流失，中饱私囊，肥了少数人，损害了大多数人的利益。其危害性不仅仅是社会资源流向了私人那么简单，危害更大的在于社会财富的无端损失所造成的精神伤害。国有企业财富的大量流失等败德行为，给社会的精神层面带来了大量的负面影响。一方面，严重影响了党与政府的形象；另一方面，国有企业的这股不正之风，加速了社会风气恶化，这给社会造成物质与精神的双重负面影响，严重违背了产权要有益于社会的原则。

第二，非正义的竞争手段，严重违背了产权获得的正当原则，使传统国有企业产权主体利益受损。

首先，假冒伪劣产品的倾销严重侵害了传统国有企业产权。

1978年改革开放后，个体、私营、"三资"、外资以及乡镇企业纷纷出

---

① 转引自董春来：《国有资产流失问题研究》，硕士学位论文，吉林大学，2007年，第15页。

现，在中国经济建设中发挥了积极作用。它们先进的管理理念和先进的经营方式给传统国有企业传统的管理与经营理念、方式带来很大的挑战与冲击。由于传统国有企业几十年来特定的政治、文化氛围，从根本上杜绝假冒伪劣，其产品具有良好的社会信誉，形成了良好的社会影响。因此在改革开放初期，由于个体、私营企业技术与资金相对落后，许多企业以仿制为主，假冒伪劣产品泛滥。① 产品出来以后，这些企业严重违背商业道德，居然贴上国有企业的商标，以低于正牌产品低得多的价格倾销。那时中国专利保护性不强，再加上信息的闭塞、中国幅员辽阔、交通落后等因素，使仿制产品很难被发现。这样一来，假冒伪劣产品不仅挤占了国有企业的市场空间，也严重影响了国有企业的商标权和声誉。声誉是国有企业的无形资产，对这种国有企业无形资产的侵害，比对国有企业有形资产的侵害危害更大。声誉差了，久而久之，产品滞销，企业生产、经营困难，最后可能因此破产、倒闭。

其次，个体、私营、乡镇企业以及"三资"企业通过不正当的手段窃取国有企业技术，以非正常的手段挖走国有企业人才。

国有企业由于国家的高度重视和几十年的精心培育，集中了各种最优秀的人才，形成了比较完整的生产、经营、管理、研发队伍，也研制出诸多专有技术，这些人才与技术都是各类企业为社会奉献财富的基础力量。个体、私营、乡镇企业，改革开放后如雨后春笋般遍地而起，但它们的人才与技术相当落后。要占领市场的制高点，必须有自身的人才与技术优势，以及具有强大市场竞争力的产品。可是，由于以上技术、人才的劣势，这些企业主要集中于劳动密集型产业，劳动生产率及工业增加值低，低水平生产能力过剩，高水平生产能力不足，技术创新能力相对薄弱，产品技术含量和附加值较低。为了弥补人才、技术和产品的不足，大多数这类企业采用了许多正当、合法、合理的手段迅速招揽人才，及时开发自己

---

① 笔者记得在改革开放初期，这类产品在市场并不少见。记忆犹新的是，在20世纪80年代末，笔者买了一双假冒的上海某厂其实是温州某厂家生产的皮鞋，穿了不到十天就漏底了，因为它的鞋底是用硬纸壳的，一遇雨天就露馅。

的技术，以形成自身的市场优势。但是也有不少这类企业，急功近利，采用非正当的手段，通过"挖国有企业墙角"的方式，将国有企业人才"抢走"，或者利用"内鬼"和商业"间谍"盗取其成熟技术，从而形成自身的所谓市场优势。

"三资"企业虽然人才济济，也一般不剽取国有企业的技术，但为了便于经营，纷纷实行"人才本土化战略"，降低企业成本，提高经营效率。国有企多年形成的人才优势，成为不少"三资"企业觊觎的对象。它们中的有些企业，不顾商业道德，也会不择手段地从国有企业挖人。人才是企业的第一生产力，是企业第一财富，专有技术是企业的无形资产，对这些财富的不正当攫取，无疑是对国有企业正当产权的戕害。

再次，非正义的经营手段对传统国有企业产权产生了危害。

个体、私营等非公经济与国有企业都是同处于一个市场的主体，既有竞争关系，又有合作关系。由于国有企业门类比较齐全，财大气粗，许多个体、私营经济都是经营国有企业的下游产品，它们中的许多必须依靠国有企业才能生存、发展。"私有企业的原料或进货渠道 24.6% 源自国有企业，同时，56.4% 的私有企业也以国有企业为产品销售或服务对象。尤其工业企业的购销在很大程度上都是面向国有企业的，实际上是国有企业的中间加工环节。"①

同时，市场的不规范给予非法经营、交易行为以广阔的存活空间，再由于一些个体、私企、外企由于经济人的趋利性使其往往不顾道义，千方百计地寻求败德的商业经营行为，企图一本万利。因此，他们不惜违背商业道德，采用非正义的经营与"交易"手段，达到打垮对手、壮大自身的目的。比如向国有企业管理人员或经销人员请客送礼、给予回扣，或者直接送钱行贿等。"在传统计划经济体制向社会主义市场经济体制转换的过程中，两种体制都在起作用，同时，由于市场规范远未建立健全，还存在着大量不规范的交易行为。如 17.3% 的私有企业承认购买原料、商品主要靠

---

① 《中国私有企业主阶层研究》课题组：《我国私有企业的经营状况与私有企业主的群体特征》,《中国社会科学》1994 年第 4 期。

'利用人际关系',71.5%的企业不得不'采用各种手段打通关节'"。① 连一向以商业道德自律为标榜的外企,也乘中国产权改革之际大肆进行非法交易。媒体大量报道的全球最著名的医药公司之一的葛兰素史克公司"贿赂门"事件②,虽未明确道明它的行贿究竟使多少中国药企在改制过程中受损,但可以肯定的是这个用长达近十年的行贿式经营方式,涉及700家公司30亿元人民币贿赂丑闻的罪魁祸首,一定使不少中国药企受到了不正当经营方式的严重损害。

"三资"企业,在技术、管理、高技术原材料等方面都有国有企业一时无法企及的优势。产权改革后,为了向现代企业转型,企业要不断地发展、壮大,更需要和"三资"企业合作。"三资"企业为了更大的发展,离不开原材料和市场,也离不开国有企业。因此两者之间的业务往来频繁,但是"三资"企业间的竞争也很激烈,纷纷向中国各类国企兜售其优势。为了快速占有中国市场,它们也不断地违背商业道德,采用行贿、回扣等方式,向各类国有企业有关人员攻关,最后不少国有企业以高于市场甚至高于市场数倍的价格购买了"三资"企业的技术、产品等,这种损公肥私的行径不时显露报端。这样贱卖贵买,国有企业产权不断被侵蚀,人民的财产一天天非正当流失,这类败德的商业行为,在今天的国企改革中仍未得到有效抑制。

第三,国家与地方性政策与法规的不完善,使国有企业产权背负更加沉重的包袱,严重违背了对不同产权主体同等保护的原则。

改革开放后,为了鼓励多种经济主体为繁荣中国经济服务,中国政府对个体、私营、乡镇企业尤其是"三资"企业出台了不少税收、土地、环保等优惠政策,这些政策是必要的,且对中国的经济发展效果也是显著的。但是,也有不少政策出台仓促,政策细节没有很好地斟酌,留下了不

① 《中国私有企业主阶层研究》课题组:《我国私有企业的经营状况与私有企业主的群体特征》,《中国社会科学》1994年第4期。
② 纪双城、刘洋等:《跨国药企丑闻缠身 在华涉30亿"黑金"和性贿赂》,《环球时报》2013年7月17日。

少弊端，并且一些地方片面追求 GDP 产生了不少负面影响。

首先，税收政策对"三资"企业产权的倾斜，最为明显地表现了对国有企业产权的严重不公，造成了在税收政策上的规则不正义。这些倾斜的税收政策带有它自身的缺陷：一是税收减免政策庞杂，二是税收减免政策缺乏系统性，三是税收减免政策缺乏动态性。而且由于这些政策过多地被政府所控制，缺乏透明度，缺少游戏规则，增大了政策处置的随意性，易于被泛用权力，鼓励人们通过寻租的方式获得优惠政策，在程序上缺乏正义，易于产生腐败。

除了对"三资"企业"两免三减半"（外商投资生产性企业从获利年度起，两年免征企业所得税，第三年至第五年减半征收所得税）的税收优惠政策外，"三资"企业还可以享有再投资退税以及外资股利汇出免税政策。诸如此类的税收优惠政策，造成了对国有企业产权的歧视性待遇。"统计表明，外资企业在中国内地的平均税负率只有11%，而国内的一般内资企业的平均税负率为22%，国有企业的税负率则高达30%。"① 从中可以看出，国有企业税负接近"三资"企业的三倍。税负严重不公，导致了国有企业产权不能在平等的税负条件下与"三资"企业平等竞争。可以说，这是一种严重的起点不公，起点不公很容易造成结果不公。"三资"企业得到了税收优惠，享受着超国民待遇，就构成对国有企业产权的某种竞争优势。通常而言，"三资"企业在资金、技术、管理、营销等方面都具有竞争优势，国有企业与之相比要逊色得多。国家再给予"三资"企业如此优惠的税收政策，势必加剧国有企业产权的竞争劣势，直接后果是，国有企业不断地被"三资"企业挤出，或者走向衰亡，或者步入破产，或者被其兼并。这种不公平的税收减免政策不但与当代世界经济发展的潮流不相吻合，也与 WTO 的原则不相兼容。减免"三资"企业税收，是为了吸引外资，加快中国经济的发展。这点在开放初期，有其必要性和可行性。但是，今天的中国，再也不是 30 年前那个资金短缺的年代了，没有必要再以

---

① 闵树琴：《从全面优惠到行业优惠——我国对外商直接投资企业税收优惠政策的调整思路》，《南京财经大学学报》2006 年第 2 期。

如此低廉的税收吸揽资金。何况据有关专家研究，"外商选择我国投资最看中的是我国成本低、市场大的优势，税收优惠仅是诸多影响因素中的一个，并不是最主要的因素"①。

"三资"企业税收优惠政策，还催生大量假"三资"企业。不少私营企业本身就享受了不少税收优惠政策，但看到"三资"企业的税收政策更为优惠，为了享受超强的税收优惠政策，不惜损害国家利益，通过非正常渠道将资金输往国外，摇身一变，又以外资的身份回国"投资"，即可享受"两免三减"等优惠政策。还有的私企，甚至虚构一个外企身份或者伙同外国公司合谋一个假的"三资"企业合同，来谋得税收的减免。如此一来，许多这样的私企以"三资"企业身份获得了税收的减免。受损的宏观主体是国家，而微观主体却是与它们竞争的国有企业。有的学者根据1997年《中国统计年鉴》等资料研究指出，在1980年至1995年的市场经济改革过程中，非公企业产权主体享受了较多的税收优惠，国有企业产权主体实际上承担了大部分的改革成本②。显然，国有企业产权主体与非公企业产权主体税负标准不一，税负有失公允的政策既为非公产权主体发展、壮大创造了客观上的有利条件，也成了国有企业产权主体大面积亏损的重要缘由。

其次，国有企业主管部门在改革开放初，在国企用人机制上存有缺陷。

国企的所有者由政府有关部门代理，他们并非真正的所有者，而是虚拟产权人代表。他们关心企业的成长是出于责任心，而非切身利益。好的负责任的上级领导，出于对人民重托的责任感，会选贤任能。个别不负责

---

① 转引自刘建民：《外商投资税收激励——与中国涉外税收政策调整》，博士学位论文，湖南大学，2006年。

② 1980年，国有经济成分的工业总产值占全国工业总产值的比重为75.97%，非国有经济成分为24.03%；到1996年，在全国工业总产值中，国有经济的份额下降到28.47%，而非国有经济的份额则上升到71.53%。然而，与此形成鲜明对比的是，国家财政收入结构的变化相对来说要小得多。1980年，在国家财政收入中，国有经济的贡献占86.84%，非国有经济的贡献占13.16%；到1995年，国有经济的贡献虽有所下降，但仍占71.15%，非国有经济的贡献仅占28.85%。

任的上级领导,因为企业经营的好坏与他们没有太大关系,影响也不大,所以这种无心所有者对资产不是特别关心。由他们来选聘经营者或承包者,往往挟带私心,不太可能任人唯贤,更不可能选择经营能力和经营业绩以及责任心都好的经营者,而是任用一些善于投机取巧,精于钻营的所谓"能人",甚至是一些"寻租者"。

而且,由上级部门任命厂长、经理的"一长制",其民主机制的缺乏对国有企业产权的侵害十分严重。国有企业产权改革多年未取得如期的成果,一个重要原因就是企业具体的经营者基本上都是上级政府任命,与党政干部别无二致。无论是20世纪80年代实行的厂长经理负责制,还是20世纪90年代后实行的董事会,实际上都是由上级组织安排的"一长制",缺少民主与权力约束。如果政府部门选择的这个厂长、经理、董事长是德才兼备的,这个企业就能蒸蒸日上;否则就会出现"内部人控制的现象",将企业带入恶性循环。国资委原副主任邵宁对此就曾总结过:"我们过度依靠个人,我们选了个优秀的人,这个企业可以发展得很好;如果选了个不太优秀的人,企业的状态就可能不太好……如果说一个国家的企业,过多的是靠个人而不是靠一种制度的话,这个体制不是一个科学的体制。"①2004年,中航油新加坡公司就因董事长陈久霖的"一言九鼎"在新加坡期权交易中亏损了5.5亿美元,被迫停牌重组。震惊一时的"中航油事件"不只是那个时代的一个简单特例,而是一种并不少见现象的一个缩影。这种事情对国有企业产权的下一步改革敲响了警钟,因此从2004年以后国资委才更加注重公司治理结构的调整,开始实行外部董事等制度,尽量杜绝此类事件的发生,取得了良好的效果。

再次,改革开放初期,国家为了调动人们的生产积极性,过分倚重了物质激励的政策。产权的激励机制确实能调动人们的生产积极性,但是过分倚重产权的经济激励,又会导致一些不良行为的产生。企业承包、经营制都有年限限制,今年能承包经营,明年就不知这个企业"花落谁家"

---

① 国资委、中央电视台:大型纪录片《国企备忘录》第六集,《行思行远》,2013年。

了。因此，企业经营者就难免会急功近利，注重企业短期效益，不作长远规划。在产品质量上，以次充好，偷工减料，久而久之，造成了企业声誉和品牌受损，最后许多国有企业就这样走向了衰弱。有些承包经营者不顾机器设备的承受力，加班加点地投入生产，使企业设备损耗严重。这些短期、近视牟利行为，一时看来是提高了企业效率，但从长远利益着眼，国有企业产权早已受到无形的损害，严重影响了国有企业的后期竞争力。

第四，传统国有企业在改革过程中，其产权受到不正当经营方式的侵害。

国有企业产权改革初期，曾经实行的两权分离和承包、租赁方式，是在几乎不触及国有制的基础上，通过部分民营的手段，改善国有企业经营状况不好的局面。

首先，衍生了大量非正当地使用公共财产牟取私利却不支付费用的现象。

笔者在2013年4月16日与原江西某国营拖拉机厂负责生产质量的师傅访谈中得知，他是1958年建厂时就入厂的老职工，对整个企业的发展历程有十分清晰的了解。他说，在1985年前，这个工厂总资产达7000多万元，职工5000人之多，是一个在江西省乃至全国都很有名气的国有企业，但经过国有企业产权改革后，这个国有企业最终破产倒闭了。以后笔者又陆续走访了一些拖拉机厂的老职工，对该厂改制前后的情况有了更深入的了解。企业破产倒闭的原因是多方面的，他们一致认为其中一个重要原因是不恰当的承包经营制。该厂车队是当时效益最好的一个部门，承包制也是从这最早推行，可是最早倒闭的也是该车队。车队共有50多辆货车，车队承包者与厂子订了协议，每年上交一定的利润，余下的归自己独立支配；汽车修理、耗损、燃料、工资支出皆由工厂承担。它除了可承包全厂的内外运输外（所产生的运输费，要在上缴利润中扣除），还可承接外活，这成为承包者最主要的利润来源。为了多挣钱，就不断地揽接厂子以外的运输业务，承包者以奖金形式鼓励职工多出车，结果司机们为了自己与承包者的利益，不顾车子和油料的耗损，加班加点地工作。个人与承包者是得到不少利润，尤其是承包者更是挣得盆满钵满。可是车子的耗损与燃油却由厂里负担，维修费和司机们的工资也都由厂里支付。车子跑得越多、越勤，耗损越大，耗油越多，而厂里付出的成本也就越多。后来车子越用越破，承包者和拖拉机厂都不愿意去添置新的车辆，最后车队只有走向破产之途。在车队承包经营过程中，各个车间也都相继进行了承包经营制改革，但由于各车间的承包经营多多少少都存有上述车队承包中的化公为私现象，成本归厂（比如电费、设备耗损、工厂管理费等），但利润大部归属个人，所以这种承包经营制并不理想，在 2000 年，整个拖拉机厂就被宣布破产倒闭。

这种承包经营制是注定不会成功的。承包者个人获得极大的收益，而由公家负担额外高额的成本，这是严重的产权不正义。在这种承包经营制度下，出现大量承包者非正当地使用公共财产牟取私利却不支付费用的现象，我们把它称之为"搭便车"现象。"搭便车"本质上就是一种"外部性"，是一种机会主义行为，他人付费自己得利。像上述江西某拖拉机厂实行的承包制一样，把大量成本转嫁给厂集体，产生的利益绝大多数归了承包者个人，这种承包制是对国有企业产权严重侵害的承包制。承包制开始实行的初期，由于没有经验，再加上急于提高生产效率，国有企业主管部门或厂领导没有做充分的市场调查和成本效益核算，对承包经营者的牟利行为没有制定很好的约束机制，结果造成了损公肥私的这种"搭便车"现象大量产生。

"搭便车"现象负面影响极大。承包经营者不断蚕食公有产权，大占国有企业产权的便宜，最后自己肥得流油，其所承包的车间或企业一破了事。承包者不但经济上赚得盆满钵满，而且大会小会上还经常受到上级表彰，这些人投机取巧、损公肥私却获得极大的物质、精神双丰收，甚至有些人还在职务上得到迅速提升。这对一向老实本分、勤恳工作的工人师傅们触动极大，其具体影响主要表现在以下两个方面：

其一是承包经营制度严重影响工人生产的主动性。虽然实行承包制的企业员工通过努力工作，奖金、工资收益也比过去高，甚至还高得多。可是，职工们看到承包者收益更多得多，且与他们的收益差距过大，心里并不平衡。他们尽管也比较努力地工作，但多是出于多拿奖金的目的，其劳动积极性属于被动型，没有过去那种发自"主人翁"内心的责任感和主动性。无论收入多寡，他们都从内心认定自己是给别人干活。而且，承包经营制推行后，企业原先的平等和谐关系产生了微妙的变化。过去干部、职工，甚至厂长与最基层的工人的关系都是很融洽的，尤其是国有企业普遍推行"鞍钢宪法"后，工厂管理、效率、干群关系都上了个新台阶，他们只是分工不同，没有高低贵贱之分。现在实行产权改革，特别是有些原先的同事变成了老板，原先平等的同事关系，转眼就成了老板与员工的上下级关系，老板与员工的等级差距明显，又因为不规范的承包者大发其财，普通员工心理失衡严重，影响工人的生产积极性。既然可以"搭便车"、占便宜，那还何必兢兢业业，再像过去那样努力也没有这些投机取巧的同事获得的回报多。如此一来，产权本来具有的激励功能消失殆尽，那些本来诚实劳动的人努力没有回报，或回报没有那些奉行机会主义行为者多，谁还有心思去踏实工作？

其二是"搭便车"现象严重败坏企业风气。那些没有实行承包经营的车间，机会主义行为盛行。工人们开始偷拿车间的产品，或者利用车间的原材料与设备私自加工产品，要么拿回家自用或送人，要么私自出售。工厂就这样失去了活力和创造力，效率必然低下。久而久之，哪个工厂能承受得了这么一种效率低下的生产和投入与产出极不成正比的耗损呢？

其次，企业持有的无形产权如专有技术权、商标权、特许权等无形产权被侵蚀。

国有企业经过几十年的发展、完善，形成了一定的无形资产，如专有技术权、商标权、特许权等。这些无形产权都是企业和国家付出艰辛努力，经过国企几代人的栉风沐雨才获得的产权。有付出就应有收获，这些产权理应造福于人民和国企员工。但是在国企产权改革中，这些无形产权基本上没有被计算在内，企业承包经营者基本上没有为这种产权获得、收益付出必要的成本，国家与企业并没有得到这种产权应有的权利回报。这是严重的对国有企业产权的侵害。

而且国有企业产权改革过程中，其人力资本基本上是承接原先国有企业的原班人马，承包者没有支付原先国有企业培训费。国企的工人、管理人员、技术人员基本上都是计划经济时代由国家培养的，那时国家从各个大学，根据各种不同的企业属性，因地制宜地分配各种人才给国有企业，而且各个大中型国有企业都开设隶属自身的各种技校，以培训大量生产第一线的工人，提高企业的科技含量和生产效率。一旦承包，承包者就不需要承担培训费，这样就替承包者节省了大量成本开支。这些成本是国企原先所付，是国有企业的无形产权，现在承包经营者收益中，也应包括节省这些成本支出所获的利润，这些利润理应回馈社会或者以利润形式上交国家财政。可是，这些利润并没有计算在内，都被经营者独占了，这部分国有产权被侵蚀了，是隐性的产权不正义。

再次，经营过程中产生了大量国有企业资产闲置、废弃现象。

改革开放后，旧的行政体制依旧在发挥作用，新的行政体制尚未健全，各级国有企业上级主管的政府部门的领导，都以经济建设为中心作为衡量其工作业绩的主要标准，经济业绩也是其得到政治提升的主要依凭，这就难免存有不少行政管理的缺陷。正如布坎南所说，政府也是由人组成的，也会合乎理性地追求私利，因此就难以避免产生一些决策质量低的指令。各个层级的企业管理者又养成了对政府唯命是从的习性，他们的责任就简化为单纯地执行政府的命令。由此造成国有企业资产因为决策失误而闲置浪费的现象就变得十分严重。一些政府部门出于政绩考虑，为招商引资而进行盲目地批租卖地，竞相压价；而一些国有企业购入土地后，长期不用，甚至把其当作垃圾排放场，这样浪费了不少可贵的资金。不少国有企业为了尽快改进生产设备，不考虑实际情况，盲目地引进生产等设备，却因自身或者外部的原因，长期闲置不用，使投入的资金不能产出。而且在产权改革过程中，经常是有发展潜力的业务就有人趋之若鹜，认为无利可图的项目就无人问津，结果出现了许多国有企业资产闲置浪费的现象。

　　第五，产权改革中，下岗职工的正义质疑。

　　传统国有企业产权中，名义上人民是产权的主体，国家受人民的委托经营企业，从其名称"国营企业"就知企业的属性。国家又委托一定数量的管理者与职工来具体经营企业，这些管理者与职工是企业的主人，虽然工资不高，享受的福利却不少。广大职工在革命理想主义的精神感召下，以主人翁的责任感苦心经营着企业。由于不能适应改革开放的新形势，为了提高效率，国有企业从20世纪70年代后期开始了一系列的产权改革。在多年的产权改革中，广大工人群众确实遭受到了许多不公正的对待。

　　在传统国有企业里，他们是企业的主人，有人说他们只是企业名义上的主人。不管他们是企业真正的主人，还是企业名义上的主人，至少他们能够按部就班地工作，按时获取他们的一份酬劳。可是在产权改制后，他们中的许多人连工作的机会都被剥夺了，无以为生。长期以来，国有中小型产权主体过多，而其经济实力又过小。中小型国有企业产权主体过多，显示国家的经济资源必然被主体瓜分，无法集约化利用；经济实力过小，揭示了产权主体竞争力低下，难以适应市场化的发展。"抓大放小"战略的实施，通过兼并、重组、破产等手段，不但组建了一大批具有国内、国际竞争性的大型国有企业，而且节约了大量资源。这种举措是建立现代企业制度的必然，最终也取得了巨大的成就，但广大的工人群众却为此付出了沉重的代价。宪法规定，每个人都享有工作的权利。为了提高企业的生产效率，进行减员增效的改革是必要的，但非要以牺牲职工的工作权利来获得企业的效率吗？

　　这些工人在条件极为艰苦的情况下，众志成城地创办了传统国有企业，他们的贡献极大。如今为改革提高效率的安排，需要他们下岗，以减轻负担，有其必要性。但是应该给予其合理的补偿，或者另行安排就业，这才符合产权正义原则。

　　国家规定，必须给予原有国有企业下岗职工一定的补偿，这是重视国有企业中原有职工产权正义的一个重要举措。但是，由于没有考虑周全，或者财力所限，这些补偿标准偏低且有失公正。下岗工人的补偿金一般来源于企业出售后还清债务所剩不多的余额。由于破产倒闭企业大多负债累累，企业资产还掉企业所欠的债务，余下的资产屈指可数，下岗职工人数又多，因此人均所得非常之少。即便是这样少得可怜的补偿金，在各地各企业也分配不均。下岗职工补偿所得受本企业的资产和债务情况的制约，资产多、债务少，职工所得多；资产少、债务多，职工所得少，甚至没有。这种下岗职工补偿金的分配丧失了国有企业产权应有的正义。

传统国有企业产权的资金由国家直接无偿拨付，由于历史的原因或行业性质的原因，有的国有企业产权可能占有的有形资产或无形资产多，有的国有企业产权可能占有的有形资产或无形资产少。可是，企业资产的多少与职工的工资与福利没有直接的关系，同一个地区各个国有企业的职工工资、福利相差无几。可是一旦国有企业产权变更，不同国有企业的下岗职工的补偿金却不顾原先工人工资福利的普遍相似性，盲目地以不同企业的净资产为标志，给予不同企业不同的补偿标准，同样工龄多的可能有十多万元，少的可能只有区区几千元。这些工人在不同企业都为国家奉献了同样的年月，所作贡献也相差无几，但下岗补偿却并不一致，甚至相差悬殊，这完全违背产权权利与义务一致的正义原则。职工尽管在不同的国有企业中工作，但其承担的义务基本一致，那么，不同国有企业职工就理应享受一致的权利。因此就其补偿金而言，就应该按照相等的义务付出给予其相同补偿的原则，在补偿数额上一视同仁地对待不同企业的下岗职工。

下岗后，除年轻、有技术、学历较高的极少数下岗职工比较容易"再就业"外，大多数人再就业情况并不乐观。面对日趋激烈的劳动力竞争市场，"再就业"之路异常艰难。他们到劳务市场找工作其实没有任何优势，论体力、精力和吃苦耐劳比不上农民工，论文化与技术又不如刚毕业的大学生，因此只能就聘一些报酬最低、条件苛刻的工种。即便这样，也有很多人四处碰壁，无工可寻，只能凄惶奔波。

下岗必定造成家庭生活的困窘，数千万人的下岗大军，涉及无数的家庭，直接间接波及超过亿人。由于生活困难，致使家庭失和，这加剧了社会不稳，尤其是失业、下岗家庭的小孩，由于得不到良好的教育，影响到下一代。

我们要求义务要和权利对等。基于他们过去的贡献以及今天他们付出了下岗的代价，就必须要给予相应的权利补偿。产权改革是国家为了民族和人民的整体利益而制定的既定方针，产权改革的成果将会惠及整个国家与民族，那么产权改革的成本就不应该由国有企业下岗工人独自承担。按照产权正义的原则之一，权利与义务对等的原则要求，享有权利的主体应当承担相应的责任。因此产权改革的获利者——国家与全体人民或者某些特定的人群都应该承担起产权改革的成本。

如果国有企业产权改革前后没有变革产权主体，那么受惠的主体应当是政府与全体人民，政府应该对这些下岗或失业者提供补偿，这些补偿可以是经济补偿，也可以是提供新的工作岗位；人们应该给他们提供力所能及的帮助。如果改革前后产权主体变更了，由国有企业产权变为私有产权，那私有产权主体就应对他们进行充分弥补，无论是金钱弥补还是工作替代，其力度都要求较之产权主体改革前后都属国有企业产权的为多。因为国有企业产权的特性规定了，这些受损的职工无论现在能否从改革得到多少补偿，将来总能或多或少、有形无形地能从改革后的国企中受益；但是倘使国有产权"化公为私"了，私有产权的特性注定了受益的主体只是少数人，这是私有产权属性之一。如果不这样，权利与义务就不对等。产权改革的目的之一就是追求公平、正义，如果不对产权改革中的受损方——下岗工人进行必要的补偿，那么既违背了改革的目的，也将产权正义推向了就只享受权利而不承担责任的产权非正义。

正义的内在价值要求尽量对历史上受到不公正对待的主体予以纠正或者给予补偿，即纠正正义的要旨之一。"纠正正义应当包含四个基本层面的内涵：一是传统法律正义上的惩罚正义；二是对应得而实际未得的补偿纠正和对不应得的纠正，包括给予和惩罚的纠正；三是对历史上受到不公平对待的纠正或者补偿；四是'纠正优先'的正义，即在相同情况下，对痛苦的解除应优先于福利的增加。"① 在对国有企业下岗职工采取纠正正义时，主要取之于"对应得而实际未得的补偿纠正以及对历史上受到不公平对待的纠正或者补偿"部分的纠正。

最为艰巨的国有企业产权改革时期已经过去，现在我们已有足够的财力用于改善民生，因此必须呼吁纠正正义的回归。原先被迫下岗的职工，付出的义务太多，而得到的补偿又过少，付出的义务与得到的权利极不相称的下岗员工很多，现在必须采取有力、有为的补救措施，要么给其经济补偿，要么让其重新就业。同时，尤其要重视对其子女应有的救济。他们的子女现在也应该到上大学或者该工作的年龄了，由于父母的原因，他们可能输在了"起跑线上"，因此政府必须加大对他们的补救，在上学、就业方面采取罗尔斯"差别原则"，给其纠正正义的关怀，这才是产权正义的题中应有之义。

第二节 转型期现代国有企业产权正义的困惑及解析

时代的变化、国企与生俱来的流弊，促使我们必须对国有企业产权进行系列改革，从 1978 年开始，我们就以各种方式，走过了一条不平坦的国有企业产权改革之路。从最初的放权让利到扩大企业自主权，再到实行两权分离、推行承包经营责任制，道路坎坷，改革的效果也并不理想；加上其他产权主体纷至沓来的竞争，使国有企业产权面临更趋严峻的形势。"到了 80 年代后期，由于乡镇企业、私营企业和外资企业等非国有经济的迅速崛起，使得国有企业面临更加激烈的竞争，国有企业亏损面不断扩大。90 年代初期，国有企业陷入了前所未有的困境。"②

为了扭转颓势，随后，国家力主建立现代企业制度，在国有企业内广泛推行股份制，实行公司制改造，虽然这些举措在某种程度上缓解了企业压力，提高了经济效益，但除了涉及垄断等关系国民经济命脉的行业外，

---

① 陈少峰、欧阳为：《纠正正义：解决不公平的新思路》，《经济参考报》2010 年 1 月 19 日。
② 刘凤义：《中国国有企业 60 年：理论探索与政策演进》，《经济学家》2010 年第 1 期。

大量处于竞争性领域的中小型国企运行效率依旧相对低下，与诸多非公产权主体竞争优势不明显，因此改革的效果并不尽如人意。截至 1998 年，全国国有企业亏损面仍达到 40%。① 国资委原主任李荣融也坦承："我记得我们国有大中型企业，当时一共 216000 多家，严重亏损的企业是多少呢？大概将近 6600 个。"② 国有企业产权改革未能达到预想的良好目的，而且出现大规模的亏损，社会出现了对国有企业产权效率等问题的一片抱怨与质疑声。因此，到 20 世纪 90 年代末，国有企业如何提高效率、如何脱困成了举国上下最为关注的话题。

经过认真的调研，政府发现，国企效率不高的最主要原因就是没有建立现代企业制度。随后，十五届四中全会因时制宜地明确了国有企业改制的方向，要求在 2010 年建立比较完善的现代企业制度。在此基础上，党的十六届三中全会则进一步明确了现代企业制度的核心就是要建立归属清晰、权责明确、保护严格、流转顺畅的现代产权制度，国有企业产权改革的路径从此更加清晰。为了指明今后一段时间的国有企业产权改革的方向，十八大提出"要毫不动摇巩固和发展公有制经济，推行公有制多种实现形式，推动国有资本更多投向关系国家安全和国民经济命脉的重要行业和关键领域，不断增强国有经济活力、控制力、影响力"。③

从以上一系列国有企业产权的实际改革轨迹看，我国国有企业产权改革始终是在怎样改进和完善国有企业自主经营权上下功夫，政府的着眼点是试图通过国有企业经营权的激励和约束机制，达到国有企业产权的保值和增值目的。国有企业产权改革在探索中前进，通过近期的一系列的国企产权改革措施和目标战略推行，我国国有企业近些年来局面已今非昔比，成绩显著。面对这样的成就，像 20 世纪 90 年代那样动辄指责国企效率低下的声音渐趋减弱，代之而起的是垄断性非正义所得等一系列责难。转型期现代国有企业产权改革成绩巨大，但确实也存在不少问题，那么究竟该

---

① 国资委、中央电视台：大型纪录片《国企备忘录》第二集，《浴火重生》，2013 年。
② 国资委、中央电视台：大型纪录片《国企备忘录》第二集，《浴火重生》，2013 年。
③ 《十八大报告辅导读本》，人民出版社 2012 年版，第 21 页。

如何认识这些成绩与问题，尤其是该如何解读这些成绩与问题所蕴含的正义性价值目标与价值评判，辩证回应社会的质疑与批评声，是一个亟待解决的问题。

一、转型期现代国有企业产权垄断性收入正义分析

近些年来，国有企业产权改革取得了诸多成绩，从国有企业财富不断攀升的数字中可见一斑。但是，面对这样的成绩，许多人质疑其数字的真实性，也有不少人虽然承认国有企业业绩不错，可是却批评其丰厚的利润回报是凭借其国有企业独有的垄断地位所得。从产权正义的角度看，它明显违背了在市场竞争中各类产权主体平等竞争的原则。事实果真如此吗？

我国的垄断行业主要有两种形式：一种是自然垄断，这种垄断行业主要是因其规模效应从而形成垄断；另一种是行政垄断，这种垄断主要得力于准入制度或者国家的政策倾斜。

垄断企业在自身利益的驱动下，其产品或服务肆意提价，是其超额垄断利润的一个重要来源。垄断国有企业的超额利润还部分来自于其过低的资源、土地、资金等成本。为了促进国有企业产权的发展，国家以极其低廉的价格提供自然资源、资金、土地等方面的优惠帮助，使其生产成本大为减少，成本减少也就意味着其利润的相应增加。垄断性国有企业超额利润第三个来源是国家一系列利润的免交或少交政策。2001 年到 2007 年，为了经济的良性发展，国家豁免了国有企业的利润上缴义务，使国有企业得以减负前行。2007 年到 2010 年，国家实行了不同行业以不同的比例收缴红利的政策，主要按三类比例标准收取：第一类为烟草、电力、电信、石油、石化等垄断性企业，它们按 10% 的比例上缴；第二类为钢铁、运输、电子、贸易、施工等一般竞争性行业，它们的收取比例为 5%；第三类主要为军工企业、设计研究类企业等，它们暂缓上交或免交利润。2011 年后，国家又对这些政策根据形势的发展作了调整：将原先的三类企业分别在原先的基础上增加了 5% 的比例，取消了对军工企业的减免政策。这些减免政策，为国有企业创造价值提供了诸多的便利条件，能使国有企

积攒更多的资金用于企业扩大再生产，为国家创造更多的财富。

创造利润是企业经营天职，是任何企业产权主体职责所在。国有企业是国家创造财富的最主要载体，承担着实现"中国梦"的伟大目标，更有必要实现财富的保值增值，尤其是垄断性的国有企业享受了国家如此优厚的成本照顾，它们更有义务创造更多的国家财富，有责任上交更多的利润。这些年来，国有企业产权的经营性收入不断增加是个既定事实，在这样优越的自然与人为条件下，把企业做大做强是经营者的本分，没有什么值得大惊小怪，经营不善或者亏损才是咄咄怪事。

国家，是整个社会的管理中枢，它必须对国家整个安全大局和国民经济宏观形势有个通盘考虑，它决不能像私有产权主体那样，只关注自身利益和单个企业的微观经济运行。所以，国家把关系国计民生和国家安全的重要领域交与国有企业去经营，并且给予一定的优惠条件，便利其保值增值，然后将其积攒的财富，运用一系列行政、经济等手段用于国家的建设，使其取之于民用之于民，这既是社会主义国家职能的反映，也是资源共享的产权正义原则的体现。而且在一系列优惠政策下，这些国有垄断企业，大多不负众望，基本完成了人民赋予其保值增值的重托。有效率的产权就是正义的产权。我国现代国有企业产权确实存在垄断性收入的问题，但是它有效地利用了国家给其的一系列优惠条件，把企业做大做强，产生良好的经济回报，因此这样的垄断性国有企业产权也是符合产权正义原则的产权形式。

有人以为国有企业都是垄断性企业，其收入都是垄断性收入，这点确实言过其实。经过多年的国有企业产权改革，尤其是中央提出建立现代企业制度后，许多原先由国有企业产权主导的行业现在几乎都放宽了准入制度，原先的国有独资企业也实行了股份制改革，其利润已被多种产权主体"分羹而食"。事实上，只有在一些关系国计民生和国家安全的领域内还确实存在大量垄断性问题，国有企业产权收益来源确有很大一部分来自这些领域。但在大部分竞争性领域，各种产权形式已呈现群雄逐鹿的局面，发改委《关于2010年深化经济体制改革重点工作的意见》就指出，"推动国有资本从一般竞争性领域适当退出，拓宽非公有制经济发展的市场空间。进一步消除制约民间投资的制度性障碍，支持民间资本投向基础产业和基础设施、公用事业、社会事业、金融服务等领域。"

实际上，国有资本准备集中的重要行业和关键领域内，其他类型的产权主体已经纷纷跟进。118 家中央企业中，除 2 家电网企业、3 家电信企业、3 家石油石化企业、10 家军工企业、2 家粮棉储备企业和 1 家盐业企业共 21 家企业外，其他企业都处于竞争性领域。连广受诟病的"三桶油"，早在 2008 年，就让民营炼油企业就占了市场份额的 30%。

在这些竞争性领域内，之所以国有企业做得好，甚至形成了所谓的垄断性收入，是因为国有企业产权有资金、人才、技术、管理等方面的独有优势，其他大多产权主体在资金、技术、管理、营销等诸多方面无法与国有企业产权主体相抗衡，因此国有企业在此才有不菲的业绩。"这些年来，国有企业产权多元化改造力度加大。90%以上的国有企业实施了股份制改制，央企 60%以上的营业收入、80%以上的净利润集中在上市公司，40 多家央企实现了主营业务整体上市。通过国有控股和参股的方式，国有企业广泛吸纳非国有的社会资本，扩大了国有经济的辐射范围，起到了四两拨千斤的作用。"① 现代国有企业产权主体在以上多种行业中，通过平等竞争，获得了比其他产权主体多一些的利润空间，这完全符合市场"优胜劣汰"的自然法则，也契合在市场竞争中各产权主体平等竞争的正义法则。

二、转型期现代国有企业所有权正义考量

现在学界与民间有一股国有企业产权私有化的声浪。他们认为现在国有企业产权仍然虚置，产权主体仍旧不明，产权激励、约束机制依然不足，从而极大妨碍了国有企业产权的效率；即便现在确有部分国有企业有很好的效益，还出现了一时的"国进民退"的现象，但因为这些国企的利润凭借的是不正当的垄断地位所得，而非正常的市场竞争所获，因此必须

---

① 北京市中国特色社会主义理论体系研究中心，执笔李欣平：《国企改革的成就与经验》，《经济日报》2013 年 5 月 30 日。

"国退民进"，实现国有企业产权的私有化。通过开展真正的市场竞争，国企才能真正提高产权的经济效益，增进社会财富。

确实，从正义的角度考量，任何产权如果不能有效地创造财富，都是非正义的，何况是由人民投资的现代国有企业？它不能没有效率而又生挺硬撑。可是我们通过理性的分析，发现人们对现代国有企业产权的指责却有失偏颇。

（一）转型期的现代国有企业所有权的正义思考

所有权是产权最重要的权项之一，国有企业的所有权理论上应该属于全体人民。因为它的全部资产几乎都由人民所投，人民理所当然地享有其所有权、收益权等权益。理论上，国有企业所有权属于人民，那么实践层面上，国有企业所有权是否真正由人民掌控呢？如果其所有权不是由人民掌控，那它的非正义性在哪里；如果确由人民掌控，那它的正义性又如何表现？

1. 关于所有权"缺位"的正义思考

政府成为一级代理人，政府通过委派董事组成的董事会成为第二级代理人，董事会委派高层经理人员成为第三级代理人，然后又委派中层经理人员……从而形成政府—董事会—高层经营层—中层经营层—基层经营层—普通员工为代表的多层委托代理链。由于转型期国有企业产权代理层级仍然复杂，有人据此就认为不但传统国有企业产权，即便是转型期国有企业产权，其生产资料的所有者——人民仍空有其名，事实上，生产资料被掌握在少数的管理阶层手中，个人只能被动地接受劳动安排和收益分配，因为劳动者不能切实感受到自己是生产资料的收益者，所以这种所有权缺少正义性。

其实，情况并非完全如他们所言。按照马克思经典的解释，只有实现了生产资料与劳动者的结合才能消灭剥削。① 但社会主义的国有企业产权

① 马克思认为，公有制是对资本主义私有制的否定，"这种否定不是重新建立私有制，而是在资本主义时代的成就的基础上，也就是说，在协作和对土地及靠劳动本身生产的生产资料的共同占有的基础上，重新建立个人所有制。"《资本论》第一卷，人民出版社2004年版，第874页。

确实并没有完全实现全体人民对生产资料的直接占有。这是因为"在社会主义初级阶段，由于生产力还没有达到'极大发展'，全部生产资料不可能实现全社会共同直接占有，全民所有只有通过国家所有才能体现出来。在这样的情况下，只有在国有企业工作的那一部分劳动者实现了与其所有的生产资料直接结合，而大部分劳动者做不到这一点；全民作为生产资料的所有者只能间接地得以体现，全民所有制并没有完全实现'劳动和所有的统一'。因此，在生产资料占有上，劳动者之间存在着一定的不平等，但这种不平等是由生产力水平较低造成的，而不是国有企业自身造成的。"①

而且，国有企业是社会化大生产，它不可能像农地产权那样可以把各种生产资料诸如机器、厂房之类的切割成块，分给每个人占有。所以，由于生产力的不发达，以及大生产的特性，再加上个人在技术、经验和能力等方面的差异性等原因，在社会主义初级阶段全体人民只能委托部分人去经营他们出资兴建的现代企业。因此，从这个角度看，国有企业事实上存在出资人与生产资料相脱离的情况，确实存在一定程度的所有权"缺位"问题。但是，由于传统国有企业产权有一套自我约束、激励机制以及党纪国法和各种群众运动的"紧箍咒"，企业的具体经营者都是一门心思试图把国有企业搞好，也一心一意想维护人民的财产权利，那种国有企业产权改革后出现的内部人控制现象基本没有。

全体人民尽管没有直接管理各类企业，这些国有企业创造的财富也最终收归了国有，但是国家还是通过改善民生、加强国防以及几乎免费的教育、医疗、住房等方式间接地把财产权利补偿给了广大人民，作为出资人多多少少都享受了国有企业的财产权益。产权正义最基本的一点就是谁出资谁受益，这种受益既可以通过直接的方式受益，也可以以间接的方式享受财产权利。在国有企业工作的广大职工，企业以工资、福利、免费的住房、医疗、对其子女免费的教育等直接方式给予了他们应得的财产权利；

---

① 陈晓梅：《从公平正义视角看"国进民退"争论》，《红旗文稿》2011 年第 14 期。

而大量的非在岗群体，国家则通过改善他们生存状况，提供新中国成立前想都不敢想的几乎覆盖全民的"免费"医疗、教育等方式间接地把人民的财产权利回馈给了出资人。拥有所有权的主要目的，无非是为了收益，人民尽管没能直接管理企业，但多多少少都获得了国有企业的收益权。因此，责备所有权"缺位"，指责国有企业所有权非正义性的说法是只看到了问题的表象，而没有深窥到问题的本质。

经过三十多年的国有企业产权改革，现代国有企业产权制度逐渐形成，生产、经营、管理、营销等都上了一个更高的层次。确实，由于长期受政企不分、国有企业产权的多层代理机制、国有企业产权改革的不到位等问题的钳制，不少国有企业出现了内部人控制现象。国有企业内部人控制现象是指在国有企业内的经理人员事实上掌握了国有企业的控制权，在企业的重大决策中，过度强化内部人的利益，企业利润的最大化和国有资产的保值增值被刻意弱化。这种国有企业内部人控制现象，人民作为出资人的权利没有真正渗透到企业内部，许多国有企业实质上成了"经营者主导型企业"，而非"所有者主导型企业"。因此，出资人监管的缺位，它不但直接影响到企业产权交易的微观运作和资产交易的市场价值体现，也给人们造成了所有权"缺位"的印象。而且在几十年的国有企业产权改革中，国有企业产权的巨大流失也加深了人们的这种印象。

不少现代企业确实存有上述严重的内部人控制现象，这些内部人控制行为损害了国有企业出资人的财产权益，是对产权主体权益的严重践踏，它的种种行为严重违反了产权严格保护的正义原则。幸好，这种内部人控制的现象还没有成为现代国有企业的主流，现代国有企业所有权"缺位"还只是少数现象。如果大规模泛滥成灾，那现代国有企业也就不可能呈现今天普遍盈利的大好局面。

国有企业产权制度赋予了人民一系列权利，其中也包括控制权和剩余索取权。在内部人控制严重的情况下，事实上控制权只掌握在具体的国企经营者手中；其剩余索取权，理论上也应是由全体人们共享，可是事实上，在内部人控制的企业，其剩余索取权却被经营层攫取。而且根据权利与义务的统一原则，既然理论上人民是剩余索取权的获取者，那么在理论上全体人民也应承担相应的风险和责任。一旦企业经营不善，全体人民也就当仁不让地要承担其不利后果。全体人民在法律上享有剩余索取权，同样在法律上，这些成本和风险必须由全体劳动人民"共同"承担。因此，当内部人控制而造成国有企业产权受损，全体人民的每个成员应当均摊这些成本也就成了产权正义不二选择。

2. 转型期的现代国有企业所有权的正义回归

国有企业产权改革中，确实出现了不少内部人控制的现象，人民的财产权益受损严重，严重背离了保护出资人权利的产权正义旨归。可喜的是，随着产权改革的深入，现今这种内部人控制现象得到了有效遏制。内部人控制现象其实是所有权主体与占有权行使机构以及使用权管理层的矛盾激化的集中表现。国家并非国有企业所有权的主体，它只是行使人民生产资料所有权而派生的公共占有权的机构。国家机构通常在不受所有权主体控制、监督的情况下，委任了国有企业的经理层。在这种情况下，政府部门任命很有可能任人唯亲，而不是任人唯贤、任人唯才，这种不科学的任命制就会频频出现内部人控制现象。作为所有权主体的人民不能有效控制占有权的行使机构，这是国有企业的主要矛盾和根本缺陷。国有企业产权的改革，首先就是要解决这个矛盾，克服政府在任用经理人员时的"遇人不淑"。经理人员行使国有企业使用权，他们实际上掌控国有企业产权及其生产经营和利润的分配，这是国有企业产权的第二个矛盾与缺陷，对国有企业所有权"缺位"的改革，这个问题必须高度重视。经理人员权限很大，如果无才无德，又缺少有效的监督，就会上演一幕又一幕内部人控制的悲剧，因此解决国有企业所有权"缺位"，就必须给经理层一定的权力约束。

对所有权"缺位"问题，中央政府一直很警觉，也采取了一系列整改措施，但是效果并不明显。2003年，十届人大一次会议再次强调：继续推进国有企业规范的公司制改革和股份制改造，完善监督机制，并决定成立国有资产监督管理委员会。同年，十六届三中全会通过的《中共中央关于完善社会主义市场经济体制若干问题的决定》首次明确提出要建立现代企业产权制度，从此国有企业产权改革迈上了一个新的台阶。强化了内部治理机制，在涉及股东会、董事会、监事会、经理层等各个不同权力主体的制度安排上有了明显的改进；另一方面强调外部治理机制的完善，加强了对高级管理人员的约束，一是完善国家层面的法律法规制度的约束力度，二是对资本市场、经理人市场、债权人市场的进一步完善。因此，所谓所有权"缺位"问题得到有效的改观。

各级国资委还规范了对各级国有企业经理人员的选拔任用，注重"德才兼备"的衡量标准，杜绝了大量不合格人员的"滥竽充数"；加紧了对企业经理人员"德、能、勤、绩"的综合考察任用。国有企业治理结构发生明显变化，形成了董事会、监事会、职工代表大会的综合管理体系。因此，在这些配套措施的规范下，国有企业有效地防止了内部人控制现象，大量所有权"缺位"问题得到有效纠正。

扭转内部人控制现象是国有企业所有权正义的回归。国家通过国资委和各级组织部门统一安排国有企业的高层经理人员，在高层管理人员任用上纠正了过去一些不恰当的机制，改变了董事长又是总经理的权力集中问题；对某些副总经理的任用，由过去的政府任命方式改由董事会聘用制；对更多的各级国有企业高级经理人员采用了民主方式等多种遴选模式；并对不合格人员加以淘汰。这些举措可以说是政府、企业对过去所有权"缺位"问题所产生的不正义行为的一些有益补救措施，是纠正正义的回归。当然，所有权"缺位"问题的彻底解决，还需假以时日，通过市场机制的不断完善才能比较彻底解决。但是，不可否认的是，由于原有的所有权管理体制的多年积习以及产权改革的不到位，国有企业所有权正义的真正回归还有待时日。

（二）转型期的现代国有企业产权私有化的非正义反思

有人以为国有企业尽管经过多年的产权改革，但效益仍旧不高，关键是因为公有产权不明，因此这种没有效率的国有企业的继续存在是对产权正义的严重背离。其实近些年，国有企业效率并不差，还出现了所谓"国进民退"现象。可是，他们又错误地以为这种效率是通过所谓不正常的垄断地位所得，假之以平等的市场竞争法则，国有企业依旧效率低下。要解决国有企业产权"天然"的低效率问题，他们认为只有"化公为私"才是正义的选择。可是，他们并没有正视国有企业效率较高的现实，国有企业如果真如他们所言，普遍效率低下，那么从正义的角度看，这是国企经营者的不作为，是对人民财产权的损害，是对产权正义的践踏。如果说他们责怪国有企业的所谓低效率还有一定的合理性，可是他们为国有企业解决所谓的低效率开出了一个"化公为私"的药方却实在令人难以置信。这些人以解决国有企业低效率为由，试图将国有企业产权假手他人，他们不知，这种举措越发违反了国有企业产权正义的内在原则。

1. 所谓转型期的现代国有企业产权低效率的正义思辨

西方的产权理论从人性自私且永恒不变的角度论证，只有产权私有，才能激发产权相关主体仔细斟酌其权、责、利三者的关系，产权相关主体才会在产权的约束、激励机制下，通盘考虑，精打细算，趋利避害，最后一定会把产权的功能发挥到极致，极大提升其经济效益；而产权公有，因为产权不明，不符合人性自私的"天然法则"，因此公有产权天生就没有效率。其实，人性并不抽象，有什么样的社会生产关系就有什么样的人性。只有从具体的社会生产关系出发，考察人的具体的、历史的、现实的本质，才能把不同历史时期的人或同一历史时期中处于不同经济关系的人区别开来。只有认识了人们所处的社会关系，才能认识不同的人，从而真正地把握人性。

正是从这个意义上，马克思才提出"费尔巴哈把宗教的本质归结于人的本质。但是，人的本质并不是单个人所固有的抽象物，在其现实性上，它是一切社会关系的总和"① 的精辟论断。因此根据马克思这一真理，在生产资料为私人所有即产权私有的经济关系中，与在生产资料为人民所有即产权公有的经济关系中，由于人处于不同的经济地位，因而其人性完全

---

① 《马克思恩格斯文集》第 1 卷，人民出版社 2009 年版，第 505 页。

不一样。国有企业产权的相关主体，由于处在社会主义社会里，其社会生产关系决定了人多数并不自私。他们并非一定需要由产权的物质刺激才能调动其生产积极性，有时通过精神的激励作用更能激发人们的创造力。这一点，在国有企业六十多年的发展中，展露无遗，大庆精神就是其最精粹的部分。公有产权，也不是权属不清，只要解决所有权与使用权、经营权的深层次矛盾，产权归属也能泾渭分明。

2008 年以后，尤其是近几年，国有企业普遍效益不错，出现了所谓"国进民退"现象。的确，在 2008 年金融风暴以后，国企攻坚克难，取得了不少成绩；私营企业却由于自身与外在的原因，面临一系列难题。"国进民退"现象的缘起有多种原因。2001 年，中国加入 WTO 后，国际竞争压力陡增，国家急需培育一批有国际竞争力的大企业，国企由于其优于私企的资金、技术、管理等优势，显然成为培养的首选对象。2006 年，国资委确立了国有企业"有进有退""有所为有所不为"的战略，国家加大对关系国家安全和国民经济命脉的重要行业和关键领域的国有经济的投入。尤其是 2008 年全球金融危机后，国有企业做大做强遇到了难得的历史机遇和挑战。一方面大量私企受金融危机冲击，纷纷陷入困境；而大型国有企业却因得天独厚的原因，有能力逆市扩张。另一方面为了应对金融危机，国家出台了 4 万亿的经济刺激方案，其绝大部分资金及项目用于发展国有企业；对私企则产生了挤出效应，在钢铁、化工、煤炭、石油、矿藏、电力、民航、公路、水利、金融、证券、保险、房地产、邮政等几乎所有的有利可图的领域，出现了民营企业被挤垮或被国有企业兼并和收购的现象，由此加速了"国进民退"的进程。

近年来，"国进民退"的现象是个不争的事实，也是市场竞争的必然结果。市场本身就是个开放的市场，各个产权主体为了各自的利益在市场上优胜劣汰是市场经济几百年来不二法则，也符合各种产权主体在市场上主体性平等的正义原则。人们对国有企业这些年所取得的业绩异议不多，而对其效率提升的原因，却出现了不同的声音。不少人对这种"国进民退"现象嗤之以鼻，批评国有企业通过不正常的垄断地位才有了暂时的欣欣向荣，不过这也只是"昙花一现"。国有企业与私有经济在改革开放后，处于同一市场竞争的历史本身就是残酷的，国有企业在计划经济时代有40万家，经过三十多年的市场竞争，如今大多数已经被私有经济淘汰出局。那些对"国进民退"现象愤愤不平的人，对这种"民进国退"现象好像早已司空见惯，也没有谁去为国有企业产权"鸣冤喊屈"。近几年，国有企业刚有起色，也兼并了不少私企，出现了所谓"国进民退"现象。

确实，国家给予了国有企业一定的政策与资金扶持，这些是国有企业产权发展的一个重要原因。国家为了国计民生和国际竞争的需要，帮助企业发展，这是国家作为政治、社会管理机构的职能，是必要且正义的管理行为。改革开放之初，国家为了扶持私有经济的发展，在政策、资金、税收等方面都给予了其比国企更优惠的扶持力度，所以才有今天非公经济的蓬勃发展。在特殊的时期，国有企业因为具有一般私有企业所没有的基础优势，国家加大对它们的扶持力度也是正义的管理选择。

加入 WTO 后，国际竞争激烈，稍有不慎，国有企业与私有企业就会被西方财大气粗、技术雄厚、管理较科学的跨国集团挤出市场。如此一来，国家就会因为财政收入锐减而出现政治管理、社会管理无力等诸多问题，还可能因此而社会动荡。所以国家加大产业的扶持符合国家和人民的利益，是有效保证人民生命、财产安全的正义之举。市场经济奉行弱肉强食的丛林法则，只有实力较强的国有企业配之以国家的强力扶持，才有可能在与国际财团的角力中存活下来。尤其在关系国计民生的重要领域，如果国家不加大投入，最有可能被"攻城略地"，那样就不是所谓的"国进民退"了，而是可悲的"国退民退外进"。

因此，国家在各个不同的时期采取的举措，无论是扶持私有企业的发展壮大，还是在特定的时期帮助国有企业做大做强，这些都既是管理的需要，也是市场竞争选择的需要，还是有效保护人民财产权利的正义措施。当前只有在关系国计民生的领域，做大做强国有企业，才能抵御跨国公司的蚕食，才能维护人民的经济利益，这才是国有企业产权正义的应有之道。

上述那些人，对原先"国退民进"不置一词，却对现今的"国进民退"喋喋不休，甚至耿耿于怀，他们一味地把公私产权主体对立起来，简单地认为，国有企业产权与非公产权此消彼长，势如水火。事实上，国有企业和私有企业都是社会主义市场经济的重要组成部分，是构建公有制为主体、多种所有制经济共同发展的基本经济制度最重要力量。作为市场经济主体的国有企业和非公企业在市场经济中平等竞争，共生共荣，绝不会此消彼长，更不会势如水火。回顾历史，我们知道过去非公产权主体所取得的经济成就，依靠的是产权改革的力量；现在国有企业所取得的成绩，靠的也是产权改革的推进；今后国有企业产权和非公产权要有更大的发展空间，还在于产权改革的有效拓展。

2. 转型期的现代国有企业产权私有化的非正义性反思

的确，国有企业的效率确实有待进一步提高，解决这一问题的关键在于产权改革是否到位，但千万不要动辄就私有化。以为私有制就一定有效率，那也是自己的主观臆想，而非真实的历史和现实情状。为了提升国有企业产权的效率，相继进行了多年国有企业产权改革，各种产权改革的路径都试探过，但许多国有企业并没有因此起死回生，这样的例子不胜枚举。

大约从 2002 年开始，我国煤炭行业进入了一个史无前例的繁荣阶段，无论是私有煤炭企业，还是国有煤炭企业，"黑色黄金"都成就了它们一个又一个财富神话。因为工业的快速发展，市场对煤炭需求量太大，很多原先在 20 世纪 80—90 年代，经营不善甚至濒临倒闭的国有煤矿以及私人承包的煤矿死而复生。[①] 如今，"黄金十年"已告结束，财富神话也已谢幕，无论私企还是国企都面临相当严重的问题，有些私企与国企濒临倒闭，有些已经开始转型投资旅游、酒业、装备、现代农业等其他行业。其原因是什么呢？据报道，煤炭市场的供需关系从 2012 年 6 月开始，由于进口，更主要是因为煤炭市场需求量减少，煤炭出现供大于求的局面，并一直持续至今，致使煤炭价格一路下滑，即使亏本出售也没有买主，库存一再增

---

① 参阅马旭：《煤炭十年财富暴利神话终结：煤老板频停产关矿》，新华网，2013 年 7 月 8 日，见 http://news.xinhuanet.com/fortune/2013-07/08/c_116443890.htm。

加，因此造成整个煤炭行业50%亏损，20%濒临破产的萧条局面。[①]

煤炭行业由萧条到繁荣，最后又回到萧条的历史起点。行业的兴衰史告诉我们，市场需求的旺盛与疲软，是企业能否做大做强的一个重要前提。

从1978年开始的产权改革，最初为何成绩显著，问题就在于当时的中国是一个产品短缺的社会，只要企业能生产，产品销路都是一路畅通，甚至供不应求；后来国有企业产权改革为何愈走愈艰难，症结就是通过持续多年的改革，中国市场迅速饱和，产品不但要物美价廉，而且要推陈出新才能满足顾客日益挑剔的嗜好。

加入WTO后，需要大量的煤炭才能维持经济引擎的加速运转，因此煤炭价格一路飙升。它不但造就了煤炭行业的欣欣向荣，也塑造了坊间对无数煤炭富翁津津乐道的神话。可是花无百日红，人无千日好，从2011年11月开始，随着经济引擎的减慢，煤炭市场萎缩，其行情一路下滑，最后大量企业倒闭破产，这是经济规律的必然结果。所以说市场行情最重要，公有产权和私有产权二者与效率之间没有必然的联系，把私有产权与效率画等号更是幼稚可笑。

从产权正义的角度看，无论私企还是国企只要达到了保值增值的目的即达到了一定的效率。可是，效率的高低与国企、私企没有必然的联系，单就企业产权属性来妄断其有没有效率更是没有科学与事实依据。因此，拿效率高低来框定国企、私企哪个更符合产权正义是无稽之谈。如果单凭国有企业所谓的没有效率，国有企业产权就要假手他人，那更有悖于国有企业产权的正义诉求。强调对国有企业产权进行改革是必要的，但绝不能沉醉于产权私有，更不能将私有产权神化。

人们不能只看到国有企业不断破产的现象，而将更大面积私有企业倒闭的事实置若罔闻，私有企业在市场中被淘汰出局的事每时每刻都在全世界上演，这是铁一般的事实。国有企业产权改革的关键在于明确产权主体权、

① 参阅张蕊：《拯救煤企：50%亏损20%濒临破产　十几年来没这么严重过》，《时代周报》2013年6月20日。

责、利三者的关系，只有这样，国有企业才能真正生财、聚财，造福民众。

国有企业产权不能随意私有化，因为国有企业是国家的经济基础。中华人民共和国宪法总纲第六条规定，中华人民共和国的社会主义经济制度的基础是生产资料的社会主义公有制，即全民所有制和劳动群众集体所有制。2011 年"两会"期间，吴邦国针对当时社会上一片私有化的声浪，代表国家最高权力机构也郑重表明：不搞私有化。随意私有化不但是对宪法的肆意践踏，而且从国有企业产权正义的角度来看，也是对人民财产权的任意侵占。国有企业由弱到强，是工人阶级通过低工资，无数的农民通过辛勤的剪刀差，广大的民族工商业者通过"和平赎买"一步一步投资、发展、壮大而来。它的产权理应由全体人民所拥有，只有人民才能支配其权利，这才是国有企业产权正义之所归。因此，没有经过各级人民代表大会同意，谁都无权肆意将人民无私奉献而建立的国有企业产权私有化。

随意私有化，也是造成社会极大不公的非正义经济行为。那些主张私有化的人们，以为私有化就能公平地推进人们财产权利实现，殊不知私有化与社会公平之间不仅没有等号，而且众所周知的一个常识是：私有化必然导致社会贫富不均，产生严重的社会不公，这是一个基本事实。

俄罗斯的教训仍然殷鉴不远。"1991 年，苏联解体，引入'休克疗法'的俄罗斯开始大规模私有化，价值 1.5 万亿卢布的国有资产以私有化证券的形式，按人均 1 万卢布的数额分给了俄罗斯公民，在 1991 年至 1999 年间，12.5 万家国有企业被出售；与此同时，国内生产总值缩减了 45%，工业总产值下降了 60%。"[1] 私有化将俄罗斯人民的财产洗劫一空，不但如此，财富因私有化急速聚集于少数金融寡头与达官显贵手中，使俄罗斯社会贫富差距扩大，两极分化严重。社会最高阶层平均收入是最低层平均收入的 14—15 倍，最高工资与最低工资的差距扩大为 27 倍。私有化使俄罗斯社会被迅速撕裂，阶级对立情绪、民族冲突加剧。不光东欧与俄罗斯如此，拉美也是这样。这些年出现的"拉美现象"，就是盲目私有化的结果。

---

① 国资委、中央电视台：大型纪录片《国企备忘录》第一集，《追根溯源》，2013 年。

产权改革以来，中国不少地方因为不恰当的私有化举措，造成了严重的经济问题和社会问题。私有化更为严重的后果是，地方政府失去了自我造血功能和"会下蛋的鸡"。前些年，由于不少地方热衷于中小国有企业的一卖了之，没有自身的生财之道，只能走"土地财政"的路子。据报道，现在相当多的地方政府大部分财税来源于出卖土地所得，正因为过度依赖于土地财政，所以不少地方频频上演一幕又一幕的"强拆悲剧"。地方政府官员因为所属国企暂时的经营困难，就不假思索地贱卖所属国有企业资产。他们这种贱卖行为，确实解决了他们政府的燃眉之急，也靠出卖上几届政府好不容易积攒的家底获得了一定的收入，但是这种饮鸩止渴似的国有企业产权私有化，不要说有愧于前任领导，也有愧于几代国企人，更有愧于下届政府和人民。

在20世纪70—80年代，为了满足经济发展的需要，诸多地方政府创办了众多的地方性国有化肥厂，虽然其生产的化肥肥力不是很高，但也基本满足了农村、农民、农业的需要。后来由于市场竞争的加剧，各地化肥厂经营困难，需要政府提供财政支撑。于是，地方政府急功近利，不顾广大职工群众的强烈反对，争先恐后地将化肥厂卖光。从此，中国化肥工业不但受制于西方跨国企业，而且政府需要花费大量外汇进口化肥，这既增加了农民负担，又影响了政府财政收入。这种不顾政府与人民的长远利益，为了短期效益，肆意贱卖国有企业产权的行径，其实是对人民财产权的非正义剥夺。柏拉图在《理想国》中借用他人的话，表达了对这种类似的不正义行为的界定，"极端的不正义就是大窃国者的暴政，把别人的东西，不论是神圣的还是普通人的，是公家的还是私人的，肆无忌惮地巧取豪夺" [①]。

当然，绝不是为了国有化而国有化，该国有化就该国有化，该私有化就要当机立断推行私有化，何种产权形式在特定的历史时期能更好地保值、增值，能更好地增进人民福祉，就采用何种产权形式。恩格斯就说过，"只有在生产资料或交通手段真正发展到不适于由股份公司来管理，因

[①]　柏拉图：《理想国》，商务印书馆1986年版，第26页。

而国有化在经济上已成为不可避免的情况下，国有化——即使是由目前的国家实行的——才意味着经济上的进步，才意味着达到了一个新的为社会本身占有一切生产力作准备的阶段。"① 当然，任何产权形式的设定，都要遵循客观的经济规律，不能出于个人一己私利或政府错误的政绩观盲目国有化或私有化。针对德国当时是否有必要把铁路和烟草专卖设为国有经济部门时，恩格斯还分析道，"纯粹出于财政和权势考虑，而并非由于迫切的内在需要而建立的国家垄断"，将会给社会带来巨大的损失，"您还可以相信，普鲁士国家会使烟草的质量大大下降，并使它的价格大大提高"②。

我们通常以为西方各国一律反对国有企业产权，其推行的产权形式一定都是私有企业产权，其实，西方也不是一味地反对国有企业产权，有时为了资产阶级统治的需要，也会加大国有企业产权建设力度。第一次大规模国企运动是 1929 年经济危机之后，为了应对经济危机，政府将一批工矿等私有企业收归国有；而欧洲第二次国有化浪潮则发生在第二次世界大战之后，在英国，那时的铁路、电力、电讯等行业百分之百国有，后来由于撒切尔夫人推行新自由主义等的需要，国有企业才大幅减少。但即使如此，截至 2012 年，德国仍还有 59 家国有控股企业，法国有 57 家，英国也有一定数量的国有企业。可见，私有化与国有化在西方也不是绝对的，他们也会根据经济发展不断调整国有企业与私有企业的比例。

当然，在考虑国有企业产权是否应该私有化时，一定要克服感情的偏好。许多人明知有些国有企业无论如何也无法提高其效率，但是出于个人对社会主义国有企业产权的感情，而不顾经济规律，死抱住国有企业产权绝不能"化公为私"的教条不放，这其实也是对国有企业产权正义的误解。英国前首相撒切尔出于对共产主义和国有企业的厌恶，盲目地将不该私有化的国有铁路企业私有化，结果出现了大规模的交通事故，招致了人民的广泛反对，她的继任者不得不将之重新收归国有。这种因个人感情而

---

① 《马克思恩格斯文集》第 9 卷，人民出版社 2009 年版，第 294 页。如果为了国有化而国有化，不顾经济规律的国有化就会严重影响经济的发展。

② 《马克思恩格斯文集》第 10 卷，人民出版社 2009 年版，第 425 页。

盲目"化公为私"的教训给予我们深刻的启迪，在进行产权改革时，一定不能感情用事，要按经济规律行事，该私有就私有，该坚持国有就该抓住国有产权不放。

国有企业产权是否应该变为私有产权，关键取决于国有企业的经营效率。国有企业产权的目的就是要盘活国有资产，优化国有经济布局，进而实现国有资产的保值增值。就效率而言，国有企业的效率还有很大的发展空间，可要提高效率，问题不在于私有化，关键是要在国有企业监管上下功夫。正如社会党国际在 1989 年 6 月召开第十八次代表大会并通过斯德哥尔摩原则声明时所指出的那样：经验已经表明，尽管国有化在某些情况下也许是必要的，但它本身并不是医治社会弊病的特效药；无论私有或国有依其本身既不能保证经济效益也不能保证社会公正，今天的中心问题已经不是所有制而是对经济权力监督。①

三、转型期现代国有企业使用权正义辨析

国有企业财产是全体人民的财产，其财产来之于民，必定要用之于民，这才符合国有企业使用权的正义规范。多年来，国有企业通过提升自身实力，为国家创造了大量财富。针对这么一大笔财富该如何使用，国有企业和各级国资委，都对它进行了深入细致的考虑。"截至 2011 年底，国有企业的净资产已累计增长到 29.17 万亿，怎样将这些财富用到国家和百姓最需要的地方？国资委一直在探索。"② 国务委员王勇对此就鲜明地指出，"国有企业要保值增值，这是人民的资产，这个资产要只能升值保值，不能流失了，它要发展好，把蛋糕做大，蛋糕做大的目的，一个是为我们国家经济，在整个安全稳定发展上，发挥作用，这很多是隐形和间接的"③。国有企业是这么想的、说的，也是这么做的。

（一）转型期的现代国有企业在履行社会责任中实现其使用权正义

国有企业在整个国民经济中居于特殊地位，起着特殊作用。国有企业

---

① 转引自贾可卿：《分配正义论纲》，人民出版社 2010 年版，第 75 页。
② 国资委、中央电视台：大型纪录片《国企备忘录》第四集，《血脉相连》，2013 年。
③ 国资委、中央电视台：大型纪录片《国企备忘录》第四集，《血脉相连》，2013 年。

虽是企业，具有一般企业的基本特征，但它是一种特殊企业，它的行为目标具有双重性：一是社会责任目标，另一个是利润目标，当二者发生冲突时，后者必定服从前者。国有企业产权，是人民的产权，它的财富使用对国家、社会的发展具有巨大的作用。

首先，保障了社会平稳发展。为了国家的长治久安，也为了实现国有企业产权的人民所有性，近年来，国有企业为社会平稳发展作出巨大了贡献。国有企业多年来成为履行社会责任的中坚力量，是所有企业类型中为社会责任作出最大贡献的产权组织。

据中国社会科学院经济学部企业社会责任研究中心等编著的《中国企业社会责任研究报告 （2012）》显示，中央企业社会责任质量最高，普遍优于外资企业和民营企业。[①] 多年来，"国有企业积极履行社会责任，依法经营、诚实守信，节约资源、保护环境，以人为本、和谐发展，为各类企业作出了表率。在发展成果全民共享方面，2003 年至 2010 年国有企业累计上缴税金 13.6 万亿元，划归社保基金国有股权 2119 亿元；'十一五' 期间，中央企业归属母公司所有者权益净增加 2.9 万亿元，累计上缴国有资本收益达 1686 亿元。在节能减排方面，'十一五' 期间中央企业节能 4900 万吨标准煤，是国家下达节能考核目标的 1.8 倍；化学需氧量排放量减少 36.1%，降幅超过全国平均水平 23.7 个百分点；二氧化硫排放量减少 36.3%……2008 年至 2010 年中央企业累计用于扶贫、救灾、公益事业等捐赠达 133.7 亿元。"[②]

以正义规范严格行使国有企业使用权的典型之一鞍山钢铁集团公司，

[①] 从国有企业、民营企业、外资企业三类性质企业的社会责任报告质量来看，国有企业得分 （35.9 分） 高于外资企业 （29.7 分） 和民营企业 （24.2 分） 得分，处于发展 （二星级） 阶段，而外资企业与民营企业报告尚处于起步 （一星级） 阶段。值得肯定的是，国有企业中的中央企业社会责任报告综合得分为 65.4 分，处于良好 （三星半） 水平。与 2011 年相比，国有企业社会责任报告综合得分由 31.9 分提高到 35.9 分，上升了 4 分，而国有企业中的中央企业更是从 61.2 分提高到 65.4 分；民营企业由 23.6 分提高到 24.2 分，增长了 0.6 分，但仍然处于起步 （一星级） 阶段；而外资企业则由 2011 年的 36.4 分降低到 29.7 分，从发展 （二星级） 阶段滑落到起步 （一星级） 阶段。

[②] 国务院国有资产监督管理委员会党委：《坚定不移地推进国有企业改革发展》，《求是》2012 年第 10 期。

从 1948 年投产后，就把厂里生成的燃气既用于保证生产的需要，也顾及居民与职工的供气、供热需求；当生产与民生发生矛盾时，鞍钢就会自然选择民生。六十多年的风风雨雨过去了，但这种社会责任一直在一代代新老鞍钢人间薪火相传。2012 年，整个钢铁行业需求不振，产品严重积压，亏损连连，本来可以通过减产以减少亏损，但倘使一减产，势必减少煤气供应，为了不影响 132 万居民的生活，鞍钢依然正常生产，每天还是照常供给市民 30 万立方米的煤气。除了煤气，炼钢产生的余热也维系着鞍钢 20万用户的冬季供暖，如果就此减产，那供热程度就大打折扣。生产旺季时，有时鞍钢自身的煤气仅仅能满足自身生产的需要，但为了不影响人民生活，不得不压缩产能。鞍钢就在这样牺牲自身利益的前提下，毅然决然地承担了理应由政府承担的社会责任。①

2008 年，全球性金融危机爆发，国际油价猛涨，1 月份每桶才不到100 美元，而到 7 月份就飙升到 147 美元一桶。由于中国是全球石油消耗的第二大国，而石油对外依存度接近 50%，为了消弭国际油价剧烈波动等因素对国内成品油供应带来的不利影响，认真贯彻落实国家宏观调控方针政策，于是，采取综合措施，维护市场稳定的历史重任就落在了国有石油企业身上。油价的攀升，直接影响市场各个行业，牵一发而动全身，为了稳定市场，国家发改委决定维持原有成品油价格不变，与国际石油价格相比低了近一半。这样一来，私营石油企业觉得无利可图甚至可能亏本，纷纷歇业停产，造成石油市场的紧缺。市场行情不好，民营石油企业抽身而退，无可厚非。但国有企业要发挥国家的一个重要社会保障功能，就不能"全身而退"了。市场不可能一日无油，因此国有石油企业不但自身要高进低卖承担本身原有的石油供应份额，而由民营石油企业"临阵脱逃"造成的 30% 的缺口，国有石油企业也义不容辞地承担了起来。就这样贵买贱卖，倒贴了近大半年，国有石油企业为社会作出了巨大牺牲。② 既要保持市场利润，又要履行社会责任，其中的平衡问题很难把握，但因为国有企

---

① 国资委、中央电视台：大型纪录片《国企备忘录》第三集，《光环之下》，2013 年。
② 国资委、中央电视台：大型纪录片《国企备忘录》第三集，《光环之下》，2013 年。

业的特有产权属性，国有企业的天平毅然选择了向社会责任的一边倾斜。

其次，转型期的现代国有企业在经营中，解决了国家很大一部分就业难问题，在稳定、扩大就业中履行现代国有企业使用权正义。产权使用的一个重要功能就是解决就业。工作权是人权的重要内容，没有工作权，人的财产权利就得不到保障，因此人的生命与发展权就会受到严重威胁。无论是公有企业产权，还是私有企业产权，在产权使用中都会或多或少解决部分就业，这是产权使用中正义的表现。但是，非公产权它们的这种正义不是出自自身的正义诉求，而是出于自身私利的扩张需要。经济形势看涨，企业就能保证充分就业；一旦市场疲软，非公企业就会依据残酷无情的市场法则"请你走人"。可是，面对同样的境遇，国有企业产权主体与非公企业产权主体的表现就截然不同。国有企业产权设立的初衷就是为了把人民的产权经营好，而不是为了某些人的个人私利，因此国有企业的用工量，完全是出于公众利益的实现需要，其所体现的正义发自产权主体的利他之心，经济景气时，国有企业也会忙于招工扩建，但经济形势发生逆转，国有企业本着履行社会责任的使命感，不会轻易减薪、裁员。

国有企业产权的主体是人民，当经济滑坡影响到在国有企业上岗的部分群众的工作、生活时，国有企业理应不能就此裁员。因为这部分群众其实就是国有企业产权的部分主体，国有企业维护的本来就是他们的财产权利，倘使他们因此就离岗失业，显然违背了"谁投资谁受益"的产权正义原则。而且国有企业产权被委托于政府管理，政府从管理社会、政治的职能出发，从社会正义的角度考虑也不会允许国有企业职工下岗的事态肆意蔓延。无论经济发展态势良好，还是出现经济波折，国有企业都是解决就业的重要渠道。尤其是面对波及全世界的金融危机时，中国的出口导向型经济受到很大震动，大批非公企业员工下岗，就业形势异常严峻，因此这个时候，国有企业的就业稳定成了国家稳定的一个重要窗口。

2008 年金融危机中，中央企业也面临收入、利润双下降的局面，但仍坚持"减薪不裁员、歇岗不失业"，在稳定就业岗位的同时，还吸纳了大学毕业生 20 万人，起到了就业"稳定器"的作用。2011 年央企有 1100 万

职工，此外，使用农民工已达 680 万人。如果算上各级国有企业，就有
4000 多万就业岗位，假如包括那些协作、配套私有企业的职工，那就业数
字就达到将近 3 个亿。如果按照正常的用工制度与生产效率，现在国有企
业足足可以减少一半用工量，但为了维持社会的稳定，国有企业宁愿减少
企业自身的赢利，也要保持既有的用工量不变，以维持社会的稳定。①

　　积极参加社会公益事业，是转型期的现代国有企业正义行使使用权的
又一个重要体现。任何时候，现代国有企业都会为社会公益事业尽它们的
一份责任，尤其是在国家遇到重大危机时，它们对社会公益事业作出的贡
献不但起到了缓解危机的重要作用，而且也成为促进公益事业的一个明显
的示范标本。

　　2008 年，我国部分南方省份遭遇了历史上罕见的低温雨雪冰冻灾害，
中国电力、中国移动等中央企业广大干部职工不畏艰险、不分昼夜、爬冰
卧雪，为恢复电网运行、抢修通信设施，以及灾区人民生活和灾后恢复生
产作出了巨大贡献。在青海玉树恢复重建过程中，中国建筑、中国铁建、
中国中铁等有着悠久历史的传统建筑企业克服高寒缺氧、交通不便等困
难，主动调拨垫付资金，支援灾区重建，为国家分忧、为灾区解难。汶川
地震时，第一批到达灾区的就是电信、电力等央企，它们为灾区重建作出
了巨大贡献。哪里有灾情，哪里就有它们的足迹，在它们的示范引领下，
一大批非公企业也纷纷走上救灾第一线。

　　（二）转型期的现代国有企业在保值增值中实现其产权正义

　　占有国有企业产权、使用国有企业产权，主要目的就是要将国有企业
产权经营好，使它的财产不但能保值而且更能增值。只有将产权保值增值
了，国有企业产权的正义性才算得到了大部分体现，而这一点，近年来国
有企业表现不俗。确实经过多年的产权改革，国有企业走过一段崎岖的小
路，可是现在，迎来了一条比较平坦的且有美好未来的大道。

　　"2007 年起，国有企业开始向国家上缴红利，上缴比例稳步上调，目

---

① 凤凰卫视：《风云对话》，《专访前国务院国有资产监督管理委员会主任李荣融》，2013 年 7
月 15 日，见 http://blog.ifeng.com/article/29106240.html。

前累计上缴国有资本收益约3000亿元。2012年，117家中央企业实现利润
1.3万亿元，上缴税金1.9万亿元。"① 随着国有企业产权改革的进一步深
化和完善，这种发展势头会愈发明显。据报载，2013年1至3月，我国中
央和地方国有企业的利润和为5137.3亿元。"国资委统计数据显示，一季
度中央企业累计实现增加值1.24万亿元，同比增长7.3%；实现营业收入
5.37万亿元，同比增长7.1%。"② 2013年7月16日，财富中文网发布了
2013年度中国企业500强排行榜单，其中大部分企业是各类国有企业，而
且它们的赢利率也位居前列。2013年财富世界500强排行榜出炉，榜单也
显示，国有企业业绩突出，有45家中央企业入围，其中36家排名较上年
有所上升。种种数据表明，国有企业在保值增值、实现人民利益方面的能
力确实获得了巨大提升。

　　当然，也不否认，其中有9家中央企业排名出现下滑，鞍钢下降31
位、宝钢下降25位、五矿下降23位、中冶下降22位、中远下降17位，
中化、东风、武钢排名都有所下降。通过分析，我们发现亏损企业大多集
中于钢铁、冶金等传统行业，这些央企业绩不佳有自身的因由，但主要原
因应是市场不振。

　　2008年金融危机后，企业的经营成本持续攀升，产品和服务价格又相
继下降，各种出口急速萎缩，在这三重挤压下，企业肯定很难赢利。再加
上传统行业普遍利润率低，而钢铁、冶金等近几年产能又严重过剩。笔者
在前面已分析过，市场需求的旺衰决定企业的效益。2008年后，在传统产
业内，不光是中国国企亏损，中国私企以及国外相关企业都存有普遍亏损
的现象。主要由于市场的原因，国有企业产权经营不善，情有可原。按正
义法则，主要出于客观原因，尤其是经济危机等不可抗拒因素而导致企业
的产权经营不善，不应该受到道德的谴责。

　　但话又说回来，国有企业在向现代企业转制的过程中，受到市场客观

---

　　① 北京市中国特色社会主义理论体系研究中心，执笔李欣平：《国企改革的成就与经验》，
《经济日报》2013年5月30日。
　　② 《中国证券报》2013年4月24日。

因素的一时制约虽然不该受到舆论的过多批评，但如果长期找不到市场，萎靡不振，效率低下，那就是国有企业产权监管部门和具体经营者的失职，是对国有企业产权的严重不公正对待。因为，如果长期亏损，那根本责任就在于国有企业自身。面对外部环境的变化莫测，国有企业因为缺乏灵活有效的应对措施，在市场活动中长期"找不到北"，导致在产业、技术、管理等方面积累的问题尤其是无法适应市场需求的问题集中显现。如此一来，国有企业就极有可能长期亏损，使国有企业产权严重受损，显然就违背了国有企业产权的应有之义。

因此，面对市场的疲软，国有企业监管部门尤其是经理层，应该对传统产业进行改造，要改变过去粗放式经营模式，尽快实现产业转型升级。在加大科技研发力度的同时进行政策配套，转变传统的靠增量投入的发展思路，盘活存量资源，推进兼并重组，淘汰落后产能，牢牢把握市场的脉搏，生产市场急需的产品，这样才能不负人民委托给他们的重托——保值增值。在这个意义上，国有企业产权才满足了国有企业产权的正义诉求。

据新华网报道，2013 年 7 月 16 日，李克强在召开的经济形势专家和企业负责人座谈会上表示，从国内外实践看，经济运行出现一定波动，有客观必然性。但要避免经济大起大落，使经济运行保持在合理区间。其"下限"就是稳增长、保就业，"上限"就是防范通货膨胀。事实上，李克强所提出的"上限"和"下限"，重申了 2013 年政府工作报告中提出的经济社会发展的主要预期目标：国内生产总值增长 7.5% 左右。面对 7.5% 的增长任务，国有企业今后的发展任务会更加艰巨，其所创造的财富也应该会越聚越多，那么相应地其所体现在国有企业产权使用中保值增值的正义性就愈来愈凸显。

（三）国有企业的使用权正义，还体现在为国家提供了大量维系社会保障制度的资金

社会保障制度，是现代社会中最基本的平等性分配的制度形态，是国家资助国民满足基本生活的制度安排。按正义的性质，它只是解决基本权利的一种正义性安排，是国家在制度层面上为实现分配正义的一次再安排

和对过去非正义行为或结果的一次补救，在某种意义上它属于纠正正义的范畴。

社会保障是国家的一个重要功能，随着现代社会的发展与进步，人们对社会保障的要求也越来越高。中国是个发展中的大国，虽然在产权改革后，经济建设取得了巨大成就，成为全球第二大经济体。但因为人口多，经济基数虽大，人均指数低，而且贫富失衡，是个典型的"大而不强""多而不均"的国家。随着人们对未来美好生活的追求，人们的"胃口"越来越大，不再仅仅满足低层次的社会保障需求。而且随着老龄化社会的到来，中国未来所面临的社保资金压力可想而知。

国有企业作为国家最重要的经济支柱，成为社保基金当仁不让的主要来源，因此为国家提供大量的社会保障资金成为国有企业产权履行社会正义的一个重要体现。中国人口众多，社保基金需求量大，中国政府利用多种途径筹集，但主要筹集的渠道之一还是国有企业。国有企业上缴的税收中的很大一部分，被用于社会保障事业的开支，"国企平均税负远高于民营企业。去年国资委主管的央企上缴税收 1.3 万多亿元，近年上缴税收每年增长约 20%"[1]。这些巨额的税收被大量地转化为社保基金，大大改善了民生。

为了进一步充实社保基金，国家还出台了有关国有股直接划拨为社保基金的政策。2009 年 6 月，国务院通过了《境内证券市场转持部分国有股充实全国社会保障基金实施办法》，要求将上市公司部分国有股转由全国社会保障基金理事会持有。该政策实质上是进一步落实政府对保障民生和改善消费的政策，通过划转，能够充实社保基金的规模，是社会保障体系的有效补充。截至 2011 年底，全国国有企业（不含金融类企业）已划归社保基金国有股权 2119 亿元，占全部社保基金财政性收入的 43.1%。"国有股权划拨全国社会保障基金，使人民群众拥有了更可靠的社会保障……为社保基金提供长期收益。"[2] 国家通过国有企业提供的社保资金，对弱势

---

[1] 《国企是履行社会责任的"主心骨"》，《人民日报》2012 年 5 月 16 日。

[2] 《中国证券报》2013 年 4 月 24 日。

群体进行社会救助，对过去受到不公正待遇的下岗职工提供生活保障，其实就是对他们过去受到损害的一种有益补偿，不失为一种正义制度的回归。

当然，在转型期的现代国有企业产权的使用过程中，仍有诸多不正义行为的产生。机会主义行为之一的"搭便车"现象的频频发生便是其中之一。"搭便车"行为是指不承担任何成本而消费或使用公共物品的行为，在国有企业产权中的"搭便车"行为具体体现就是国有企业的从业人员使用、贪占国有企业财产而不必付出任何成本。大量的"搭便车"行为，使管理层与普通员工汲汲于私利而不惜浪费甚至侵占国有企业产权。由于只注重产权的经济利益激励作用，忽视对国有企业员工的精神激励，不但不少国有企业高层领导的机会主义行为的盛行，而且广大普通员工也在企业生产、销售等过程中，乘管理松弛之际，或顺手牵羊或监守自盗。这种自拿自占、慷国家之慨、肥一己之私的行为，大大迟滞了国有企业产权的效率，使国有产权大面积受损，是一种严重的产权非正义行径。

四、转型期现代国有企业转让权正义探析

国有企业产权转让中诸多不规范、不正当的行为，导致国有企业产权严重受损，其造成的国有企业资产流失数额惊人。据最高人民法院前院长肖扬在其 2009 年出版的《反贪报告》中称，1988 年到 2002 年的 15 年间，资金外逃额就达 1913.57 亿美元，年均高达 127.57 亿美元。国有资产流失的表现不仅仅是涉案官员资金的非法外逃，它还主要表现在国有企业产权转让过程中造成国有企业严重亏损、资不抵债，由于不评估或低估以及灰色交易等不规范行为，使国有资产的转让价格低于实际价值。因此，必须加强对国有企业产权转让中行为的规范，保证国有企业转让权的公平正义性。

（一）合法、合理转让中实现其转让权正义

国有企业产权之所以在产权转让中造成国有资产大量流失，一个最重要原因就是缺少一个公平正义的转让制度，因此，要确保社会主义初级阶

段的产权转让有规可循，就必须构筑一套符合正义规则的国有企业转让权制度。正义的国有企业转让规则，就是在产权转让过程中要遵循自主转让、公平转让、诚实转让等行为规范要求。

要遵循自主转让、公平转让、诚实转让，首先必须建立完整的国有企业产权界定制度。国有企业产权改革以来，随着股份制的发展，国有企业产权主体呈现多元化的发展态势，因此必须依法合理地界定好国有企业权属，使转让的企业国有产权权属清晰，权属关系不明确或者存在权属纠纷的国有产权不得转让。

国有企业产权转让中，出现诸多违规甚至违法事件，是缘于没有尊重产权转让的自主性原则。国有企业产权主体与其他产权主体一样，拥有不受他人强制的产权转让权的自主权。在国有企业产权转让中，地方政府为了减轻一时的财政包袱，或者企业经理人为了一己私利，不经过有关程序，也不广泛听取民意，在国有企业广大职工的明确反对声中强制性地将国有企业产权转让他人。这种行径显然违反了产权的自主性原则，是一种严重的非正义的产权转让行为。

国有企业资产大量流失，也严重背离了公平转让原则。许多国有企业产权转让过程缺乏公开性，交易不透明、不规范，暗箱操作。因此，要防止由此而造成的国有企业资产流失，本着等价、有偿、公开、公平、公正、竞争的伦理规范，遵循公平转让原则有序安排转让。

国有企业产权要防止资产大量流失还必须坚守诚实转让原则。国有企业产权诚实转让应该包括两方面的内容：一是转让的国有企业产权信息必须真实可靠，包括产权性质、产权主体、产权的质量与数量以及其转让的价格都必须真实，其中国有资产转让的价格应由权威机构认可并经本级人民政府核准的价格为准。二是坚持诚实守信的美德，杜绝坑蒙拐骗的转让行为。这种诚实守信，既要求转让的国企真诚守诺，更要求受让方严守当初的承诺。

以上非正义的国有企业产权的转让，都是与正义的产权法制格格不入的产权侵占行为。国资委与有关国有企业由此开始了一种新的产权转让摸索，经过多年的努力，政府与国有企业，找到了一条比较切实可行而且也符合正义规则的国有企业转让权制度，国有企业产权转让开始从不规范走向规范，从不正义走向比较正义，但是还需将国有企业产权转让制度进一步完善。

首先，必须进一步强化政府有关人员与企业管理者的法律责任，以防止人为因素造成国有资产的流失。要严格根据《企业国有资产法》《企业国有资产监督管理暂行条例》《中央企业资产损失责任追究暂行办法》等有关规定，加强对国有企业董事、监事、管理人员等在企业改制、财产转让等过程中，违反法律法规和公平交易规则，将企业财产低价转让、折股转让行为的严惩力度；严厉追究那些向资产评估机构、会计师事务所提供虚假情况和资料，或者与资产评估机构、会计师事务所串通勾连，出具虚假资产评估报告、审计报告等行为的行政责任和民事赔偿责任。

其次，应进一步强化监督体制下的国有企业产权转让制度建设，所有的转让都需经过公司股东大会的批准，并在职工代表大会的监督下进行；对擅自转让产权造成国有资产损失的，应负赔偿责任，并对其依法给予纪律处分；构成犯罪的，依法追究刑事责任。

（二）维护职工权益中实现其产权正义

在多年的国有企业产权改革中，为了使国有企业健康发展，国家忍痛将国有企业几千万的工人下岗分流，国有企业员工为国家的经济发展作出了巨大的牺牲。下岗分流的职工中多数人生活异常艰难，虽然，我们国家在他们下岗之初，也给了他们不少帮助和一些物质补偿，许多领导对此也极为关心。中纪委原书记吴官正在山东省委书记任上时，谈到解决1998年国有企业下岗职工基本生活保障和再就业工作时，他特别强调三个基本着眼点："一要确保下岗职工的基本生活，让每一个下岗职工都有饭吃；二要多渠道、多形式帮助职工转岗和分流安置，千方百计实现下岗职工再就业；三要把下岗职工基本生活保障与社会保障制度建设、城市居民最低生活保障制度建设联系起来分析研究，统筹考虑，采取综合措施。"① 但多数

---

① 吴官正：《闲来笔潭》，人民出版社2013年版，第113页。

地方因为财政困难、领导对此也漠视而弱化了这项工作，其家庭生活陷入困境。

随着产权改革的深化，国有企业效益开始提高，国家也成为世界第二大经济体。这个时候，国家也开始改变原有的下岗分流政策，国有企业没有再出现大规模的下岗潮。国家把保就业与保经济增长统一起来对待，善待在岗工人。而且在国家财力好转的时候，开始对原先下岗工人采取了一些补偿措施。让有一定技能且年富力强的下岗工人重新回到国有企业再就业，对年老多病或者到了退休年龄的原下岗工人进行经济补偿，给予他们一定的社会保障。这些补救措施，都是对过去国有企业职工权益损失的一种必要的补偿，在某种意义上不失为一种有效实现纠正正义的机制。

五、转型期现代国有企业收益权正义思考

（一）维护国家、社会、企业利益

收益权是产权的核心与旨归，国有企业产权与任何产权一样，最终的目的都是要获得一定的收益。国有企业的财产收益巨大，这些收益如何获得，如何使用才符合正义的规范？以非法手段获取的国有企业的收益是否具有正当性？国有企业的收益是用于少数人的骄奢淫逸，还是用于人民大众的福利？这些都需要有一个客观的正义的标准与道德的正确规导。

国有企业产权只有遵循取之有道的收益原则才是符合正义规范的收益。取之有道的收益原则，从形式到内容都规定了国有企业只有生产对社会有益的产品才能造福人们，这样的收入才是正当的。它内在地排除了依靠制造假冒伪劣产品或者以虚假信息诱骗消费者获取利益的行径。取之有道的收益原则要契合"创造价值与获得收益相一致"的基本内涵，使劳动创造财富，劳动获得财富成为国有企业收益权的一种最基本的正义共识。

正义的国有企业收益权，还要对其收益的使用作出正义的规导。只有把正当所得的收益用之有方地使用，才是正义的收益权。所谓收益权的用之有方，就是财产的使用既要符合产权主体的利益，也不能威胁到公众的利益。国有企业产权的主体是人民大众，因此其收益应该取之于民用之于

民，这才符合产权收益的用之有方原则。如果收益被少数人攫取并被用于某些人或群体的消费，那就失去了收益权的正当性。

多年来，国有企业积攒的财富几乎都用在维护国家、社会利益或者企业自身的发展壮大。这些财富为国家、社会的各项建设作出巨大贡献。国企尤其是央企，是国民经济的支柱，它只有为国民创造更多的财富，国家才有进一步发展的积淀。国企，一方面通过税收方式，以地税、国税的形式向国家上缴红利；另一方面又通过企业与政府利润分成的方式，为国家积攒财富，增加国家收入。2012 年，116 家中央企业就累计实现利润总额1.3 万亿元，同比增长 2.7%，而且其累计上交税金总额高达 1.9 万亿元，同比增长 13%，并高于利润总额 0.6 万亿元，约占 2012 年财政收入 11.7万亿元的 16%。[①] 可见，这些年来，国有企业在为国家创造财富方面具有重要贡献，也积极投身社会公益事业。这些贡献不但具有经济上的意义，而且占据了道德的制高点，为其他产权主体诚信纳税树立了良好的标杆，为私有企业产权作了社会公益事业方面的表率。这些善举都是对国有企业收益权正义性的最好诠释。

国有企业产权在积极贡献国家、社会的同时，更多的是发展壮大自身。企业只有追求自身的做大做强，才能在商海中游刃有余。多年来，国有企业在向国家、社会奉献的同时，预留了大笔发展资金用于自身的"强身健体"。通过不断的努力，国有企业事实上已经基本上达到了预期的效果。把积攒的财富用在自身的发展，而不是用于企业经理人员或员工福利，这是国有企业使用权"用之有方"原则在现实的具体践行。当然，目前国有企业仍然还存在着一定层面的铺张与浪费，以及存在一定程度的国有财产被用于职务消费、员工高工资、高福利等现象。这些都是属于滥用国有企业收益权的非正义现象，要通过不断的产权改革以及制度与道德建设才有可能从根本上加以杜绝。

---

① 《2012 年中央企业经营情况》，见 http：www.sasal.gov.cn/n1180/n1566/n258203/n259490/15141870.htm。

（二）转型期国有企业员工收入分配过高的正义分析

国有企业员工工资、福利过高，尤其是有些高管动辄千万，与社会其他普通工薪阶层差距过大的现象，已是一个不争的事实。国有企业高管与本单位普通员工收入差距也悬殊，他们的收入与社会其他普通工薪阶层的收入更是云泥之别。据调查，大部分行业的国企负责人平均薪酬水平比员工都高出 10 倍左右，调查所指的薪酬仅指由基本工资、各类奖金、现金福利构成的部分，排除了各种隐性收入，如果将这些隐性收入计入的话，那差额将更大。国有企业职工的高福利，尤其是国有垄断性企业员工的高福利的获得在一定程度上侵占了人民的财产，违背了国有企业产权主体的意愿。

国有企业的创业成本都是由全体人民所提供，因此它创造的价值应由全体人民分享，而不能被少数人随意侵占。国有企业的管理者，只是受人民委托来负责经营其企业，他们的收入分配应视其业绩来衡量。贡献多，收入多；贡献小，收入少。而且，其收入标准应由权威中介机构来制定，其贡献大小也要由其经营所创造的财富数额来衡量。可是管理者的收入却总是由管理者自身来设定，这给了他们自我提高收入的机会。尽管后来，各级国有企业高管收入标准由各级政府主管部门制定，但政府主管部门大体也只负责对董事会成员收入的划定，其余管理层的收入还是由企业自身决定。因此，大部分国有企业高管或中低层管理人员的薪酬由董事会决定，董事会为了鼓励下层管理人员的经营积极性，往往会擅自提高他们的经济收入。这就不可避免地忽视产权主体——人民的财产利益，既没经他们的认可也没通过委托机构国资委批准的提升的薪酬，显然是对人民财产权的侵害。

尤其是国有垄断性企业，通过提价获得的超额利润，很大一部分来自于消费者的买单，实际上是剥夺了消费者的财产权，无形之中损害了消费者的权益，这是对消费者剩余的侵占，是对消费者产权的侵害。这种通过转移各类消费者的财富方式获取的财富，如果用在企业再发展方面，通过做大做强企业，最后以税收、利润增加方式回馈社会、国家，最后也等于回馈给了各类消费者，这还是没有违背国有企业产权的正义要求。可是事实上，这部分超额利润中的很大一部分，并没有用于再生产，而是被用于企业内部员工工资、福利的支出。这就明显违反了国有企业产权取之于民、用之于民的本意，是对国有企业产权主体财产的剥夺，这样得来的高收入显然是违背产权正义性的所得。

有人以国有企业已为国家上缴了不少税收为国有企业少交、免交利润以及员工收入过高辩护。国有企业确实是向国家上缴了不少税收，为国家积累了大量财富，有些国有企业上交的税收数额还相当可观。"2011年中石化给国家上交税款3298亿，每天上交超过了10个亿，2012年国内经济放缓，每天上交税款8.8亿。"①

国家通常把这些企业上交的税收用于扶贫、教育、交通、转移支付等民生工程，体现了国有企业产权人民共享的产权正义。但是，这不能成为它们少交利润的理由，更不能成为他们擅自提高收入的借口。企业向国家交足税款，是任何产权主体应尽的义务，也是国家履行政治职能、社会管理职能的必然。国有企业产权的主体是人民，国家作为人民的代表向自己企业索取红利是产权主体财产权利的自然行使，企业的税后利润应大部分属于投资者，这是经济运行的天然法则，是产权正义的旨趣所归。

国有企业在2007年后，尽管向国家上缴了其利润的一部分，但是，国有企业尤其是中央企业，上缴利润比例过低，普遍只占其收入的10%，即便是这么低的上交比例，其中的大部分还是以各种形式返还给了企业。因此，国有企业产权利润的贡献率远远低于人们对它的期望值，也与国企应该承担的义务存在很大差距。2011年后，政府为了扩大国有企业的贡献率，开始调整收缴比例，普遍上调了5%。初看起来，提幅很大，垄断型央企上缴比例高了一半，一般性竞争领域的央企上缴比例上涨了近一倍。可是实际上，这些垄断性国有企业的利润，总体算起来仍有85%的利润留给各个企业自用。这些利润中的绝大部分如真实地用于国有企业的发展壮大，那也符合国有企业产权取之于民、用之于民的正义规范。可是据调

---

①　钟晶晶：《傅成玉回应央企红利上缴少：中石油每天交税8.8亿》，《新京报》2013年3月13日。

查，85%的利润提留中的很大一部分被用于管理者与职工的工资与福利的增加，很多还用在了职务消费上，这类事情被屡屡披露于报端。这种不正当的行为已经严重违背了产权正义，成为变相地窃取人民的财产，变相地破坏国有企业产权主体的财产所有、使用、收益权的不义之举。

国有企业内部收入分配的差距以及与社会其他行业普通职工收入分配差距过大的现象，已经严重影响了职工的生产积极性，引起了学界与民间的普遍质疑，因此，必须对此提出一套行之有效的解决方案，才能更好地构建社会主义和谐社会。2013年国务院批转的《关于深化收入分配制度改革的若干意见》，对收入分配作了一些规范性调整。该意见言简意赅地指出，深化收入分配制度改革，切实解决一些领域分配不公问题，防止收入分配差距过大，规范收入分配秩序，是维护社会公平正义与和谐稳定的根本举措。[①]

国有企业的出资者代表是国家，企业负责日常的生产经营与管理，而广大职工是财富保值、增值者，这三者都有各自的利益诉求。因此，必须在兼顾三方利益的前提下，妥善解决他们的利益纠葛，合理安排其财产权利，这是有效激励、调动三方积极性的根本。国家作为国有企业产权主体的代表，应是国有企业产权的主要收益者，国有企业产权大部分利润应收归国家，由国家统一支配，取之于民，用之于民。企业作为生产的经营者和管理者，承担着国有企业资产保值、增值的重托，必须留有足够的生产流动资金，使之能够进行自我积累与不断发展。劳动是财富之母，没有国有企业广大职工的辛勤劳作，就不可能有国有企业的茁壮成长，因此在财富分配时要切实保障广大职工的收入所得，按企业效益和他们的实际贡献比合理分配财富，并逐年增加其收入比。只有将国家利益、社会利益、企业利益以及职工个人利益通盘考虑好，按照一定的正义标准与正义原则分配它们的利益，才能切实找到一条国有企业发展的正确路径，才能促进整个社会的良性发展。

---

① 《关于深化收入分配制度改革的若干意见》，见 http://www.gov.cn/zwgk/2013-02/05/content_2327531.htm。

第五章　非公产权的正义思辨

非公产权是与非公有制经济①相对应的一个产权概念。按照马克思主义的观点，产权的性质取决于它内部的经济关系：首先，生产资料归谁所有具有决定性的意义；其次，是生产方式的影响与作用；第三，财产的分配即劳动成果的分配方式也极大地影响着产权的性质。

生产资料掌控在个体或部分群体手中的非公产权利用手中的货币，在市场上按劳动力的价值购买劳动力这种特殊商品，也就是雇佣工人，然后把其所占有的生产资料同被雇佣的工人结合起来，组织生产，最后占有剩余价值。这种非公产权以私有制为基础，其产权主体与工人是雇佣与被雇佣、剥削与被剥削的关系，它与社会主义制度下的公有产权在性质上有本质区别。

我国是社会主义制度，"一大二公"的思想长期桎梏着人们的头脑，发展非公产权，必然会导致人们思想上的疑惑与不解。为此党与政府开宗明义地点明了非公产权与公有产权的本质区别，比较科学地界定了非公产权的特性，在一定程度上消除了人们思想上的误解。十三大报告就比较明确指出："私营经济是存在雇佣劳动关系的经济成分"，"私营企业雇用一定数量的劳动力，会给企业主带来部分的非劳动收入"②。1989 年中央的 9 号文

---

① 我国非公有制经济一般包括个体经济、私营经济、外资经济（外商独资、中外合资和中外合作经营，这里的外资包括我国的港、澳、台地区资金）。

② 吴仁华：《新时期党对私营经济的认识轨迹》，硕士学位论文，中共中央党校，2004 年，第 2 页。

件也强调："私营企业主同工人之间实际上存在着剥削与被剥削关系。"[①]
这种具有剥削与被剥削关系的产权，是经济发展的必然选择。一方面它为
我国的经济发展注入了活力，另一方面也给我们带来了不少新的问题与
挑战。

日益凸显的贫富差距，不但会撕裂富裕者与贫困者之间的感情纽带，
而且也会阻碍社会的进一步发展。据《中国青年报》社会调查中心在2012
年的调查显示，未来十年公众最焦虑的问题是贫富分化阻碍社会发展。这
种主要由非公产权所造成的贫富差距产生的负面影响，引起了党和政府的
高度关注，并对此作出了一系列的政策调整。

十八大报告指出，必须深化收入分配制度改革，努力实现居民收入增
长和经济发展同步、劳动报酬增长和劳动生产率提高同步，提高居民收入
在国民收入分配中的比重，提高劳动报酬在初次分配中的比重。该报告还
明确提出到2020年，实现国内生产总值和城乡居民人均收入比2010年翻
一番的伟大构想，这是我们党首次明确提出居民收入倍增的目标。十八大
报告的这一指导性意见就其实质而言，就是对非公产权所造成的负面影响
在国家层面上的一种政策纠偏导向。

非公产权的发展，是中国社会发展的一个重要组成部分，几十年来，
它为我们时代的发展作出了应有的贡献，但也带来了不少应引起我们高度
关注的问题。贫富差距问题、财产来源的合理、合法性问题、社会责任缺
失问题、劳动力产权受侵蚀等问题已经引起了社会、政府与学界的高度关
注与反思。这些问题，如单从伦理学学理层面上归结，其实就是如何在发
展非公产权的同时，确保其不违背公平正义。而要从伦理层面对非公经济
进行反思，对非公产权作一番正义思辨，首先必须对非公产权的历史发展
有一个大致的了解，只有对我国非公产权的历史有一个清晰的把握，我们
才能更好地厘清非公产权的正义性与非正义性。

---

① 吴仁华:《新时期党对私营经济的认识轨迹》，硕士学位论文，中共中央党校，2004年，
第2页。

第一节　非公产权的历史考察

我国非公产权的发展是个漫长而复杂的过程，自从进入奴隶社会以后就产生了非公产权。出于研究的需要，本书只从中切取其一小片段即中华人民共和国成立后的非公产权发展史，尤其是其改革开放后的发展历程作为研究的对象。新中国成立后，非公产权的发展历程大体可分为 1949 年至 1978 年和 1979 年至今这两个发展时期。

一、改革开放前非公产权的历史演变

新中国成立前，虽然中国处境悲惨，在半殖民地半封建制度框架下，经济既不可能发达，也不可能平衡，但由于各种原因，私有经济却在帝国主义、封建主义、官僚资本主义的统治之下，渐渐发展起来。新中国成立后，这些私有经济在经过一系列的社会主义改造运动后，逐渐演变为社会主义制度下全民所有制或集体所有制的经济体。

（一）非公产权的利用、限制发展时期（1949—1953 年）

新中国成立初期，百废待兴，国民政府留下的是一个千疮百孔的旧中国。经济的凋敝、民生的凋零，使新生的人民政府面临严峻考验。而发展农业与工商业，恢复国民经济以稳定人心，成了党与政府的当务之急。于是，各级人民政府迅速组织生产自救，在大力发展国有经济的基础上，充分利用了既有的各种非公经济，服务民生。

这是一个持续了三年的经济恢复和发展期，在这一时期内，因为经济结构的原因，各种私有经济成了国民经济恢复的主力军，而国有企业对经济的恢复贡献较少。在这一时期内，如何充分利用并发挥各种非公有经济主体的积极作用，同时，又将私有经济不利于国计民生的消极因素控制在一定范围之内，使非公有制经济按照既定的轨道发展，成了关键所在。为此，党与政府提出了"公私兼顾""劳资两利"的方针，在这一正确方针指引下，不但国民经济得以恢复，人民生活得以稳定，而且非公经济的数量与规模都有了量与质的提升。"从 1949 年到 1952 年，私人资本主义工业厂家由 12.3 万户增加到 14.96 万户，增长 21.6%；职工人数由 164.38 万人增加到 205.66 万人，增长 25.1%；工业总产值由 68.28 亿元增加到 105.26 亿元，增长 44.2%。"①

（二）非公产权的改造时期（1953—1956 年）

为了适应中国经济发展的迫切需要，党在这一时期提出了过渡时期的总路线，开始了为期三年的社会主义"三大改造"运动，公有经济成为中国社会经济发展的主体，整个国民经济从此纳入了计划经济的轨道。但是，非公经济并没有被完全消灭，极少量的个体、私营经济仍然活跃在偏僻之地或者以极其隐蔽的方式存活在城市中间。"在 1956 年下半年和 1957 年上半年，由于市场商品供应比较紧张，加上政府在短期内又无法完全解决社会上多余劳动力的就业问题，于是，许多地方又自发地出现了一些小型的私营工厂、个体手工业和小商小贩，其中从事私营工业和个体手工业的大约有七十万人，小商小贩大约有六七十万人。"②

在社会主义"三大改造"运动完成后很长一段时间内，由于非公产权的追本逐利性，决定了非公产权主体并不甘愿将其财产完全用于社会主义建设的伟大事业，他们中不少人在公私合营后表现消极。他们要么利用夜幕的掩护，偷偷在公私合营后的企业里私自干活，牟取不当利益；要么避人耳目，铤而走险地经营地下工厂与商店。这些机会主义行为的盛行与社会主义经济制度格格不入，于是，政府开展了一轮更大的消灭私有企业的运动。

（三）非公产权的几近消亡时期（1957—1978 年）

从 1957 年开始，鉴于国内政治、经济形势的急剧变化，国家开始了新一轮发展公有经济的运动，重点是扫荡残存的非公产权。为此，1958 年中

---

① 王炳林：《中国共产党与私人资本主义》，北京师范大学出版社 1995 年版，第 319 页。

② 《中共中央关于继续加强对残存的私营工业、个体手工业和对小商小贩进行社会主义改造的指示》（一九五八年四月二日），国防大学党史党建政工教研室编：《中共党史教学参考资料》第二十二册，国防大学出版社 1986 年版，第 425 页。

共中央下发了《关于继续加强对残存的私营工业、个体手工业和对小商小贩进行社会主义改造的指示》，在这一精神指导下，各级党委与政府加大了对残存的非公经济打击、改造力度，至此，社会主义"三大改造"后残存的非公经济所剩无几。

此后不久，因为三年困难时期等原因，国民经济出现了严重困难，党和政府适当放宽了非公经济的有关政策，尤其是在广大农村地区适度放宽了对自留地、家庭副业、集市贸易等方面的限制，使非公经济在一定程度得到了恢复与发展。

随后，由于国家经济形式开始好转，加上这个时候党对非公经济的认识上又出现了不少偏差，党和政府重新开始了一系列打击、限制各种非公经济的活动和各种群众运动，在这样的大环境下，非公经济很难存活，到1978年底，非公经济基本已经消亡。"据统计，我国城镇个体劳动者，建国初期是九百万人，一九六六年仍有近二百万人，一九七八年底只剩下十五万人。"① 从此，单一的公有制经济成为我国唯一的所有制形式。

二、改革开放后非公产权的历史发展

经过社会主义"三大改造"和其后的一系列社会主义运动，非公产权在中国一度偃旗息鼓。随着1978年农村实行联产承包责任制和城市个体工商业的恢复和发展，非公产权迅速出现并呈日益繁荣之势。考察它的发展轨迹，我们可以比较清晰地归纳出它的四个发展阶段。

（一）非公产权恢复发展阶段（1979—1986 年）

1978 年十一届三中全会的胜利召开，党与政府工作重心开始从"以阶级斗争为纲"转移到以经济建设为中心上来，在允许一部分人先富起来的政策指引下，非公产权仿佛一夜春风，迅速恢复并得以初步发展。

（二）鼓励和促进非公产权存在和发展阶段（1987—1991 年）

经过对前几年非公产权发展经验的历史总结，中国政府决定加大发展

---

① 转引自王世勇：《新时期非公有制经济政策的历史考察（1978—2003）》，博士学位论文，中共中央党校，2004 年，第 66 页。

非公产权的力度。1987 年中国共产党在十三大报告中正式采用了 "私营经济" 的这种提法，认为私营经济是我国社会主义初级阶段公有制经济的必要和有益补充，① 而且 1988 年通过的宪法修正案还对此有了进一步的表述，"国家允许私营经济在法律规定的范围内存在和发展。私营经济是社会主义公有制经济的补充。国家保护私营经济的合法权利和权益，对私营经济实行引导、监督和管理。"② 其实，这种提法与表述是党与政府从政策层面与法律层面上初步明确了非公产权与公有产权同一的产权主体地位。从此，在国家政策与法律的支持下，人们求富的欲望与动力被进一步激发，大量的个体、私营以及外资企业在中国大地安营扎寨，非公经济呈星火燎原、蓬勃发展之势。

（三）非公产权快速发展阶段（1992—1997 年）

1989 年后，由于国内、国际形势的变化，尤其是东欧剧变、苏联解体的影响，我国宏观经济政策随之调整，非公经济的发展大受波折。后来，通过为期三年的治理整顿，我国的宏观经济环境明显好转，经济发展又逐渐步入了正常的轨道。随后，邓小平的南方谈话和党的十四大的召开，又给这一时期的非公经济注入了无尽的活力。党的十四大报告指出："在所有制结构上，以公有制包括全民所有制和集体所有制经济为主体，个体经济、私营经济、外资经济为补充，多种经济成分长期共同发展，不同经济成分可以自愿实行多种形式的联合经营。国有企业、集体企业和其他企业都进入市场，通过平等竞争，发挥国有企业的主导作用。"③ 十四大这一政策性指导意见为各地下一步促进非公经济的发展创造了条件。

在十四大的方针指引下，非公经济发展势头强劲，为了更好地引导与规范非公经济的发展，十四届三中全会又通过了《中共中央关于建立社会主义市场经济体制若干问题的决定》，决定指出："坚持以公有制为主体、多种经济成分共同发展的方针。在积极促进国有经济和集体经济发展的同

---

① 《十三大以来重要文献选编》（上），人民出版社 1991 年版，第 31—32 页。
② 《十三大以来重要文献选编》（上），人民出版社 1991 年版，第 216 页。
③ 《十四大以来重要文献选编》（上），人民出版社 1996 年版，第 19 页。

时，鼓励个体、私营、外贸经济的发展，并依法加强管理。"① 该决定特别指出在处理非公经济和公有经济的关系问题时，要对各类产权主体一视同仁，平等对待。如此一来，非公经济是社会主义市场经济的重要组成部分的提法已经呼之欲出了。果不其然，党的十五大报告就对此予以了明确，"非公有制是我国社会主义市场经济的重要组成部分。对个体、私营等非公有制经济要继续鼓励、引导，使之健康发展。这对满足人们多样化的需要，增加就业，促进国民经济的发展有重要作用。"②

由于党和政府不断强化非公经济的政治、经济与法律地位，这一时期，人们对发展非公经济更有了底气，非公经济的发展速度与规模都出乎人们的意料，"截至 1997 年底，全国个体工商户已发展到 2850.9 万户，从业人员 5441.9 万人，私营企业 96.07 万户，从业人员 1349.26 万人"③。

（四）非公有制经济稳定健康发展阶段（1997 年至今）

非公经济经过 20 年曲折不平的发展，已经成为不可逆转的时代潮流，为了适应人们发财致富的美好愿望，全国人大在 1999 年将《宪法》第十一条修改为"在法律规定范围内的个体经济、私营经济等非公有制经济，是社会主义市场经济的重要组成部分"。这是继十五大党从政策上提升非公经济地位后，国家进一步从法律层面上肯定和提升了非公经济的地位，使其享有与公有制经济一样的法律地位。

虽然非公经济取得了与公有经济一样的法律地位，但由于受到传统习俗和既有政策的影响，在实际经济生活中，非公经济仍旧受到一定程度的限制。因此，党的十六大报告又呼吁：必须毫不动摇地巩固和发展公有制经济，必须毫不动摇地鼓励、支持和引导非公有制经济发展。

加入 WTO，使我国形成了必须加大发展非公经济的倒逼机制，于是2005 年，《国务院关于鼓励支持和引导个体私营等非公有制经济发展的若干意见》（简称"非公 36 条"）顺势出台，我国非公有制经济从政策上正

---

① 《十四大以来重要文献选编》（上），人民出版社 1996 年版，第 526 页。
② 《十五大以来重要文献选编》（上），人民出版社 2000 年版，第 22 页。
③ 《中国工商行政管理年鉴》（1998 年），工商出版社 1998 年版，第 117 页。

式获得了与国有经济一样的平等待遇。这是自十一届三中全会以来最为全面、系统的促进非公经济发展的政策性文件。该意见的出台，标志着我国非公经济政策与制度已基本成型，公有经济与非公经济共同发展的基本格局已定，非公经济进一步发展壮大已成为既定事实。截至 2005 年 9 月底，我国注册私营企业已达 419.1 万户，比 2004 年底增长 14.79%。

在总结非公经济发展的经验与教训的基础上，2010 年 5 月，政府又发布了《国务院关于鼓励和引导民间投资健康发展的若干意见》（通称"新36 条"），它是"非公 36 条"规定的继承和发展。这个文件拓展了非公经济的发展门槛，打破了原先的"藩篱"。

经过三十多年的发展、壮大，我国非公经济已成为完善社会主义市场经济体制的重要力量，成为社会主义市场经济的重要组成部分。

2012 年党的十八大又进一步强调：要"毫不动摇鼓励、支持、引导非公经济的发展，保证各种所有制经济依法平等使用生产要素、公平参与市场竞争、同等受法律保护"，尤其是其中的"平等使用、公平参与、同等保护"等字眼，说明了非公经济的政治地位已经在政策层面完全与公有经济一致，而且也表明今后非公经济的经营领域会进一步拓展与延伸，也揭示出非公经济的发展"只有进行时，没有完成时"。

第二节　非公产权正义解析

改革开放后，非公产权经过三十多年的发展，促进了国家的整体繁荣，也带来不少消极的影响。不少非公产权主体借助改革的春风"长袖善舞、多钱善贾"，获得了充裕的财富。人们在艳羡他们财富的同时，却不由自主地对这些财富的占有、使用、转让以及收益的正当、合理、合法性提出了严重的质疑。因此，只有从正义的理论层面对非公产权的占有权、使用权、转让权、收益权等作一番伦理思考，才能更好地规导非公产权主体正确地行使占有权、使用权、转让权、收益权等权利，使他们既能成为激励大家踊跃地为个人与社会创造更多财富的标杆，也能成为具有良好社会评价的一面产权旗帜。

一、非公产权占有权正义剖析

这里言指的非公产权占有，主要是指非公产权最初财产的获取和占有。非公产权的占有权是指非公产权主体占有某物或某财产的权利，即在事实上或法律上控制某物或某财产的权利。占有权是所有权最重要的权能之一，是行使所有权的基础，也是实现财产使用权和转让权的前提。在通常情况下，资产一般为所有人占有，即占有权与所有权合一；但在特定条件下，占有权也可与所有权分离，形成非所有人享有的独立的权利。

绝大多数非公产权主体在改革开放的大潮中顺时而动，要么通过辛勤的劳动与自身一技之长获得了最初的创业资金，要么通过银行借贷获得了原始的资本积累，要么就是通过承包效益不好甚至濒临破产倒闭的国有或者集体企业掘得了第一桶金；而这些非公产权的占有占据了非公产权主体的大部分，基本上实现了非公产权的占有权正义。如山西著名私企富豪、山西联盛能源有限公司董事局主席邢利斌就是其中的典型代表。"邢利斌于1990 年从中阳承包铁厂起步，第一桶金来源于租赁经营的柳林县金家庄乡办煤矿，邢利斌对该矿进行了重大技改，使其生产能力由租赁初的 10 万吨提高到目前的 60 万吨以上。"①

当然，确实也有一些非公产权主体通过低价收购或者坑蒙拐骗等不正当的手段，巧取豪夺而获得最初的产权占有，这种占有是对非公产权占有权正义的践踏。2013 年 6 月以来一直被媒体质疑于风口浪尖的江西萍乡首富和所谓的"大师"王林，其最初的产权占有就被曝了光。

此外，还有一些非公产权主体就是以其坑蒙拐骗等不法手段才得以占有一定的财产权。2013 年 6 月 14 日，中央电视台《朝闻天下》《新闻 30 分》栏目就将江西省南昌县几家禽蛋加工厂使用工业硫酸铜腌制皮蛋从而非法聚财的劣迹大白于天下。其实，在南昌县有类似行为的禽蛋加工企业

---

① 冀欣、张祎琪：《"7000 万嫁女"煤老板负债率已逼近 100%》，《21 世纪经济报道》2013 年 8 月 2 日。

远非此三家，这种现象也不独出现在禽蛋加工行业，几乎整个食品行业早已陷入"覆巢之下，焉有完卵"的尴尬局面。另据由绿色江南、公众环境研究中心、自然之友、环友科技和自然大学五家环保组织共同发布的研究报告《谁在污染太湖流域》称，富士康科技集团、昆山鼎鑫电子有限公司等企业把大量废水直接排入河流，使太湖流域部分河流严重污染。[1] 不少非公产权主体就是以这种不顾公众利益的占有方式获得诸多的不义之财。这种"以邻为壑"的占有财产方式，早已激起了民间与学界的义愤，前几年闹得沸沸扬扬的就是否要对某些富豪"特赦原罪"而引发的大讨论，其实就是对部分非公产权主体不当获取财富的一种反弹。

对于这一点，宗庆后在回答记者的提问时也坦承，"创业初期，为了生存，这个群体（非公产权主体——笔者注）可能会不择手段地去创造财富"[2]。非公产权的最初产权的获取，显然大多带有明显的来源不正的痕迹。

今天，法制已经比改革初期要健全得多，那些非公产权主体也早已完成了大部分原始资本积累。因此，非公产权主体理应而且必须采用正当、合法、合德的途径与手段占有财富。所谓正当途径与手段，就是要在国家政策允许的条件下，谋取财产的占有；合法途径与手段就是要在法律、法规的框架下，获得财富的占有；而合德途径与手段就是要符合人们一般的道德规范，要在"君子爱财，取之有道"的伦理标准下，追求财富。非公产权主体只有以正当、合法、合德的途径与手段获得财富的占有，这种非公产权的占有权才具有正义的内涵。

二、非公产权使用权正义质疑

非公产权履行了诸多社会责任，承担了不少社会赋予它们的任务，可

---

[1] 参阅章柯：《富士康等被指污染太湖流域河流　镍浓度超限近 40 倍》,《第一财经日报》2013 年 8 月 2 日。

[2] 张枭翔：《宗庆后：富人的钱都是国家的　公众没必要仇富》,《中国慈善家》2013 年第 8 期。

是，不少非公产权在回报社会方面还有明显不足；此外由于不少非公产权主体迷恋奢侈性消费，造成了社会资源的不正当浪费。因此，非公产权的使用权必须要受到正义价值的一定规范。

（一）非公产权履行社会责任的正义性和社会责任缺失现象的正义拷问

非公产权的社会责任是指非公产权主体为实现自身与社会的可持续发展，自愿遵循法律规范、商业道德，在行使产权过程中，本着对社会与自然环境负责的精神，追求经济、社会和环境的综合价值最大化的行为。非公产权是我国产权构成中的一个重要部分，是全面建设小康社会和实现中国梦的重要力量。因此，非公产权在承担经济目标之外，还必须担负着非经济目标在内的重要的社会责任。

多年来，非公产权自动履行了诸多社会责任，比如积极吸纳就业。它的就业量目前占据了全国就业总量的七成以上，据《2012 年中国统计年鉴》中的《2011 年城镇就业人员基本情况表》显示，2011 年全国城镇就业人数 35914 万人，其中国有单位就业人数 6704 万人，占 18.7%，集体单位占 1.7%，其余的基本上在非公企业中就业，可见它在吸纳就业量上承担了国有企业与集体企业无法企及的社会责任。

至于社会责任的另一方面即自然环境的维持与保护，非公产权也比过去有所担当。随着国家、社会对环境的进一步要求，以及非公产权自身转化升级的发展需要，非公产权在节能减排、保护生态环境和自然资源等方面的作用有了进一步提升。

另外非公产权主体在保护劳工权益方面，基于自身长远发展的需要和国家、社会大众对此有形、无形的施压，它们在承担这部分社会责任方面有明显的改进。

履行社会责任是每一个公民或法人必须承担的一份义务。非公产权主体的每一分收获皆来自于社会，按照产权正义原则之一即权利与义务相对应的原则，非公产权主体从社会中获得了一定的权益，就必须履行相应的责任，为回馈社会作出相应的贡献。有些回馈与从社会中获取的权益相对应，那是产权正义的基本旨归。所以说非公产权主体履行一定的社会责任，其实就是非公产权在按正义的价值标准回报社会，是其履行义务的必然的正义之举。

可是，一些非公产权主体在回报社会方面还有明显不足。非公产权经过三十多年的发展业已成为国民经济的重要组成部分，是国家税收的重要来源之一。缴纳税收是产权主体应尽的义务，除非国家对此有明确的免税规定，否则，非公产权都必须自觉履行这一职责。不过在现实生活中，一些非公产权却普遍存有偷税漏税的问题，这不能不引起我们的反思。非公产权的私有性质决定了这些非公产权主体，在主观上存在偷税漏税的动机，而在客观上，国家法规及监管机制的大量漏洞存在，为非公产权主体提供了大量偷税漏税的现实条件，而且由于我国的非公企业大多数是中小企业，规模较小，核算不正规，客观上还存在征收管理上的难度。我国目前的税收管理手段相对比较落后，税收管理存在很多空白地带，也给了非公产权主体偷税漏税可乘之机。上缴税收是每个法人实体应尽的义务，而非公产权主体屡屡的偷税漏税行为显然违背了权利与义务一致性的正义原则。非公产权迅速发展，其经济总量现已占据了国家经济总量的大半江山，但其给国家财政的贡献却与此极不相称，这显然也背离了权利与义务对等的产权正义原则。

目前中国非公产权在慈善事业的投入也与人们的期望值相差太远，多个研究小组给出的这方面的数据都远远低于国有企业为慈善事业所作的贡献率。随着社会的进步，非公产权主体会进一步认识到慈善事业是他们履行社会责任、回报社会、获得公众认可的一种相当好的投资方式。

在社会大环境的营造下，非公产权主体渐渐认识到履行社会责任不但是中国的一种传统美德，也是推动个人财富增长、增进社会发展的必备手段。非公产权主体的典型代表宗庆后就认为"为富不仁确实存在，但毕竟不是主流。实际上，现在很多民营企业家都已经走到回报社会的阶段了。""我们需要明白的一点就是，一个人解决了自己的温饱等基本物质需求后，会把更多的财富投入到社会发展中去，因为他吃不完、用不完。他会再去投资，创造就业机会，创造税收，推动社会的发展与进步。"①

（二）非公产权主体奢侈性消费的非正义性分析

非公产权主体获取财富是为了满足非公产权主体个人、家庭、团体的需要抑或是社会需要，这种需要既有生活需要，也有再发展的需要。生活需要是为了满足产权主体个人、家庭生存的需要。社会得以延续，首先得益于人的生存，而人的生存必然要消耗一定的财产。就中国整体而言，基于目前的经济发展现实，这种财产的消耗必须要有一个度的掌控，在满足人的吃穿住行以及精神方面的基本需求之后，不应该消耗过多的财富，否则无法使整个社会良性发展。

而就非公产权主体来说，他们为社会的经济发展作出了重要贡献，无论是依据产权属性还是依据国家法律，非公经济体的财产属于他们自身，他们拥有自由、自主的支配权。但是，这种自由、自主行使的财产使用权，要受到一定约束。现在社会上一些非公产权主体夸张性的消费方式业已引起了人们的广泛质疑与不满，也是造成现实社会不稳的重要原因。没有不受限制的权利，权利要受到一定的法律和习俗影响和限制，所以非公产权的财产使用也要受到一定的约束。要对他们诸如奢侈品的过多享有、对房产的过度添置等方面有一定的约束。

在处理非公产权主体权利与社会整体权利的关系时，要牢牢把握住整体权利高于个体权利的价值标准。当整体权利因个体权利受到威胁，个体权利必然要受到一定的限制。因此，对非公产权主体的奢侈性开支，国家要给予一定的限制。国家对非公产权主体奢侈性消费的节制，同时也符合产权正义财富共享原则。财富来源于大自然的资源馈赠与人们的艰辛劳作，这些资源与劳动成果天然就不是某些群体的专利，而是全体民众的共享品，少数群体过度消耗了这些财富，其实就是侵吞了他人的财产。

满足生活需要之外，非公产权主体还有再发展的需要。发展的需要是为了非公产权主体、家庭、社会的良性发展，需要预留大部分财产作为追

① 张泉翔:《宗庆后：富人的钱都是国家的　公众没必要仇富》,《中国慈善家》2013 年第8 期。

加资金以谋求非公产权主体、家庭和社会未来更好的发展。更好的发展就需要更多的财富准备。人类社会之所以绵延不绝，就在于人不仅仅创造一定的财富维系自身的生存、发展，更注重维系种的生存与发展，因此就必须预留大部分财富。对绝大多数非公产权主体而言，他们利用资源与劳动创造的财富，一方面是为了满足他们自身一代的生存、发展需要，更是为了他们子孙后代的"枝繁叶茂"。"涸泽而渔"式地消耗财富肯定不能达到这样的宏大目标，将他们资产中很大一部分投入扩大再生产才是必由之道。因此，他们必须主动、积极地抑制自身及家庭不必要的开支，将尽可能多的财富用于发展所需。非公产权主体自身财富得以良性发展，就整体利益正义性而言是推动了社会的良性互动。

三、非公产权转让权正义分析

转让权正义是非公产权正义的基本内容之一，然而在非公产权转让过程中，强买强卖、转让信息不实、权属不明确、转让诚信机制缺失、转让服务佣金难以保障等现象频频发生。这些频频发生的现象，就其本质而言，就是缺乏一套行之有效的非公产权转让正义机制。强买强卖行为就是因为在非公产权转让过程中，没有切实保障各类非公产权主体的平等性。有些非公产权主体凭借自身的政治、经济等优势地位，违背处于弱势的非公产权主体意愿，强制性地将其产权予以转让；还有些非公产权主体，利用交易信息的非对称，采用欺诈手段诱使转让行为发生。非公产权的转让要奉行自主、自由转让原则，非公产权转让方，要本着尊重彼此转让意愿的精神，使转让在完全自愿、自主的前提下展开；转让双方的有关转让信息要彼此公开、透明，凡是依靠虚假信息进行的非公产权转让都是不正当的转让行为。

国家要依法保障正当的非公产权转让，也应该依法禁止各种非正当的非公产权的转让。有些产权权属本来不清晰，存有产权纠葛，因此一些权势人物利用这一缺陷将产权攫为己有；有些非公产权主体在获得转让的财产后，拒不履行原有的承诺。这些非公产权转让行为，都严重背离了产权转让的正义性。因为按正义的产权转让原则，转让的产权应该权属清晰，存有产权纠纷的非公产权要在厘清归属权后，再进行有偿转让。正义的非公产权转让机制，要保证非公产权主体有自由、自主的转让权利。拥有平等的转让机会与统一的转让规则是实现正义的非公产权转让的必备条件。

国家要在法律、政策与制度等层面完善非公产权的转让机制，在制度上尽量防止非公产权非正义转让的乱象。同时加紧对非公产权转让的理论研究，以理论研究推动非公产权转让实践的规范。"2013 年 5 月 31 日，全国首个非公产权交易研究院金马甲非公产权交易研究院在京成立。"① 这是非公产权理论研究的一个重要推进，而且，随着国家产权制度建设的完善，非公产权将会形成一个正义的有序转让机制。

四、非公产权收益权正义辨析

非公产权主体行使产权的目的就是要获取利润，这部分利润既有剥削性收入，也有非剥削性所得，只有对这些收入作一番正义价值的考量，才能辩证地回应社会对非公产权有关收益的质疑，也能更加规范非公产权的收益权。

（一）关于剥削所得的正义性

我国社会主义初级阶段，出于经济发展的需要，鼓励并发展非公经济，陆续出台了一系列的非公经济政策，形成了一套比较完整的非公经济制度。不可否认，我国的非公经济制度也是一种雇佣劳动的经济制度，具有资本主义雇佣劳动制度的特性。由此而产生的非公产权也是自主经营、自负盈亏的独立经济利益主体，必然受到市场经济中的市场供求关系、价格机制、竞争机制等的巨大影响，因此，社会主义初级阶段的非公产权与生俱来就具有市场经济的共性。非公经济托基于一定的雇佣劳动，依靠占有剩余价值为生，存在一定程度的剥削，是任何市场经济的必然。社会主义初级阶段的非公经济，也必然摆脱不了这一历史归宿。

---

① 钟志敏：《全国首个非公产权交易研究院成立》，《中国证券报》2013 年 6 月 3 日。

　　按照马克思主义的产权正义思想，一定条件下的剥削具有一定的正当性。刘少奇就认为，"在生产力水平低下的历史条件下，剥削是难以避免的。雇佣关系越发展，可以使更多的雇工得到就业，更多的产品被生产出来，有利于社会经济的发展。从这个意义上讲，发展雇佣劳动是历史上的一个进步。"① 我国还处在社会主义初级阶段，由于各地生产力不同，有些地方生产力极其落后，因此允许一定的剥削现象存在能促进这个地区劳动就业与经济的发展。只要有利于就业、有利于经济发展的生产方式，无论是否会产生剥削现象，从历史发展的角度看，都具有历史的正当性。

　　由于资本主义生产方式，比过去的奴隶制和封建制下的剥削有所减轻，工人的经济生活和政治地位与过去奴隶、农奴相比有了很大改观，所以在条件改观的情况下，工人们劳动的积极性都会一定程度的提高，生产力能得到一定的发展。从这个层面理解，资本主义的剥削具有历史的进步性与正当性。马克思对此就精辟地道明："资本的文明面之一是，它榨取剩余劳动的方式和条件，同以前的奴隶制、农奴制等形式相比，都更有利于生产力的发展，有利于社会关系的发展，有利于更高级的新形态的各种要素的创造。"②

　　透过层层的历史雾霾，我们不难发现，封建的剥削关系是对奴隶制剥削关系的否定，资本主义剥削关系是对封建制剥削关系的扬弃，而社会主义市场经济条件下的剥削关系则是对资本主义剥削关系的一次历史性飞跃。由于在社会主义初级阶段，为了发展生产力，我们不得不鼓励、支持非公产权的发展，而非公产权的发展必然产生剥削。这种剥削与奴隶制、封建制、资本主义制度下的剥削根源不一样。

　　首先，奴隶制、封建制、资本主义制度下的剥削是一切剥削制度的本性使然，奴隶制、封建制、资本主义制度建立在统治阶级对被统治阶级的剥削基础之上，它们剥削的动机是出于维护统治阶级利益的阶级本性；而

---

　　① 转引自薄一波：《若干重大决策与事件的回顾》（上），中共党史出版社 2008 年版，第55 页。

　　② 《马克思恩格斯文集》第 7 卷，人民出版社 2009 年版，第 927—928 页。

我国社会主义初级阶段的剥削是出于一时的经济发展需要，允许剥削现象的出现是为了更好地通过经济发展造福普通民众。

其次，一切历史上的统治阶级都力图使他们的剥削行为永世不绝，历久弥新；而中国特色社会主义下的允许剥削行为，只是一时发展经济的权宜之计，其最终目的是为了通过剥削达到消灭剥削。目前中国的基本经济制度是社会主义公有制，非公经济是社会主义市场经济的重要组成部分。社会主义公有制经济是国民经济的主体，居于支配地位，非公经济尽管有了长足的发展，在国民经济中占了很大的比重，但毕竟处于从属地位，在生产、流通、分配、消费各个环节中，归根到底不能不受到社会主义公有制经济，特别是全民所有制经济（国有经济）的制约和影响，在这一点上非公产权又受制于社会主义。因此，社会主义市场经济下的非公产权的剥削行为又必然受到社会主义政治制度、文化制度的钳制而与资本主义市场经济的剥削有所区别。

我国的非公产权所产生的剥削与过去的剥削制度所产生的剥削已有很大不同，剥削的强度要低得多，剥削形成的收入在国民经济中也不占主导地位，它的剥削要接受社会主义国家的宏观调控和限制。我国在鼓励、支持非公经济发展的同时，在政策上也注重了对非公经济的引导，党的十八大报告就鲜明地指出"毫不动摇鼓励、支持、引导非公有制经济发展，保证各种所有制经济依法平等使用生产要素、公平参与市场竞争、同等受到法律保护"。因而，它已不是完整意义上的剥削。

我们党的奋斗目标，就是要消灭一切剥削现象，但要实现这个目标，必须有社会生产力的极大发展，当生产力还没有达到这个程度时，我们只能在一定范围内和一定程度上容忍剥削的存在。按照马克思主义产权正义思想，只要这种剥削有利于生产力的发展，这种剥削所获得的收入就具有一定的正当性。而在目前这种生产力条件下，鼓励、支持非公产权的发展，是促进生产力发展的不二选择，尽管这种选择也必然带来一定的剥削，但由于这种剥削增进了生产力的发展，它也就当然具有正当性。以上的剥削应属于"经济剥削"范畴，"经济剥削"靠的是生产资料的掌控，借助于无偿占有别人剩余劳动而获得额外的收入，它符合一定意义上的正当性。

当然，经济剥削所得要限制在一定范围与一定程度内。所谓"限制在一定范围"就是不能盲目鼓励剥削，要将剥削控制在一定领域内，在关系国家安全与重要民生的领域决不能允许剥削行为与剥削现象的产生。要想把剥削控制在一定范围，起码必须严格执行市场准入制度，绝不容许法律法规明确禁止的领域内出现具有剥削性质的非公产权。我国法律、法规必须尽快明细禁止非公产权参与投资的领域。2005 年出台的"非公 36 条"以及 2010 年颁布的"新非公 36 条"都是笼统地概述"鼓励和引导民间资本进入法律法规未明确禁止准入的行业和领域"，但究竟哪些是法律法规明确规定非公产权不能涉足的领域却没有进一步明细化并加以公布。

法律明文限定的领域一定是事关国家安全或者特别关乎人民利益的重要领域，这些重要领域如果未能进一步明细化，非公产权就有可能进入。如此一来，出现一定的剥削现象还是小事，由于非公产权天然的资本逐利性，它们就会为了一时的经济利益置国家安全、人民切身利益于不顾；更可怕的是，有些涉外的非公产权主体，本身就带有一定的刺探中国国防、经济情报等特殊任务，一旦让它们进入这些重要领域，无疑是"自毁长城"。将禁止的重要领域明细化，还有利于非公产权与公有产权平等竞争，能有效防止公有产权主体或有关政府部门假借"国计民生"的名义将理应向全社会开放的领域视为"禁脔"，而将非公产权"拒之门外"。非公产权禁涉的领域还需向社会公布，只有晓谕社会，社会才能对此进行有效监督。通过监督一可以将剥削现象限制在这些领域之外，二可以通过社会的力量保证不同的产权主体同等竞争的权利，三还可以有效地维护国计民生。

将剥削"限制在一定程度"是指剥削要适可而止，不能过犹不及，要有"度"的考量，要尽量杜绝"超经济剥削"现象的发生。所谓超经济剥削是指某些个体或群体利用掌控的特殊权力，采用暴力或非暴力、强制或非强制、公开或半公开等方式侵占他人经济利益的行为。比如，以低于法定的最低工资标准支付工资、任意延长工人工作时间且不支付或不足额支付法定的加班工资以及任意克扣工人的工资或福利等。非公产权的一些主体缺乏现代眼光，只是片面追求利润最大化和成本最小化。为了追求企业的短期利益，不惜漠视企业应有的社会责任和基本的法律规定。这种不负责任的行为不但严重违背了国家的相关法律规定，在道义上也严重背离了创造价值与获得收入一致性的正义规范。劳动者创造的收入，被非公产权主体以违背国家法规、采用强制非人道的超经济性手段剥夺，这种超经济性的剥削收入的获得既不符合占有权的正义规范，也不合法，理应受到舆论的谴责或者相关法律的严惩。

（二）非公产权非剥削所得的正义性分析

非公产权主体占有的财产很大部分并非来自剥削收入，而是来自劳动和资产性收益，包括工资收入、风险收入、创新收入和利息收入。因为我国的非公有制企业雇主绝大多数都参与企业经营管理，没有脱离生产过程。应当承认，科学技术劳动、经营管理劳动同样属于生产劳动，都会创造价值。如果说劳动者从事的多是简单劳动，而非公产权主体从事的管理性劳动却是一种复杂劳动。非公产权要想获得更大的利润很大程度上取决于管理者的管理与决策水平，而管理与决策水平的高低与管理者的科学与技术涵养紧密相关，科学、技术涵养高，管理者的管理与决策水平就高，反之亦然。马克思就说过："随着大工业的发展，实现财富的创造较少地取决于劳动时间和已耗费的劳动量……相反地却取决于一般的学水平和技术进步，或者说取决于科学在生产上的应用。"[1] 因此，非公产权主体的管理性劳动，是一种凝聚一定高科技与高技术的复杂劳动，他们由此获得比普通劳动的更高的工资收入，符合劳动贡献多，获得收益多的正义原则。党在十六大报告中确立了"劳动、资本、知识、技术和管理等生产要素按贡献参与分配的原则"，这摒弃了以往把按要素分配和按劳分配割裂开来的表述方式。这表明，我国政府通过三十多年的产权改革，已经认识到按生

---

① 《马克思恩格斯全集》第46卷（下），人民出版社1980年版，第217页。

产要素分配的合理性与重要性。

在非公产权中的很大一部分收入，是产权主体的风险性收入。风险具有不确定性、突发性。"投资有风险，入行需谨慎"是每一个非公产权主体起码的常识，大量资金与精力投入一个新的产业，有可能成功，更有可能不成功，几百年市场经济的创业史表明，投资者折戟的居多甚至可能血本无归，成功的几率极低，改革开放三十多年的实践也证明了这一点。犹如大浪淘沙的成功率，赋予了其高额的回报率。几乎所有进行风险投资的产权主体，认准的行业大多是一些新的或者竞争不太激烈的产业，一旦成功，就会形成一个新的经济增长点，社会的物质财富就多了一个喷涌口。假如没有过高的回报率，就没有人能"铤而走险"，社会的总价值也就不会因风险而增加。因此，就风险投资成功的贡献而言，投资者理应获得极高的收益回报，这种回报尽管超出了其劳动所付，但按照产权正义原则，其收入并非剥削所得，具有很大的合理与正当性。罗能生也说，只要生产要素投入，尽管投入与产出比严重不对称，但其投入增加了工人与资方利益双方的收入，那么这种收益也应被视为正义合理。①

将高科技与高技术融入到企业的管理中，使劳动力与物质资源、劳动产权与物的产权有机结合本身就是一种管理创新；将资本与劳动力投入一个未知领域并且获得成功，也是投资领域的一种创新活动。创新在其本质上是脑力劳动与体力劳动的完美结合，属于创新型劳动，有劳动就有回报。所以非公产权主体的收益中，必然包含其管理、风险投资等领域内的创新性劳动回报。

第三节　非公企业中劳动力产权的正义维护

非公产权的发展不仅要依靠产权主体在资金、技术、设备等方面的投入，更需要一支高效运转的劳动队伍。劳动者作为非公企业人力资源的基

---

① 参阅罗能生：《产权的伦理维度》，人民出版社 2004 年版，第 199 页。

本形态，是支配、利用其他资源的资源，是资本存量中唯一可以反复开发并能转化为物质产品与精神产品的资本，按照马克思主义的观点，是价值的唯一创造者。价值创造的唯一源泉是劳动，一个社会的非公产权制度只有能有效促使人们通过劳动获得收益，并能充分保障劳动力产权的获取、占有、使用、收益等权利才是正义的。

劳动可分为体力劳动和脑力劳动，体力劳动是物质性劳动，它把人的劳动力直接作用于劳动对象；而脑力劳动则是一种精神性劳动，是一种复杂性劳动。各种劳动创造的价值不一，一般说来精神性劳动创造的价值比物质性劳动创造的价值要多，因为精神性劳动比物质性劳动复杂而且更具不可替代性，因此，它获取的报酬也就相应更多。非公企业里工人的劳动既包括生产一线工人的体力劳动，也包括从事研发、管理、销售等团队的脑力劳动。

从社会发展的现实来看，脑力劳动在生产实践中的作用越来越重要。随着生产中科技的成分增多，劳动对劳动者的技能和学历的要求也越来越高，即便是生产一线的工人现在也不乏高学历的人才，更不要说其背后庞大的产品研发队伍。高水平的生产和研发离不开高水平的管理队伍，现代企业与过去的企业相比，企业的规模化、产品的精细化、管理的复杂化都发生了质的变化。尤其是大型非公企业，它们的企业员工动辄数十万甚至上百万，其业务几乎涉及全行业，有些主抓一至两个主业大肆扩张，有些则多头并进，其从业范围遍及第一、第二、第三产业，因此，现代非公企业无论是从就业人数还是所涉及的行业范围来看，都与过去的非公企业不可同日而语。规模的扩大造成管理的繁杂，它对管理的要求有更高的标准，要求企业有愈加精细化的管理模式。研发、生产、管理的提高，则要求有相应的营销策略与方式的策应，只有高水平的运筹帷幄的营销手段才能使产品尽快售出，加速财富的运转与创造。尽管这些研发、管理、营销人员没有直接参与价值的创造，但是他们的脑力或体力付出大大提升了生产一线的劳动效率，劳动效率的提高势必产生更多的价值，因此这些价值中理所当然地包含了这些人的劳动创造在内。

多年来，非公产权在国民财富的创造中作出了巨大贡献，非公产权主体和其从业的普通劳动者为此付出极其艰辛的努力。但是由于一些历史与现实的原因，劳动者产权并没有得到足够的重视，劳动力产权不断受到侵蚀。不少地方、不少非公产权主体通常以低于国家与地方法定的最低工资标准或者按照低于劳动力价值标准发放工人工资；工人工资或福利被任意克扣的现象更是比比皆是；不依法提供工人基本的劳动安全保护措施和应有的社会保障的事例也时常见于媒体；任意延长工时却不支付工人法定的加班工资已经成为家常便饭，凡此种种，不一而足。

造成劳动力产权屡屡受到不公正待遇的原因众多。非公产权主体是资本的人格化代表，资本的天性是追逐利润最大化，在产出既定的前提下，成本与利润此消彼长。非公产权主体为了获取足够多的利润，竭力降低包括劳动力成本在内的一切成本，恨不得"一分钱掰成两半花"。工资具有两重性，对于劳动者而言是赖以养家糊口的收入，对于非公产权主体来说则是无可奈何的成本支出。劳动力产权追求工资收入最大化，非公产权主体则追求成本最小化，这都是人力资本与物质资本的本性使然。这种资本的天然趋利性必然造就劳资关系紧张的局面。在非公产权主体看来，企业最直接的目标和最高目标就是尽最大可能降低成本，谋求利润的最大化。非公产权主体在这种利益驱动下，势必强化对工人的压榨和剥削，甚至会不顾及法律的尊严，严重损害雇工权益。而在工人看来，非公产权主体的目的与他们的目的对立。他们的人力资本也与非公产权主体的资本投入一样，应该获得一定的投资回报，甚至应该获得企业一定的剩余索取权，而现实中，因为"强资弱劳"等原因，工人们实际所获与其价值创造相差太远。要维护自身的权利，工人们常常采用各种积极或消极的方法与非公产权主体讨价还价，由此形成劳资双方的"零和博弈"① 格局。

非公产权的众多主体始终没有正确认识到劳动力的价值。他们往往一

---

① 零和博弈，又称零和游戏，与非零和博弈相对，是博弈论的一个概念，属非合作博弈。指参与博弈的各方，在严格竞争下，一方的收益必然意味着另一方的损失，博弈各方的收益和损失相加总和永远为"零"，双方不存在合作的可能。

厢情愿地认为是资本创造了价值与财富，劳方的存活与发展有赖于资方的投资与管理。殊不知，按马克思的劳动价值理论，企业的价值来源于劳动，劳动是价值的唯一源泉，资方投入的生产资料的价值也必须借助于劳动转移到新的劳动产品中去，不是资本家养活工人，而是相反。即使按照现在比较流行的理论，财富也是劳方与资方共同创造的，劳动者投入人力资本与资方投入物质资本，都为价值和财富的创造作出了自身的贡献，都应按贡献原则，参与企业剩余索取权的分享。可是，在现实的生产关系中，劳资天平严重倾向资方，这与以上资方对价值创造的错误认识关系极为密切。

劳动力产权受到严重侵害，也不排除与某些非公产权主体漠视劳工的基本人权有关。前几年出现的"黑砖窑事件"① 等就是充分的明证。人权是人成其为人应当享有的最基本权利。无论个人的地位、身份、性别、财富、种族、民族等有何差异，都不能影响人最基本的生存权与发展权的享有。生存权与发展权的保障对非公企业中劳动力产权提出了最基本的要求，即非公产权主体必须保证劳动者的收入能满足他们最基本生活所需。

人是世间最宝贵的财富，人们创造、追求财富，最终就是为了人，为了人的生存与进一步的发展，必须尊重基本的人权，必须把人的尊严提高到一个应有的高度。《世界人权宣言》就指出，"人在尊严和权利上一律平等"。劳动者虽然受雇于非公产权主体，但劳动者也是人，他们有着与非公产权主体同样的生理、心理需要和同样的喜怒哀乐；哪怕按照非公产权主体们通常以为的是他们养活了劳动者的说法，非公产权主体也不能因此就可以非人道地对待劳动者。因此，非公产权主体必须从人的视角出发去对待同样是人的劳动者。何况，工人在出卖劳动力时，出卖的虽然不是一般意义上的商品，但他们并没有把他们本身连带出卖，他们出卖的是暂时

---

① 黑砖窑案，又名黑窑案，黑砖窑事件。是指发生在 2007 年前后，那些非法拘禁并强迫农民工从事危重劳动、非法收买和使用被拐骗儿童、恶意拖欠工资和侵占他人财产的砖窑厂豢养帮凶剥夺他们人身权利并强制劳动每天长达 14 小时到 16 小时不给任何劳动报酬的严重违法犯罪案件。

的劳动力。可是，非公产权主体在购买劳动力时，却不懂得这一点。所以，某些非公产权主体为了自身利益的最大化，就不惜践踏工人们基本的人权。

非公企业中，劳动力产权得不到应有的尊重，还与我国非公企业主体的绝大多数属于中小企业有关。中小企业从业门槛低、技术含量低、资金不充分，另外还必须依附于国内、国外大企业为生，所得利润分成有限。它们中的大多分布于劳动密集型且竞争充分的行业，处于产业链的末端，产品附加值低，利润微薄。非公的中小企业要想求得生存与发展，做大做强，就必须在成本上精打细算。许多中小企业把降低工资作为应对竞争、追求利润最大化的主要手段，而降低工资最简单的办法就是延长劳动时间、直接克扣或拖欠工人工资、降低工人福利开支等，使企业获得最大的利润空间。中小企业自身资金、技术等缺陷和外部市场的严酷竞争压力都会驱使大量非公产权主体不由自主地频频侵犯劳动力的正当权益。

多年来，中国一直是一个资本缺乏而劳动力充裕的国度。由于私人资本要素极度稀缺，而劳动力要素又大量过剩，这就容易造成稀缺的资本主宰过剩的劳动力的事实发生，因此，非公产权主体凌驾劳动力产权主体也就成了逻辑的必然。而且雇工多为受教育程度不高的农民，他们对科技、对管理、对企业生产所知有限，可以说他们一脚踏进现代企业的门槛就仿佛刘姥姥进了大观园，不知所措。他们在获取信息、维护自身权益以及与资方讨价还价的各种能力上还是有待学习的新手。况且，大量的劳动产业后备军正急不可耐地踮起脚尖向资本张望，跃跃欲试地向资本的怀抱一路奔来，因此，雇工越发缺少讨价还价的可能。在非公企业的劳资关系中，雇工处境极为不妙，力量的悬殊往往使资本产权占用了劳动产权的大部分红利。

非公产权中，物权屡屡侵害劳动力产权，地方政府的有关政策与监管机制也负有不可推卸的责任。多年来，为了发展经济，各地唯"GDP"是从，除了履行国家层面的优惠政策外，有些地方政府为了招商引资，还任意给各类非公产权各种优惠条件，有些优惠政策令人咋舌，不可思议。这些政策与条件虽然一时加快了各地的经济发展，但其负面作用不可小觑，就产权正义而言，它加剧了资方产权对劳动力产权的侵蚀度。"地方政府对经济发展的片面追求和官商之间结成的利益共同体构成了对雇主违法行为的有力庇护，换言之，私营企业主已经获得了远远超过法定权力的特权，这些企业和社会之间已经形成了一种'屏障'。"① 资本要素本来就能凭借其在市场中的稀缺性占据优势，利用"资强劳弱"格局肆意压低劳动要素价格的现象也比较常见，而地方政府也在无形中助长了非公产权主体对劳动力产权主体的嚣张气焰。

在所有的生产要素中，劳动要素和资本、厂房、设备等生产要素各自都发挥了应有的作用，都有其自身的贡献，但在价值创造和使用价值生产过程中发挥着核心和独特作用的还是劳动要素，其他生产要素都必须借助于劳动要素的作用才能实现其价值的转移。因此，依据产权的"劳动是财富之母"以及按贡献分配的正义原则，劳动力产权所获收益应该占据主体地位，劳动者依其贡献得到相应的工资与福利收入，用于满足自身发展以及承担供养家庭的责任，符合收益权正义的基本规范，可是实际情形并非完全如此，这不能不说是产权正义的一大缺憾。

一、劳动力产权被侵蚀的非正义性分析

非公产权主体除了依靠生产资料的所有权获得了相当多的剩余价值即剥削收入外，他们还利用其决策性与管理性劳动获得了一定的劳动收入。企业的生产极具复杂性，因此需要不断地根据形势作出相应的决策调整，制定出相应的管理模式，而决策性劳动与管理性劳动是纷繁复杂的脑力劳动，它在价值创造中的作用无可替代，按照产权正义的按劳动贡献原则也应获得相应的工资收入。这种工资收入也早就得到了马克思、恩格斯的肯定，"资本家在生产过程中是作为劳动的管理者和指挥者出现的……这种与剥削相结合的劳动（这种劳动也可以转给经理）当然就与雇佣工人的劳动

---

① 常凯主编：《中国劳动关系报告——当代中国劳动关系的特点和趋向》，中国劳动和社会保障出版社 2009 年版，第 177 页。

一样……也必须和劳动者本人的劳动一样给予报酬。"[1]

如今，我国的非公产权主体的管理性与决策性劳动的复杂程度已远远超越马克思、恩格斯所处的那个时代，其劳动更应该获得相应的收入。因此，在企业劳资收入分配中，依据贡献分配原则，劳方获得与其贡献匹配的收入并不违背正义原则；资方按其劳动贡献得到相应的工资收入也是正义之举。可问题是，非公产权主体所获得的工资性收入普遍过高，动辄数百上千万，而"我国城镇私营单位职工 2012 年年均工资才 2.1 万元左右"[2]。脑力劳动确实要比体力劳动复杂，其获得的收入一般而言也理应高于体力劳动者，但要有个合理的换算比例和分配比例。在非公企业里，普通劳动者的工资性收入与资方的工资性收入相差幅度太大，这显然高估了其管理性劳动的贡献。因此，他们那种工资性收入显然违背了按劳动贡献获得相应收入的正义原则。

资方依据投入的资本量，以其贡献的多寡占有一定剥削收入也符合一定的正义原则。但是，倘使资方任意凭借资本所有权，肆意侵占劳动力产权，则失去了正当性。而就目前中国非公产权的现实来说，这种剥削性收入中的很大一部分就是来源于对劳方产权过度的剥夺。"在这一行业，煤老板可以创造神话，而我们仅仅可以维持生计。"[3] 私有煤企工人的这一沉重叹息，为我们撩开了非公企业中劳动力产权受到不同程度侵害的一道伤痕。

为了更好地了解、掌握非公企业中劳动力产权的有关情况，课题组进行了比较翔实的实地调研。2012 年 7 月至 8 月，课题组成员以大学生暑期工的身份前后进入位于广东东莞、深圳两地的两家非公企业打工，并做了相关的详细记录。一家企业是设在东莞的某港资拉链（东莞）有限公司，主营拉链、铜材、锌合金、纱、聚酯单丝等；另一家是位于深圳的美资企

---

① 《马克思恩格斯全集》第 26 卷（Ⅲ），人民出版社 1972 年版，第 550—551 页。

② 夏小林：《改革收入分配制度须直面财富公平和劳资关系》，《管理学刊》2013 年第 2 期。

③ 参阅马旭：《煤炭十年财富暴利神话终结：煤老板频停产关矿》，2013 年 7 月 8 日，见 http://news.xinhuanet.com/fortune/2013-07/08/c_116443890.htm。

业，这家公司主要生产电钻、电批、圆锯、直锯、园林工具、便携式吸尘器及手动工具等。通过为期两个月的打工实践与实地调研，发现这两个企业中劳动力产权普遍被侵蚀，港资企业的劳动力产权受损更为严重。为了言简意赅地将情况加以呈现，特以东莞这家港资公司为例加以说明，该公司由拉链制造厂、拉链电镀厂、拉链染色厂组成，有员工500人左右，其中拉链厂有341人，其他两个厂各有70多人。其员工文化层次、工时、工资待遇如表5-1所示。

一线员工分为计时工与计件工。熟练工为计件工，无底薪，按工作量计酬；新员工为计时工，他们的底薪低，普遍为1600元左右。工厂虽然没有强迫计件工与计时工在8小时以外加班，但由于计件工资太低或者计时工底薪低，不够工人家庭或个人开支，所以工人仍很积极地寻求加班机会。计件工只要员工愿意可以无限制地加班，因此他们普遍每天工作十多个小时，一般是早晨七点多上班，一直要干到晚上12点，中间除了"来去匆匆"用餐或如厕，其余时间都在工作，大多数人连休息日也在加班挣钱。而计时工理论上每天可以加班3小时，每小时加班费为7元，但由于要保证产品的质量与计件工的工资，除非工期紧，一般也不会安排他们加班。无论是计件工还是计时工，他们除了按件计酬或底薪加计时工资外，无基本福利，食宿条件也差。另外，低级管理人员工资普遍在1600元上下，每周工作需六天，每天工作8小时，无须加班；保安人员，每天也是8小时工作时间，工资2200元；而食堂工作人员，工资更低，只有区区900元，远远低于当地最低工资标准。

通过访谈和亲身体验，发现这家工厂不时发生工伤事故，工人受伤后也没有严格按照有关规定予以补偿和安置，而且许多工人因为连续多日的加班，身心都受到不同程度的伤害，劳工的艰辛程度和工资之低，可见一斑。

另一个受调研的工厂是位于深圳的某有限公司，它是全球500强企业之一的某公司在深圳投资的美商独资公司。其员工工时、工资待遇如表5-2所示。

表 5-1　某拉链（东莞）有限公司普通员工文化层次、工时、月收入基本情况示意

工种	文化层次	正常工时	加班工时	正常底薪（元/月）	加班工资计量（元/小时）	计件单价（元/件）	总工资（元/月）
车间计时工	90%以上为小学学历及以下	8	每天最多加班3小时	1600	7	0.01—0.02	1600+加班工资
车间计件工	同上	8	可不限时地加班	无底薪	/	0.01—0.02	3000左右
行政管理人员	高中学历或大专学历	8	无须加班，但每周工作6天	入职时不高于1600，以后按工龄渐次增加	/	/	1600+按工龄递增的工资
保安	大部分为小学学历	8	无须加班，三班倒	2200，其中队长2500	/	/	2200—2500
食堂工作人员	以小学学历为主	8	/	900	/	/	900

表 5-2　某精密制造厂（深圳）有限公司普通员工文化层次、工时、月收入基本情况示意

工种	文化层次	正常工时	每日加班工时	正常底薪（元/月）	加班工资计量（元/小时）	周末加班	总工资（元/月）
生产部普工	以初中毕业生为主	每天8小时，每周40小时，每月22天正常班	每天加班2小时，年底加班3小时	1350	11.51	15元/小时，周六加班10小时，周日不上班	2300左右
生产部组长	90%为初中毕业生，10%为高中或高中专	每天8小时，每周40小时，每月22天正常班	每天加班3小时，年底加班4小时	1500	12.93	17.42元/小时，周六加班12小时，周日不上班	3500左右（有300—500的产量奖）
仓库对单员	高中学历或大专学历	同上	每天加班3小时，年底加班4小时	1400	11.93	15.9元/小时，周六加班10小时，周日不上班	3000左右
保安	大部为初中学历	8	无须加班，三班倒	2500—3000	/	/	/
食堂工	以初中学历为主	8	/	2000	/	/	/
行政部人员	以大专及本科学历为主	8	无须加班	刚入职2000—2500，后根据工龄及表现加工资	/	周六需加班，周日休息	/

　　该公司是一家集设计、研发和制造为一体的电动工具制造企业。他们的一线员工待遇普遍比（东莞）拉链有限公司要高些。这家公司基本按照新颁布的《劳动法》行事，工人底薪也符合深圳市1600元每月的最低标准，每月正常工作时日为22天。如没有过多订单则每天只需工作8小时，如果订单多就需加班，但每天加班不能超过2小时。加班费按劳动法的最低标准执行，正常工作日加班费每小时是正常工时的1.5倍，周末加班是2倍，法定节假日加班则为3倍。这些规定尽管符合《劳动法》的工时、工资与加班规定，但其收入也不是很多。因为这家企业规定的工人底薪也很低，一般是按深圳市最低标准每月1600元发放，因此其工资收入必须主要靠加班挣得。

　　另据《华夏时报》的报道，某著名台资企业一线工人底薪也"大多不到2000元，不满一年的员工底薪只有1800元"①。该集团公司的员工因为底薪低，难以维持需求，因此，工人们宁愿牺牲休息时间以求获得少许加班费。在工作繁忙的季节，连吃饭、如厕的时间都有严格的规定，"工人每天的工作时间是被严格框定的，每天8点半准时上班，按规定8点15分员工必须到齐，迟到的会被扣工资。为了实现厂区生产效益最大化，员工的用餐时间也被细化规定，不同车间用餐时间也不一样，但时长都是一个小时，中午从10点开始到13点结束，晚上17点到20点结束，这3个小时间，被细分到了不同的三组车间，以避免用餐排队而造成的时间浪费。在做工期间，甚至连上厕所都要向线长申请，这样会被准许10分钟的解决时间，如果超过时间没回来，生产线的线长便会加以管教和批评。"② 2013年春节之后，为某公司代工的某产品销售不佳，外部订单锐减，整体效益急剧下滑，难以维系其庞大的员工队伍，因此该集团被迫大规模裁员。即便大规模裁员也无法完全冲抵市场疲软带来的消极影响，由于订单太少，在岗职工业务冷清，无班可加。因为底薪太低，现在又没有了加班费，工

---

　　① 陈小瑛：《富士康"鼓励"员工辞职：主动辞职者补偿600元》，《华夏时报》2013年3月24日。

　　② 孔维卓、张兵：《富士康的夜生活》，《财经天下周刊》2013年9月13日。

人收入大减，无法维持正常的家庭和个人开支，于是工人们纷纷离职。

通过对以上三个非公企业的条分缕析，可以看出其劳动力产权都受到严重侵害，工人的贡献与获取极不相称，三个企业的工人收入都具有一个共性即底薪低，增加收入主要靠加班，工人们明知工作异常辛苦还是渴望加班，目的无非是为获取那点可怜的加班费。这三家企业靠工人廉价的劳动成就非公产权主体的繁荣，也"成就"了工人们的所遭受的苦难。这三家非公企业呈现的情形并非个例，而是蔓延在整个非公企业中一种常见的病态和共同缩影。

多年来，由于中国是个产品短缺而劳动力富足的社会，只要在中国投资办厂，无论是高端产业还是低端领域，几乎都能在中国大地"欣欣向荣"。因此，改革开放后，在中国出现了大量的没有多少技术含量的非公企业或产业部门，它们利用中国廉价的劳动力，主要靠压缩工人底薪以及延长工作时间来获取利润。许多非公企业由于处在产业链的底端，没有多少附加值，倘使不依靠廉价的劳动力，其微薄的利润难以维持。2008年全球金融危机，其消极影响波及至今，外部环境的进一步恶化，使非公企业的利润继续减少。随着中国政府不断加大对劳动力产权的保护以及劳工自我保护意识的进一步加强，大部分非公产权主体不得不提高了劳工的底薪和加班工资，尽管这些底薪和加班工资基本上是以各地最低标准发放，但由于大部分非公产权主体的利润微薄，底薪和加班工资的提高对非公企业的利润影响也是很明显的。因此，为了获得一定的利润率，那些受外部环境影响较大的非公企业基于订单锐减，不得不大量裁员，有些虽没大量裁员但减少了加班工时；而那些受外部影响较少的非公企业则还是一如既往地通过延长工作日或者削减工人工资的方式榨取工人剩余价值。

非公企业中从业的普通员工，一般所受教育非常有限，比如在某拉链（东莞）有限公司90%的员工为小学学历，绝大部分为农民工，除了一身体力外几乎无一技之长。因此，他们中的多数只能依靠体力劳动为生，除了习惯于现有的生产方式外，很难在别的行业中找到更好的生存环境。再说，即便少量员工有一技之长，但苦于缺乏生产资料，也只能依靠打工为生。马克思就认为，尽管工人在理论上可以自由地选择受雇的对象，但由于工人除了自身的劳动力之外一无所有，除了靠出卖自身劳动力之外便没有了讨价还价的余地，要么卖给这个资本家，要么就卖给那个资本家，"工人是以出卖劳动力为其收入的唯一来源的，如果他不愿饿死，就不能离开整个购买者阶级即资本家阶级。工人不是属于某一个资本家，而是属于整个资本家阶级。"①

　　非公企业的普通员工，只身一人来到异地谋生，身无长物，又没有一定的财力支撑，只能依附于一定的资本。马克思对此就精辟地分析道："一个除自己的劳动力以外没有任何其他财产的人，在任何社会的和文化的状态中，都不得不为另一些已经成了劳动的物质条件的所有者的人做奴隶。他只有得到他的允许才能劳动，因而只有得到他们的允许才能生存。"② 恩格斯也认为生产资料所有制性质至关重要，谁控制了生产资料，谁就控制了劳动力，并可利用它来作为榨取劳动力的手段。恩格斯一语中的地指出："在生产自发地发展起来的一切社会中（近代社会也正是这样的社会），不是生产者支配着生产资料，而是生产资料支配着生产者。在这样的社会中，每种新的生产的杠杆，必然地转为生产资料奴役生产者的新工具。"③ 由于工人自身所处的劣势地位，决定了工人们为了生存和发展不得不从属于资产阶级，马克思认为人类为了生存与发展首先必须解决吃喝住穿等基本问题，"我们首先应当确定一切人类生存的第一个前提，也就是一切历史的第一个前提，这个前提就是：人们为了能够'创造历史'，必须能够生活。但是为了生活，首先就需要吃喝住穿以及其他一些东西。因此第一个历史活动就是生产满足这些需要的资料，即生产物质生活本身。"④ "财产是生存权实现的物质手段，而劳动是创造财富的来源，因此，劳动

---

①　《马克思恩格斯文集》第 1 卷，人民出版社 2009 年版，第 717 页。
②　《马克思恩格斯文集》第 3 卷，人民出版社 2009 年版，第 428 页。
③　恩格斯：《反杜林论》单行本，人民出版社 1970 年版，第 287 页。
④　《马克思恩格斯文集》第 1 卷，人民出版社 2009 年版，第 531 页。

是实现生存权的基本手段。"①

既然整个社会都必须依赖劳动为生，那么工人们的生存与发展就更离不开艰辛的劳动，因此他们必然天然地受制于资本，获取低廉的劳动报酬也就成了历史的宿命。但是这种财富创造与获得收入的不对称，违背了劳动力产权的正义规范。产权正义原则的一个重要内容就是创造价值与获取收入相一致，他强调以创造价值为收入的尺度与标准，创造得多，收入就多；创造得少，收入就少；不创造，就无收入。这里包含三种产权正义标准：一是创造才有收获，不创造就没有财富的索取权利；二是创造多寡与收入成正比，创造多收入少或者反之都是对财富权利的误用；三是它还能有效地鼓舞人们勇于创造，排斥各种"外部性"，激励人们创造价值，塑造一种不劳动者不得食的良好社会氛围。

二、非公产权主体对劳动力产权正义性缺损的反思

首先，非公产权主体要正确看待价值的创造。现实中，劳动力产权受到非公产权主体的侵蚀，一个重要原因就是非公产权主体错误地以为价值是由他们创造的，是资本养活了工人，而不是相反。因此，非公产权主体的内心深处认为他们所获之多契合了创造与收获一致的产权正义原则，不存在对工人的盘剥与侵害；相反没有他们的投资与决策、管理，工人们将一无所有。其实价值是由劳动创造的，非公企业工人们通过体力与脑力劳动，成为创造非公企业的价值的主力军。没有广大工人体力与脑力的辛勤付出，非公产权主体再怎样投资、再如何绞尽脑汁决策、再百般挖空心思管理，都会血本无归。因此要消除资本创造价值的错误认识，树立劳动创造价值的基本理念，把劳动力产权放到一个恰当的位置，这样才会使非公产权主体从内心深处重视劳动力产权，从根本上纠正侵害劳动力产权现象的发生。

其次，即便没有完全认识到劳动力的价值，也需明白资本产权与劳动

---

① 林嘉：《劳动法与现代人权观念》，中国劳动和社会保障出版社 2001 年版，第 130 页。

力产权是一对相互影响的产权关系。资本产权与劳动力产权相辅相成，其关系处置失当会直接影响彼此的财产所得。非公产权主体，为了自身利益的最大化，会加大对劳动力的监管力度，而加大监管力度，就会加大监管成本。监管成本的加大，会从另一方面减少非公产权的利润收入。其实，无论你监管的力度多大，劳动者都能找到监管的漏洞，能采用灵活机动的消极方法与非公产权主体周旋，最后受损的依旧是劳资双方。只有资方在一定程度上作出让步，保障一定的劳动产权，才能做到劳资两利。

这一点连巴泽尔都已经认识到了。巴泽尔认为由于交易的成本，通常使得产权很难被完全界定。他借助于美国南部和西印度群岛的奴隶通过购买自身契约得以赎身的少量事例说明：由于交易的成本，通常使得产权很难被完全界定。虽然"法律赋予奴隶主拥有对于奴隶的几乎绝对的权利，而不给奴隶任何合法权利；因此，奴隶没有被授予替自己赎身而需要财产的合法权利。而奴隶主拥有奴隶和自由货币，却没有法律障碍或行政限制。不过，奴隶靠获得他们自己劳动力产权的赎身还是发生了。"这是因为"奴隶主还是必须花费资源来促使奴隶进行生产，但即使在这种情况下，奴隶也很少会尽全力进行生产。因此，虽然奴隶没有法律保护，但是奴隶所有权本身却从来都不是绝对的。通过给予奴隶一些所有权来交换奴隶主认为价值更大的奴隶劳务，奴隶主可以增加他们财产的价值。于是，奴隶也成了所有者，有时还能够赎回自由。"[1] 可见，依据矛盾的同一性与斗争性原理，非公产权与劳动力产权是一对利益相关的矛盾体，它们的利益生死攸关，非公产权主体要想自身产权利益最大化，就必须尊重一定的劳动力产权，只有在尊重、维护劳动力产权的基础上，非公产权最终才能得到最好的保护。尊重劳方并不仅仅有利于劳方，而且能够达到"劳资两利"的效果。[2] 现实产权实践中，由于非公产权主体没有正确认识到它们与劳动力产权主体的利益关系，过度强化非公产权主体利益而忽视劳动力

---

① 参阅 [美] 巴泽尔：《产权的经济分析》，上海三联书店、上海人民出版社 1997 年版，第 1 页。

② 马艳、周扬波：《劳资利益论》，复旦大学出版社 2009 年版，第 260 页。

产权，结果引发了严重的劳资冲突，重则企业破产，轻则影响企业声誉，最后是劳资俱伤。

再次，要形成尊重劳动力基本人权的价值观念。就人权保护层面而言，产权正义的一个最基本的原则就是要保护人们基本的生存与发展权。我国的非公经济已经发展到一个相当高的水平，非公企业所雇用的劳动者，只是出于生计考虑暂时出卖自身劳动力而已，他们并非心甘情愿地将自身奉献于非公产权主体，他们有自己的追求与独立人格要求。在人格与尊严上，他们要求与非公产权主体平等。新古典主义经济学家马歇尔早就告诫我们，"工人所出卖的只是他的劳动，但他本身仍归自己所有"①。因此，就其本身而言，他们与非公产权主体在人格上平等无异，而且依据中华人民共和国的相关法律，他们与非公产权主体也享有一样的人权和人的尊严。要保障他们基本的人权与尊严，就必须保证他们"人"的基本生存与发展权所需的财产，而保证他们的财产权，就是要保证非公企业中的劳动力的基本产权。

三、国家层面上纠正正义的回归

随着社会的进步与科技的发展，社会对劳动者的保护意识和尊重程度愈来愈高，而且劳动者创造价值的质与量也与日俱增，因此劳动力产权的价值也非昔日可较。目前，确实存在大量的非公企业中无视劳动力产权的非正义行为，这些不正义行为，不但损害了劳资双方的经济利益，也损害了国家的整体利益，更是对劳动者基本人权的践踏。政府是"守夜人"，它应该承担起应有的职责，即通过政府的"有形之手"，弥补产权机制的缺陷，加强对非公经济体的监管和必要的宏观调控，加大对劳动力的关注力度，强化对劳动力产权的保护。

多年来国家为了加快经济发展，出台了一系列的针对非公产权的优惠政策，这些政策在效益上确实促进了经济的发展。但是由于过度重视资本

---

① 〔英〕马歇尔：《经济学原理》（下），商务印书馆1964年版，第229页。

在经济发展中的作用，低估了劳动力在经济发展中的贡献等原因，无形中助长了非公产权主体侵害劳动力产权的事态发生。因此，有必要对这些政策与法规进行调整，以加大对劳动力产权的维护。事实上，这些在不同时期所颁布的一些扶持非公经济发展的政策与法规适应了时代发展的需要，也为中国经济的发展注入了不少活力。但是这些政策与法规的出台，由于属于"摸着石头过河"的探索模式，缺少经验与必要的综合考量，在注重保障资本产权时，却忽略了对劳动产权的正义性保护。就分享企业剩余的权利而言，对资方过度偏袒，而对劳方考虑不周。① 此外，不少地方产权改革政策也频频出错。金钱与设备常常成为确定企业所有权归属的依据，而技术与劳动力却难以获得足够的所有权，政府对资方利益的保护强调过多，而对劳动力产权的保护却相当漠视有时甚至不置一词，政策上缺乏对资本产权的制衡与约束机制。② 而且 2006 年开始实施的新《公司法》又进一步明确了"谁投资、谁所有、谁受益"的利润分配原则，此法规进一步强化了劳资主体势力失衡态势，在一定程度上为非公产权主体侵害劳动力产权打开了方便之门，对劳动力产权处境的恶化起到推波助澜作用。

既然过去有关非公产权政策与法规的疏忽，造成了对劳动力产权的保护不周，引起了不必要的劳资纠纷与矛盾，因此，应适时采取有关补救措施，对这些政策与法规进行必要的检视。一方面要查缺补漏，剔除过时的条款；另一方面要增加适应时代发展的新规则，尤其是要大力增加有关劳动力产权维护的相关条款。比如主要用于保障劳工产权的《劳动法》《劳动合同法》就需要适时加以完善，"尽管我国《劳动法》《劳动合同法》等劳动者基本权益保护基本法律已经出台，但是很多方面只是作了原则性的规定，缺乏具体操作性，遇到劳资分配纠纷时，有些条款甚至被曲解，不

---

① 参阅信卫平：《公平与不公平——当代中国的劳动问题研究》，中国劳动和社会保障出版社 2002 年版，第 196 页。

② 吴宏洛：《劳动力产权实现与和谐劳资关系构建——基于国企改制视角》，《福建师范大学学报》2011 年第 1 期。

利于话语权较弱的劳方权益的保护"①。同时，要尽快出台专门的《工资法》，有针对性地保护劳动力产权。过去那些有关非公企业产权的法律与政策，尽管促进了经济发展，产生了一定的经济效益，但是，由于它们忽视对劳动力产权的保护，缺失一定的正义性，因此必须加以完善。罗尔斯就曾说过："某些法律和制度，不管它们如何有效率和有条理，只要它们不正义，就必须加以改造或废除。"②

近年来，党与政府已经认识到政策调整的必要性。于是，在十七大报告中改变了过去诸如初次分配"效率优先，兼顾公平"等一些沿袭多年的提法，第一次提出了"在初次分配中也要注重社会公平""提高劳动报酬在初次分配中的比重""逐步提高最低工资标准""建立企业职工工资正常增长机制和支付保障机制等"。在十八大报告中继续沿用了此种提法，还主张"完善劳动、资本、技术、管理等要素按贡献参与分配的初次分配机制"。这些新提法表明了政府对过去太多注重资方产权的一种纠偏，体现了对劳方这一群体的政策倾斜和对劳动力产权纠正正义的回归。

对劳动力产权侵害的种种行为，许多是由于没有必要的用工合同约束，非公产权主体往往借助强势的经济、政治地位，利用没有合同的空当，借机侵害劳动力产权。比如肆意压低、克扣工钱，任意延长工作时间，工作时没有正常的劳动保护措施也没有正当的福利等。对于这些侵权行为，国家应该督促非公企业严格按照《劳动法》《劳动合同法》等的有关规定与务工人员签订用工合同，并借助国家强制力保证劳动合同的有效性。

另外，还有不少的劳动力产权受损的案例发生在劳动合同的框架之内。由于非公产权主体与劳动者签订了有关劳动合同，而这些所谓的劳动合同并没有严格按照《劳动合同法》等相关法律条文签订，因此这种合同实际上属于无效合同。可是，由于劳动者受制于受教育、信息等多种因

---

① 夏芸芸：《我国企业劳资分配正义研究》，博士学位论文，华中师范大学，2012 年，第77 页。

② ［美］约翰·罗尔斯：《正义论》，何怀宏译，中国社会科学出版社 1988 年版，第 163 页。

素，并不知晓这一纸合同的无效性，因此，他们往往受到这种无效合同的要挟和欺骗，常常"哑巴吃黄连"，劳动力产权受到不公正待遇而无处"伸张"。这时候，政府有关机构尤其是劳动主管部门就必须加大对《劳动合同法》的宣传力度，并在劳资双方签订用工合同时，帮助劳工明晓有关条款细节，政府部门的有关工作人员或聘请有关法律专家要亲至现场指导劳工订立契约，同时，其劳动合同应该交由政府主管部门留存一份，以备检查等不时之需。

罗能生就认为只要生产要素投入，尽管投入与产出比严重不对称，但其投入增加了劳资双方的收入，那么这种收益也应被视为正义合理。另外如果这种收入比，是事先的约定，或者有原始的合同为证，那也是正当的收入。① 可是事实上，情况并非这样，有不少这类增加了劳方收入的合同严重违背了程序正义。资方为了达到它不可告人的目的，往往采用威逼利诱的手段诱使或迫使劳动者急急草就。在这类合同中，资方故意隐匿了不少信息，这类合同应视为非法合同，即便按这种合同增加了工人的收入，这种契约也是非正义的，它既违背了形式正义，又造成了事实上的非正义。因为，粗看起来工人按此合同分配是增加了收入，但细究其增加额度而言，资方收入比却远远高于劳方。如果资方无利可图，资方何苦那么煞费苦心地"炮制"一纸合同。对这类非正义的合同，政府也应谨慎处置，首先要采取灵活多变的手段帮助劳动者防止非公产权主体侵害劳动者的权益；其次要注重劳资收入比的考量，按劳资实际收入是否合理来度量其契约的正当性。对违背实质正义的合同要果断地宣布作废，勒令资方在形式正义与实质正义的标准下重新草拟。

非公企业中正常的劳资合同表面看来是劳资双方在自由、平等基础上，通过劳资双方多次讨价还价而签订的契约，它完全是正义的结晶；可是真实情景并非如此。对于劳资双方合同的签订，马克思主义认为力量具有决定性意义，而决定力量的根本性因素在于生产资料为谁所有。在资本

---

① 罗能生：《产权伦理维度》，人民出版社 2004 年版，第 199 页。

主义社会，由于生产资料的资本主义所有制性质从而决定了劳动力产权必定受资本的摆布与侵害的本质规律。不独资本主义社会如此，任何社会都摆脱不了"谁控制了生产资料，谁就控制了劳动力"的历史规律。因此，非公企业中劳资双方在签订劳动合同时，最根本的还是取决于生产资料所有制状况，工人们除了自身劳动力外一无所有，签订合同的最基本要求是生存；而非公产权主体手握生产资料，根本不用担心生计，合同的底线只是保证一定水平的剥削率或利润率。合同成败直接影响工人及其家庭生存状况；而对非公产权主体而言，合同的签订只影响其利润率的高低，显然，非公产权主体签订合同的筹码要比工人们手中的底牌大得多。迫于生计考虑，劳工们有时不得不接受非公产权主体近乎苛刻的条件。所以，连穆勒也认为，当工人是为工资而劳动时，资本家就不仅是资本的所有者，而且是劳动的所有者。

因此，就非公企业中劳资合同而言，合同的签订在程序上确实是本着公开、自主、协商的原则，理论上也符合程序正义。可是，由于劳资实力差距太大，非公产权主体掌握着生产资料，所以在劳动者与非公产权主体签订劳动合同时，非公产权主体总是利用其强势地位签订有利于自身的条款；而劳动者以处居下方的劣势地位只能屈服于"城下之盟"，市场中的双方不可能实现力量的自我平衡，合同所体现的利益天平自然就滑向了资本的掌有方。如此一来，劳资合同的签订在实质上又是不平等的，其形式的正义掩盖不了实质的非正义。迈克尔·D. 贝勒斯就说过："如果一方当事人的讨价还价的力量比另一方要高出很多的话，人们往往都认为这样达成的契约是不公平的或不公正的，即使弱势一方是在知情的情况下与对方自愿达成契约的。"① 针对因劳资实力不同而签订的形式正义却缺乏实质正义的合同，政府应该作为一个公正的仲裁者，对非正义的劳动合同款项要勒令强势的非公产权主体作出必要的更正和让步，以维护劳动力产权主体利益。

---

① ［美］迈克尔·D. 贝勒斯：《程序正义——向个人的分配》，高等教育出版社 2005 年版，第 2—4 页。

非公企业中的有关劳动合同在一定程度上是劳资双方讨价还价的结果，而讨价还价的能力除了先前所说的资本的实力外，还需要一定谈判技能，一定的谈判技能可以在一定程度上维护自身产权。因此，提高工人的讨价还价的能力是保护劳动力产权的有效方式之一。工人讨价还价的能力来源于工人所受的教育程度以及政府的支持力度。工人本身所受教育很少，而且现今在非公企业中从业主体是广大的农民工，因此政府必须加大对他们的教育投入，在科学、技术、文化等方面培养他们的能力，从而保障他们在与非公产权主体交涉时能尽量维护自身的财产权利。

当然，随着时代进步，现在非公企业中劳资合同越来越规范，基本都能遵循国家的相关法律，在合同中劳资双方的条款都符合正义的价值评判。即便是这样，还会产生非公产权主体不时侵害劳动力产权的行为，这时就出现了不同权利主体之间权利与权利的较量，这样的事例在现实生活中屡见不鲜。比如有些非公企业主不按合同规定按时、足量地发放工资，也不按合同履行劳动安全保障义务等。这种侵害劳动力产权的行为，是由于非公产权主的力量远远超过了劳动者的力量，资本力量成了主宰。在劳资对立双方的权利都具有合法性时，双方力量的对比决定一切。马克思在论述资本主义工作日时就深刻地指出："于是这里出现了二律背反，权利同权利相对抗，而这两种权利同样商品交换规律所承认的。在平等的权利之间，力量就起决定作用。"[1] 休谟也认为如果某些个体对其他个体具有压倒性的优势，那么即便签订了正义的契约，也难以认真履行。[2] 因此，在劳资双方签订了有关劳动合同而强势的资方却不认真履行义务时，政府就应秉持公正立场，依法为弱势的劳方主张应有的权利。

四、劳动力产权正义的自我主张

"他作为人，必须总是把自己的劳动力当作自己的财产，从而当作自己的商品。而要做到这一点，他必须始终让买者只是在一定期限内暂时支

① 《马克思恩格斯文集》第5卷，人民出版社2009年版，第271—272页。
② 参阅贾可卿：《分配正义论纲》，人民出版社2010年版，第46页。

配他的劳动力，消费他的劳动力，就是说，他在让渡自己的劳动力时不放弃自己对它的所有权。"① 既然劳动者对自己的劳动力具有所有权，那这种所有权就必然要获得一定的收入。劳动者依据劳动力产权，不仅可以获得劳动力的补偿价值，同时还可以参与企业剩余权的分割。企业剩余由投资者提供的决策劳动、管理者提供的管理劳动以及生产者提供的体力或脑力劳动共同创造。根据"谁创造，谁应得"的产权正义原则，企业剩余应由投资者、管理者和生产者共同分享，这才是正当合理的分配规则。可是这些剩余却由非公产权主体凭借"资强劳弱"的格局独占，不但如此，非公产权主体还将理应属于工资的部分财富以巧妙的手段将其转化为企业剩余加以侵吞。如此一来，劳资财富差距悬殊，而且有数据表明，近年来，这种悬殊愈发明显。这显然违背了产权的贡献与获得相一致的正义原则。财富的主体是由工人们的艰辛劳动而来，因此劳动者按其劳动贡献获得相应的财产是产权正义的体现。

　　由于强势的非公产权主体的故意侵权以及政府法规、政策的不完善或缺位，劳动者必须依靠自身力量维护自身权益，获得与劳动付出相匹配的收获。要主张自身的正义诉求，就必须改变劳动者力量不足的问题。一个重要方法就是劳动者必须结成一定的利益联盟，从而在与资方谈判中取得比原先而言相对较高的讨价还价的力量。马克思指出："单个工人和单个资产者之间的冲突越来越具有两个阶级的冲突的性质。工人开始成立反对资产者的同盟；他们联合起来保卫自己的工资。"② 霍布斯也说过："自然使人在身心两方面的能力都十分相等，以致有时某人的体力虽则显然比另一人强，或是脑力比另一人敏捷；但这一切总加在一起，也不会使人与人之间的差别大到使这人能要求获得人家不能像他一样要求的任何利益，因为就体力而论，最弱的人运用密谋或者与其他处在同一种危险下的人联合起来，就具有足够的力量来杀死最强的人……由这种能力上的平等出发，就

---

① 《马克思恩格斯全集》第 44 卷，人民出版社 2001 年版，第 195—196 页。
② 《马克思恩格斯文集》第 2 卷，人民出版社 2009 年版，第 40 页。

产生达到目的的希望的平等。"① 无论是马克思所说的同盟，还是霍布斯所言的联合，其要旨就是：当面对强大的对手，弱势的一方要想获得自身的利益，只能联合与自身一样处于弱势的同类者。而就非公企业中的劳动者而言，以工会为团结的纽带，充分利用工会的力量与非公产权主体周旋，增加讨价还价的筹码。已有工会组织的非公企业要尽量完善工会管理细节，在工会领导机构中，安排具有责任心与胆识的工友担任重要职务；没有组建工会的，要严格按照《工会法》形成一套完整的工会体系，通过工人民主选举，推选有担当的工人担任领导人，建立能真正代表劳方利益的工会。这样一来，在强有力的工会的帮助下，劳动者通过集体协商工资、保险福利、工作时间、休息休假、劳动安全等事项来维护自身利益。

五、对劳动力弱势群体纠正正义的分析

在市场经济中，市场机制赋予各类产权主体平等的地位，尽管这可以使各类产权主体机会平等、规则平等，也可以满足人们种种形式平等的需要，但由于在现实生活中，人们的政治地位、经济地位以及个人禀赋都各不相同，甚至有些大相径庭，因此在实质上，人们是不可能获得完全的平等权利，达不到正义的要求。休谟就认为要达到正义，人们的体力与智力等能力要大致相等。一个腰缠万贯，另一个一贫如洗，在市场经济的决斗场上一决高下，那肯定是多钱善贾者遥遥领先；一个体格强壮，另一个羸弱多病，在劳动力市场上一同角力，那也肯定是后者出局；一个足智多谋，另一个呆滞木讷，在非公产权主体的淘汰赛中，那必定是前者胜出。这种形式平等与实质平等的严重背离，在国有企业内表现并不明显，但在非公产权的角逐中却表现突出，尤其是非公产权与劳动力产权这一对矛盾体发生利益冲突时，其天平最为失衡。强势的非公产权主体蚕食弱势的劳工利益，显然不是非公产权正义的真正旨归。为了回归正义的轨迹，非公产权主体以及政府都应该给予那些个人资质、政治地位、经济地位相对处

---

① ［英］霍布斯:《利维坦》，黎思复、黎廷弼译，商务印书馆1985年版，第92—93页。

于弱势的部分劳工以特别的关怀，正如罗尔斯的差别对待原则提出的那样，要予以人道主义与国家法律的帮扶。

罗尔斯认为天赋不是道德上应得的，应当把个人的天赋看成是一种社会的共同资产，因此他试图借助于差别原则给予出身低微和天赋欠缺的个体以某种补偿，以求未来社会不但在制度上有平等的保护举措，而且在现实上能够接近事实上的平等。[①] 罗尔斯的差别对待原则，按其正义本质，应属于纠正正义的回归。当然，罗尔斯所思考的主要是一种理想的正义，他所提出的正义性具有某种抽象性。他考虑到在人类的实践活动中，人作为主体有着不同的社会背景和地位，其出身、天赋等方面都有各自的特点和不同，因此他们从事实践活动的能力必然也不一样。虽然公平的社会制度给每个人的机会是平等的，能实现形式上的平等，但是这种能力的差异会造成结果的不平等。即使这样，我们制度建设中也绝不能否认和漠视处于社会底层的广大人民群众的利益，而是应该尊重他们的历史地位，否则就会引发社会的不安定。因此他主张："在天赋上占优势者不能仅仅因为他们天分较高而得益，而只能通过抵消训练和教育费用和用他们的天赋帮助较不利者而得益。"[②]

马克思更是主张把因个人天赋所获得收益的差距纳入不平等范畴。但事实上，在社会主义初级阶段，因生产力发展的不足，劳动还不是生活的第一需要，社会上多数人的思想境界也远未达到能将自己的特殊天赋所作出的贡献收入无偿地奉献给社会与他人的境界，因此必然造成人们因天赋不同而形成事实上一定程度的不平等，社会主义初级阶段的产权正义也只能维持相对的正义。马克思早在《哥达纲领批判》中批判资产阶级法权和评述社会主义按劳分配制度时就说，因为社会主义脱胎于资本主义，事实上它的分配制度还带有很深的资产阶级法权痕迹，生活资料的分配是依据

---

① ［美］约翰·罗尔斯:《正义论》，何怀宏、何包钢、廖申白译，中国社会科学出版社 1988 年版，译者前言第 10 页。

② ［美］约翰·罗尔斯:《正义论》，何怀宏、何包钢、廖申白译，中国社会科学出版社 1988 年版，第 102 页。

工作能力，"但是它默认不同等的个人天赋，因而也就默认不同等的工作能力是天然特权"①。所以马克思认为这种分配制度形式上平等但事实上不平等，因为权利由生产力发展水平决定，它决不能超越生产力的发展阶段，因而这种事实上的不平等不可避免。

尽管这不可避免，但作为社会主义政府，应当肩负保护劳工利益的使命，尤其是要保护在非公企业中苦苦挣扎的弱势群体的基本财产权。因为不保护弱势群体的利益，就会危及整个社会的利益，而且也会危及正义的实现。亚当·斯密就在《国民财富的性质和原因的研究》中指出："下层阶级生活状况的改善，是对社会有利呢，或是对社会不利？一看就知道，这问题的答案极为明显。各种佣人、劳动者和职工，在任何社会中，都占最大部分。社会最大部分成员境遇的改善，决不能视为对社会全体不利。有大部分成员陷于贫困悲惨状态的社会，决不能说是繁荣幸福的社会。而且，供给社会全体以衣食住的人，在自身劳动生产物中，分享一部分，使自己得到过得去的衣食住条件，才算是公正的。"② 因此只有顾及广大弱势群体的利益，才能保障社会的整体利益的良性发展。

而且，弱势群体由于其所获财产不能或者仅能满足自身及家庭的基本开支，没有余财支付自身与家庭的进一步发展所需，因此必然影响其后代的健康成长，形成一种恶性循环。马歇尔就认为不同境遇的劳动力对后代的影响会截然不同，上层社会对子女的经济投入多，子女成才率就高，形成良性循环；而下层的劳动者因为自身经济乏力，对后代的投入不足，严重影响后代的成长，酿成一种恶性循环，马歇尔把它简要概之为"积累性"效果。③ 马歇尔还进一步论证道，"因为父母的境遇不佳，所受的教育有限，和预计将来的能力的薄弱，都不能把资本投在教育和培养他们的子女上……"④ 因此马歇尔主张提高工人收入，从源头上遏制恶性循环，以

---

① 马克思：《哥达纲领批判》，人民出版社 1965 年版，第 14 页。
② ［英］亚当·斯密：《国民财富的性质和原因的研究》（上卷），郭大力等译，商务印书馆 1972 年版，第 72 页。
③ ［英］马歇尔：《经济学原理》（下），商务印书馆 1964 年版，第 228—234 页。
④ ［英］马歇尔：《经济学原理》（下），商务印书馆 1964 年版，第 231 页。

便下一代的境遇有所好转。马歇尔还认为收入的多寡和收入的方式都影响人的身体与身心健康，穷人的不道德和性格的不健全绝大多数原因是由于贫困。① 马歇尔所言极具真理性。

　　现实中，由于恶性循环的惯性使然，阻隔了弱势群体后代向上发展的良性机制，使阶层固化，最终影响了社会的可持续发展。据报载，现在名牌大学中，普通工人、农民家庭的子女数量持续下滑，其在校生比例已远远不及家庭出身优越者。如果听任这种非良性的事态继续蔓延，就可能危及社会的稳定。

---

① ［英］马歇尔:《经济学原理》(上)，商务印书馆 1964 年版，第 24 页。

第六章　被征农地产权正义辨析

近年来，有关因农村土地被征而引发的不和谐事件在广大的中国农村时有发生。从其表面看，是土地权益的争执；究其实质，是被征农地产权正义的严重缺位。这种土地产权正义伦理的缺失，缺失的不仅仅是党与政府的形象，更是我国当代地方政治、经济、社会改革政策的严重失误，成为制约我国实现"五位一体"建设的瓶颈。

2012年10月，党的十八大召开，提出了新的奋斗目标，因此迫切需要在十八大的精神指引下快速开展"工业化、信息化、城镇化和农业现代化"的建设，任务异常艰巨。"新四化"中的工业化、信息化、城镇化、农业现代化，哪一样的实现都离不开土地，离不开农地的征用。土地问题既关乎政府、企业、人民的眼前利益，更关乎他们的长远利益，随着"新四化"发展，因土地而发生的关系将会在这三者之间越发紧密。可是土地的不可再生性和发展的紧迫性决定了土地资源的日益稀缺性，而随着党与政府对民生问题的日益关注，以及人们维权意识的渐趋成熟，土地产权问题因而将愈发复杂而艰难。

在新时期，如何实现十八大绘制的美好蓝图？如何在工业化、城镇化、信息化和农业现代化进程中，选取一条既能有效推进国家战略目标的实现，又能保障征收、征用土地各利益方的权益，还能使农民土地产权免遭不公平对待的道路？这成了各级政府和广大民众的当务之急。

土地产权制度是国家政治和经济制度的重要组成部分和基础，而被征农地产权又关系到十八大既定目标的落实。为此，妥善处理、维护、协调好涉及农地产权方尤其是农民的产权利益对我国推进城乡统筹发展，实现工业反哺农业、城市支持农村的长效机制，以及对建设社会主义新农村大有裨益；反之，如果这个问题未能妥善解决，势必影响到我国经济的可持续发展和社会的长治久安，甚至影响到"新四化"的顺利实现。因而，若要成功实现"中国梦"，就需要我们运用现代产权的有关正义理论来正视并认真研究"被征农地产权""农民权益"以及其他涉事主体权益这些关联性问题。

所谓的被征土地产权是指"以被征收、征用的土地所有权为核心的土地财产权利的总和，包括土地所有权及与其相联系的和相对独立的各种权利，如占有权、使用权、经营权等。是在国家许可的条件下，对土地的支配权利，包括获取、占有、使用土地的权利"。农民权益是指农民作为权利主体，它享有符合正义原则和现有法律规范的一切权力和利益；而其他涉事主体权益是指政府、企业等与被征农地产权发生直接关系的利益方，他们也因涉足被征农地产权的有关交易，因此也涉及他们的相关权益。

第一节　"三农"问题与城镇化问题

农业、农村和农民问题始终是中国革命和建设的根本。农业之所以是国民经济发展的基础，就在于农业直接关系到国计民生，关系到整个社会的稳定。"三农"问题得不到有效的解决，就不能建成全面小康。党的十六大以来，党中央一直把解决好"三农"问题作为全党工作的重中之重。进入新世纪，我国在"三农"工作上取得了巨大成就，但是，我们同时还应该看到，在城镇化和现代化进程中，由于城镇化的加速，对农地的征收、征用规模和速度与日俱增，而且因被征农地产权的不完整性、非对称性和易受侵害性，使被征地农民权益受损严重，从而加剧了"三农"问题解决的难度。

一、"三农"问题和城镇化问题的提出及意义

"三农"意指农业、农村和农民；而"三农"问题则特指中国大陆看

似简单实则复杂的农业、农村和农民问题以及由此而衍生的一系列社会问题。"三农"作为一个特定概念，1996 年由温铁军最早正式在学界提出，以后渐次为媒体和官方所广泛认同并加以不断引用，而让"三农"问题名声大噪的却是李昌平。2001 年，"三农"问题的提法被政府接受并被写入政府文件，由此正式成为理论界和官方决策层在讨论、研究、处理农村问题时专门引用的术语；2003 年，中共中央还正式将"'三农'问题"写入工作报告，由此，"三农"问题成为官方与民间耳熟能详的字眼。

"三农"问题中农民问题是其核心问题，表现为农民收入低、增收难、城乡居民贫富差距大等，其实质是农民权利得不到切实保障。由于计划经济年代形成的城乡二元分治体制和政策的一度偏向，以及工业化和城市化的发展过程中农民与市民的收入差距拉大，农民出于摆脱贫困、追求梦想、解决就业以及其他原因，纷纷涌入城市，① 从而将"三农"问题延伸至城镇。在恶性循环下，"三农"问题愈演愈烈。关于"三农"问题产生的原因，学者们争论不休，很难形成一个统一的口径，因为，每种观点都既有说服力，又有其难以克服的"死穴"。但是学者们对"三农"问题重要性的认识却完全一致，即所谓的"三农"问题其实就是农民问题，农民的切身利益又表现在他们生于斯、长于斯的土地财产权上，而土地产权中最为关键的要素又是被征土地产权。如果说，以农民问题为核心的"三农"问题得不到稳妥解决的话，就其长期影响来看，不利于社会的稳定有序；而从其短期效果而言，又会有碍国民经济的持续健康发展和国家总体目标的践行。"三农"问题的有效解决，关键在于处理好农地产权关系，而被征农地产权关系的处理又成了农地产权关系处置的关节点。

党与政府历年来就十分重视"三农"问题的解决。在 20 世纪 80 年代就连续五年发布以"三农"问题为主题的中央一号文件，试图借此一揽子解决"三农"问题，但因"三农"问题极具复杂与艰巨性，到新世纪，

---

① 国家统计局公布的 2012 年统计公报显示，2012 年全国农民工总量为 26261 万人，比 2011 年增长 3.9%。其中，外出农民工 16336 万人，增长 3.0%；本地农民工 9925 万人，增长 5.4%。见 http://news.xinhuanet.com/politics/2013-02/22/c_114768686.htm。

"三农"问题仍没有从根本上得到缓解。于是从 2004 年起，政府又开始聚焦"三农"问题，连续十年出台的一号文件都是有关惠农、支农的内容，[①]将"三农"问题持续地放到了工作的制高点；党的十八大还再次重申了"解决农业农村农民问题是全党工作重中之重"思想，以此唤起全党对"三农"工作的重视。

要解决"三农"问题，仅凭党与政府的政策支持肯定不够，还需有所针对性地分析"三农"问题发生的深层次原因，才有可能找到问题的解决之途。"三农"问题的发生，有着深刻的社会背景和原因，既有政治、经济和文化的因由，也与城镇化的扩张密不可分。国家的现代化，伴随的必然是大规模的城镇化；而大规模的城镇化，相应的必然是大批乡村的改变、消失。这种改变、消失，不仅仅是外观上自然地貌与人文景观的变化，更多的是利益的重新分配、布局与农民命运的改变。

二、农地与失地农民在"新四化"进程中的命运和现状

城镇化是人类文明进步的重要标志，而土地被征收（或被征用）则是推进城镇化进程的必由之路，是经济和社会发展的客观使然。就国家而言，其发展的当然要求就是实现现代化，现代化的实现必然离不开农地的征用，而农地的征用就必然牵涉到多方利益的调整，而利益的调整必然引发新一轮的矛盾。

自 20 世纪 80 年代以来，我国工业化、城镇化的速度空前，城镇空间迅速得到扩张，大量农地被征占、挤用，人均耕地面积不断缩水，而与此

---

① 关于这一点，我们还得着重提下"中央一号文件"，它原指中共中央每年发的第一份文件，该文件在国家全年工作中具有纲领性和指导性的地位。一号文件中提到的问题是中央全年需要重点解决，也是当下国家亟须解决的问题，更从一个侧面反映出了解决这些问题的难度。中共中央在 1982 年至 1986 年连续五年发布以农业、农村和农民工作为主题的中央一号文件，对当时农村改革和农业发展作出具体部署。2004 年至 2013 年又连续十年发布以"三农"为主题的中央一号文件，强调了"三农"问题在中国社会主义现代化时期的"重中之重"的地位。如果说 20 世纪 80 年代的五个中央一号文件，重点是解决了农村体制上的阻碍、推动了农村生产力大发展，进而为城市经济体制改革创造物质和思想动力的话，新世纪关于"三农"的十个中央一号文件，其核心思想则是工业反哺农业、城市支持农村，通过一系列多予少取放活的政策措施，使农民休养生息，重点强调了农民增收，给农民平等权利，给农村优先地位，给农业更多反哺。

同时，失地、失业农民数却与日俱增。1990 年后，中国的"造城运动"，使耕地数平均以每年 1000 万亩以上的速度流失，而人为征、占耕地数量为 500 万亩，按人均 2 亩耕地计算，仅到 2003 年的 13 年间失地农民的数量至少就达 6500 万人次；而近十年来，新时期城镇化的速度不降反升，其丧失的耕地数与失地的农民更不在少数。①

尽管这些年来国家再三重申要确保 18 亿亩耕地的红线不动摇，但因为城镇化的刚性需求，大量耕地被征、被占，18 亿亩耕地的红线压力剧增②。据统计，2001—2012 年，我国城市化率已从当初的 30.8% 上升到 52.6%，未来数年间我国会加快城镇化的步伐，城镇化的比例还会进一步抬升。城镇化的加速势必挤占更多的土地，因此可以肯定的是，失地的农民数量也会成比例地上涨。国土资源部《21 世纪我国耕地资源前景分析及保护对策》的研究报告也指出，在严格控制的前提下，2001 年到 2030 年的 30 年间我国占用的耕地将超过 5450 万亩，失地或部分失地的农民将超过 7800 万。这些令人吃惊的数据还是按照国家的预期目标保守计算，倘使这些预定的用地指标被突破，而地方政府违法用地又得不到有效控制的话，不但失去耕地的数额会出乎意料地剧增，而且失地农民数量也会因此"水涨船高"。

据有关资料统计，按照《全国土地利用总体规划纲要》的要求，1997 年至 2010 年全国非农业建设占用耕地应控制在 2950 万亩内；然而仅到 2005 年，这个指标就已告罄，比预计时间提前五年完成了"任务"；同样，国土资源部发布的《21 世纪我国耕地资源前景分析及保护对策》中的 2000 年至 2030 年的 30 年间全国占用耕地将超过 5450 万亩的指标数也是按合法审批征用前提下预计的用地数量，并没有预先估算违法征地的数额；另外据相关资料表明，近年来违法用地数量一般占用地总量的 20%—30%

---

① 林春霞：《谁来关心失地农民命运？》，《中国经济时报》2003 年 9 月 2 日。
② 18 亿亩是我国在 2006 年划定的耕地面积红线，也是一条不可逾越的红线。2007 年，这个数据为 18.26 亿亩，2008 年为 18.257 亿亩，2011 年为 18.2476 亿亩，而 2009 年、2010 年的数据至今未公布。面对耕地面积逐年下降的趋势，官方的表述为全国耕地面积连续第 3 年保持在 18.24 亿亩以上。

以上，有些地方甚至达到 80%。如此正常与非正常的大规模征地、占地必然导致失地农民数量激增。按征用土地量和农民人均土地量的保守估算，截至 2009 年，全国就有约 4000 万失地农民，且每年还会以数百万人的速度增长。

为了完成国家的既定经济或社会目标，使国家尽快迈上现代化的快车道，按照国家法规与预定计划数征收、征占一定的农地以满足城镇化预定的发展目标应该是正常之需、正常之举。可是，问题在于不少地方政府、单位、个人却借机囤积大量土地，将大批的被征用的耕地闲置不用，或囤积居奇或待价而沽或图谋他用。据 2003 年 7 月国务院开展的全国土地整顿的初步调查结果显示，全国各类开发区就有 5000 多个，总圈地达 3 万平方公里，相当于当年全部现有城市和建制镇的建设用地面积，其中征而不用造成大量良田被荒芜的数据触目惊心。大量的土地闲置，既浪费了国家、社会、集体、个人大量的资源，也损害了政府的公信力。尤其令人震惊的是，因征地而引发的民事、刑事纠纷以致酿成的群体性事件不断发生，严重地影响了经济发展、政治的稳定和政府的形象。

土地是农民的"命根子"，是农民最宝贵的财富，是农民最基本的就业途径和生活保障。对于依靠土地为生的农民而言，一旦土地被征用、征占，其命运就不再与原先的土地发生直接的联系，而是与他们从中所获得的补偿息息相关。因此，处理征地过程中的各种利益关系尤其是农民的利益关系，按照产权正义的原则给予农民们合理的补偿就直接牵涉到他们的生产、生活和未来的发展。

农民是社会最大的弱势群体，而被征地农民中的绝大多数又是弱势中的弱势。在城镇化进程中，某些地方政府为了所谓政绩不顾农民利益，极力扩大土地使用面积。他们擅自改变农地用途，或建厂房，或建商业住宅楼，或建商业区。政府工作人员与利益相关人士仅凭一纸征收拆迁令，就能不按国家的补偿标准，随意强行驱赶农民。

因为缺乏正义的产权制度保证，被征地而处于弱势地位的农民，他们没有任何讨价还价的筹码，往往难以切实维护自己的利益。由于分税制的推行，地方财政分成比例过低，加剧了财政的困难，更主要的原因还在于地方政府没有新的产业拉动经济的引擎，使地方财政愈发捉襟见肘，所以只能依靠见效快而又无须太多技术含量与成本的土地财政。"最近几年，土地出让收入都占到了全国财政收入的 1/4—1/3；而对于很多三四线城市而言，其土地出让收入能占到地方财政的一半。"[①] 为了获得政府利益的最大化，不少地方政府损害农民的被征农地的产权利益，使农民利益最小化。

与失地接踵而来的是失业的困扰。由于受农民自身与社会条件所限，现阶段，农民的失地就几乎等于直接宣告了他们的失业。据测算，我国 18 亿亩耕地最多只需 1 亿农业劳动力，这样，若以农村 5.5 亿劳动力计，有近 4 亿多剩余劳动力需转移再就业。而我们面临的就业困境是双重的：一是农村劳动力的自然失业问题亟待解决，二是因征地而失业的问题更需谨慎处置。据国家统计局发布的《2012 年我国农民工调查监测报告》的抽样调查结果推算，2012 年全国农民工总量已达到 26261 万人，比 2011 年增加 983 万人，其中外出农民 16336 万人，本地农民工 9925 万人。[②] 尽管表面看起来有 26000 多万农民工解决了就业，我国农民工就业情况良好，但是，实际情况却并不乐观。大批农民工进城后，有相当多的农民工很难找到适宜自身特点的职业，大都是半做半停；即便有份稳定的工作，也难以得到公平、公正的对待（种种歧视和低廉的薪水、没有市民所能享受的社保等）。

现代化的实现过程，必然是乡村被不断城镇化的过程，也定然是不少农民由此改变人生轨迹的过程。为了现代化，只能让部分农民失去固有的家园，到陌生的城市发展，这是历史的必然选择。但是，由于我们地方政府、利益群体以及被征地农民自身等原因，也由于现有的土地征收、征用制度的正义性考量不足，使我们国家的农民在这一现代化的过程中付出的代价太大，加剧了"三农"问题的解决难度。为了将来更加妥当地解决"三农"问题，我们必须加大对失地农民的伦理关怀，在国家的有关土地

---

① 刘德炳：《地方债重压，土地财政撑不住了》，《中国经济周刊》2013 年第 24 期。
② 《中国青年报》2013 年 5 月 28 日。

产权制度、政策以及地方政府对土地征收、征用的执行层面等问题上进行必要的正义性反思与检讨。

第二节　完善被征农地产权制度的正义分析与对策

欲知大道，必先读史；欲获对策，必先分析。历史是面镜子，只有对我国历史上主要的土地产权制度尤其是新中国成立后的土地产权历史有个大致的梳理，才能对我国土地产权制度的利与弊有个总的把握，这样才能在总体上对我国现行土地制度有个清晰的了解。在了解的基础上，再对既有的土地产权制度和征地制度于正义层面上做一番价值考量，然后有针对性地按照产权正义的规则对目前的征地制度提出可能的修正之策。

一、我国土地产权制度的历史考察

道格拉斯·诺斯认为，经济增长的关键因素在于制度，一种有效的制度安排是经济增长的关键性因素。而在众多制度性安排中，产权制度的安排尤为重要，十八届三中全会也指出要"完善产权保护制度"。回顾新中国六十多年来的历史，我们就会发现中国经济的跌宕起伏，都与中国土地制度的变迁高度相关。可以说，中国的土地制度的变迁史，就是中国经济发展的晴雨表。在新时期，土地制度的合理性安排、广大被征地农民合法合理的诉求以及征地与城镇化之间的矛盾等问题一一摆在我们面前。我们该如何从产权制度的正义层面上妥善解决这些问题，不但是个历史性课题也是个棘手的现实问题。面对这一串串问题，要对此作出令人满意的解答，首先就必须简要梳理一下中国共产党诞生以来农村土地产权制度的变迁历史。

（一）封建时期的土地产权制度

统治中国 2000 多年的封建社会，推行的是封建的地主土地私有制。它的土地产权结构极不合理，占农村人口总数不到 10% 的地主、富农却占有农村 70%—80% 的土地，而广大的农民其占有土地份额却极少，这种土地产权的结构一直到新中国成立前都没有根本性的变化。毛泽东在 1928 年的《井冈山的斗争》一文中通过对湘赣边界各县土地占有情况所作的一个翔实的调研推算出："边界的土地状况：大体说来，土地的百分之六十以上在地主手里，百分之四十以下在农民手里。江西方面，遂川的土地最集中，约百分之八十是地主的。永新次之，约百分之七十是地主的。万安、宁冈、莲花自耕农较多，但地主的土地仍占比较的多数，约百分之六十，农民只占百分之四十。湖南方面，茶陵、酃县两县均有约百分之七十的土地在地主手中。"① 囿于条件，毛泽东不可能对全国的封建土地占有态势做一个总的普查，但他选取的切入点却是旧中国封建土地产权制度最具典型意义之地，因此不乏普遍的指导意义。地主、富农以不到 10% 人口数占据着农村 70%—80% 的耕地；而占农村人口总数 90% 以上的贫农、雇农和中农，则只占有 20%—30% 的耕地，他们终年栉风沐雨，却不得温饱。这是造成旧中国贫穷落后的主要根源之一。

（二）大革命时期中国共产党的土地产权制度

为了部分改造这种极端不合理的封建土地产权结构，从 1924 年开始，中国共产党就领导了轰轰烈烈的大革命，农民们在打倒土豪劣绅的浪潮中，开展了反对"重租、重息、重押、重税"等一系列的正义斗争，试图在保留封建地主土地所有制的基础上，稍许改变其收益权制度，为农民们争得部分收益，以此改善农民们在土地产权结构中的悲惨境地。由于这种土地制度的部分改革，触及了封建地主阶级以及他们的利益共同体，因此最终遭到中外反动势力的联手绞杀，这种争取部分土地收益权的斗争以失败告终。

（三）土地革命时期中国共产党的土地产权制度

封建地主土地产权制度是封建制度的根本，要想通过部分改变封建的土地产权制度来达到革命的目的，显然违背了革命的真谛。于是中国共产党改变了斗争的策略，开展了以彻底消灭封建地主土地所有制为核心的土

---

① 《毛泽东选集》第一卷，人民出版社 1991 年版，第 68—69 页。

地革命。从土地革命的名称就可看出，中国革命的目的是要推翻封建的土地产权制度。"打土豪，分田地"成了那个时代革命根据地最凝聚人心的口号，而"分田分地"也就成了那时的农民们最忙碌的节奏。

由于中国共产党领导的土地革命，最终是以彻底荡除用土地作为资本剥削农民的封建土地产权制度，实行土地的重大革命，因此遭到了一切反动势力更加疯狂的反扑，土地革命也以失败告终。

（四）抗日战争时期中国共产党的土地产权制度

为了民族的解放，团结一切力量以争取抗日战争的胜利，中国共产党认真吸取第二次国内革命战争期间的土地政策与土地产权制度执行的经验，适时地提出了新的土地产权政策与制度。这项土地政策与制度由土地革命时期的没收地主土地分配给农民所有转变为地主减租减息、农民交租交息的政策与制度。这项政策与制度，在中国共产党领导的抗日根据地全面开展、执行。它简约易行，效率优先，以调整经济关系为突破口，循序渐进、平和务实地变革旧的土地所有制。它以减租减息代替过去没收地主土地的做法，在一定程度上为根据地的农民争取到了部分土地收益权。

（五）解放战争时期中国共产党的土地产权制度

土地制度是政权的根本，只有彻底解决封建的土地问题，才能最终夺取革命的胜利。于是，中共中央在 1946 年 5 月 4 日发出《关于清算减租及土地问题的指示》，它一改过去减租减息政策，开始执行以部分消灭封建土地制度为目标的"耕者有其田"政策。中共中央又在 1947 年颁布了《中国土地法大纲》。它规定："废除封建半封建剥削的土地制度，实行耕者有其田的土地制度"；"乡村农会接收地主的牲畜、农具、房屋、粮食及其他财产，并征收富农上述财产的多余部分"；"乡村中一切地主的土地及公地，由乡村农会接收，连同乡村中其他一切土地，按乡村全部人口，不分男女老幼，统一平均分配"。这是个彻底消灭封建地主土地产权制度的纲领性文件，它吹响了共产党全面涤除统治中国两千多年的封建地主土地产权制度的号角。

《土地法大纲》的公布，极大地满足了千百万农民对土地的渴望。在它的指引下，1.45 亿农业人口的地区实行了土地改革，消灭了封建剥削制度，使大量的无地、少地农民获得了梦寐以求的土地。这一举措极大地激发了群众的革命热情，使解放战争获得了政治、经济和军事力量的源泉，有力地保证了人民解放战争的全面胜利。

（六）新中国成立到 1953 年的土地产权制度

新中国成立后，按照政治协商会议制定的《共同纲领》规定，国家要"有步骤地将封建半封建的土地所有制改变为农民的土地所有制"。据此，中共中央在 1950 年就向全国各地下发了《关于在各级人民政府内设土改委员会和组织各级农协直接领导土改运动的指示》。该指示明确指出，在新解放区要实行"依靠贫农、雇农，团结中农，中立富农，有步骤地有分别地消灭封建剥削制度，发展农业生产的土地改革的总路线和总政策"。

同年 6 月，中央人民政府又颁布实施了《中华人民共和国土地改革法》，将"废除地主阶级封建剥削的土地所有制，实行农民的土地所有制，借以解放农村生产力，发展农业生产，为新中国的工业化开辟道路"上升到法律的高度，这项法律由此成为各级党组织与政府机构指导土地改革的基本指针。依据《中华人民共和国土地改革法》的相关规定，到 1953 年，除西藏、新疆等部分少数民族地区外，我国大陆普遍实行了土地改革，封建地主土地所有制被农民土地所有制所取代，真正实现了中国农民数千年耕者有其田的梦想。

（七）1953 年到 1978 年的土地产权制度

土地制度变更为农民土地私有后，农民的生产积极性大为提高。但由于生产力低下，单靠农民"单打独斗"地从事农业生产，难以克服生产资料、劳动力等一系列短板问题，因此农民们在中国共产党的号召下，形成了生产互帮互助的合作组织——互助组，这种生产模式使生产效率大幅提高。

鉴于这种互助式生产模式的高效率，1953 年底，中国共产党通过了《关于发展农业生产互助合作的决议》，该决议使互助组的生产模式发展到更高的形式——初级合作社。广大农村由此产生了具有半集体性质的农村初级合作社的土地产权模式。该模式承认土地农民私有，但土地由集体统一经营，农民在按土地数量与质量获取收入的基础上，同时获得自己的一份劳动报酬。

1956 年后，农村初级合作社的产权模式又开始发生变化，演变到了一个集体化程度更高的土地产权模式——高级合作社。在高级合作社的土地产权模式下，土地的农民个体私人所有转变为土地农村集体所有。

以后，农村集体所有制经过不断发展、演化，逐步进入集体化程度更高的人民公社时期。这一时期农村土地实现单一的公社集体所有，土地实行"三级所有，队为基础"的产权模式。在该模式下，土地的所有权与使用权高度集中于人民公社，农民只能在公社最基本经济单元——生产队的统一组织下从事农业生产，按劳取酬。此后，农村土地的产权制度长期维持了这种"三级所有，队为基础"的基本格局，期间虽然有些反复与曲折，但这种土地产权模式一直延续到 20 世纪 80 年代初。

（八）改革开放后的土地产权制度

随着形势的变化，1979 年始，土地产权模式演变为家庭联产承包责任制。该模式废除了实行多年的"三级所有，队为基础"土地模式。土地制度由原来的集体所有、集体经营的体制转变为以集体所有、农户承包经营，实现了土地的所有权与使用权的分离。

1982 年宪法就规定："农村和城市郊区的土地，除由法律规定属于国家所有的以外，属于集体所有，宅基地和自留地、自留山，也属于集体所有。"这些规定，为农村集体土地的进一步改革奠定了基础。在家庭联产承包责任制下，生产力得到巨大释放，粮食产量猛增。与此同时，工业领域改革也突飞猛进，乡镇企业和私营企业拔地而起。这就遇到了一个在实现工业化、城市化和现代化进程中难免要遇到的难题即全国农用土地面积急剧减少。土地面积的剧减，带来了粮食安全的隐患。随后几年粮食产量连续停滞不前的问题引起了党与政府的高度重视，于是，为了抑制地方政府盲目将农地转为非农地，国务院将土地的非农用权力收归中央，土地制度发生了重大转变。

到了 1997 年，开始实施第二轮家庭联产承包责任制，将承包期延长至 30 年。此后，由于土地农用的收益急剧下降，农民负担加重，加上此时"开发区建设"和"经营城市"成为全国经济发展的基本旋律，于是不少地方出于政绩需求，不惜拿土地做文章。各地政府为了便于招商引资，竞相以极低的甚至以"零地价"方式将土地交付给各类商家使用。由于政府未能从商家得到足够的土地出让金，为了减轻招商引资成本，政府通常以不给或少给征地补偿款的方式将成本转嫁给了被征地的农民。无本万利的这种招商引资模式带来的是各地经济的快速增长，但是，与此同时发生的是农村土地被廉价征用，征收现象愈演愈烈。

由于农民失地补偿得不到位，更由于原先赖以为生的土地资源的失去，数千万人生活水平比被征地前大幅下滑。于是，为保护耕地和农民权益，中央开始着手制定和修订相应的法律法规。1998 年颁行了《中华人民共和国土地管理法》（此法 2004 年时又经第十届全国人大常务委员会第十一次会议重修通过，其中最重要的一点就是强调了依法征地并完善了征地补偿的办法），再次明确土地承包经营期限为 30 年；同年全国人大还颁布了《中华人民共和国土地管理法实施条例》，该条例明确规定了土地使用权可以依法转让。2001 年《中华人民共和国土地承包法》颁布，2003 年 3 月 1 日《土地承包法》正式生效。由此，执行了二十多年的家庭联产承包责任制，最终在法律上得到了正式确认。

土地产权制度的根本属性决定国家基本的政治制度，从某种意义上说，一部土地产权制度的演变史就是一部中国的发展史。它与国家的荣辱兴衰、人们的幸福安康密切相关。新中国成立六十多年来，特有的土地产权制度为中国摆脱昔日贫穷落后的面貌作出了巨大贡献，但也让广大农民为此付出了沉重代价。为了早日实现现代化，为了今后城镇化道路走得更顺畅，就必须对土地产权制度尤其是农地征收、征用制度进行必要的伦理审视和正义关怀。

二、目前土地产权制度存在的正义问题

当前，困扰着我国"三农"问题的根本性因素之一是我国现有的农地产权制度仍不完善，不完善的表现之一就是我们的农地产权制度缺乏足够的正义考量。正义价值的缺失，导致了"三农"问题更趋复杂化，影响了城镇化的建设步伐。而正义缺失的主要表现则体现在当前农地使用权、农地处分权、农地收益权等权益的缺失。

首先，农地使用权的缺失。本来农地产权应该是完整的产权，它应该包括从所有权到收益权的一切权利束。但是由于我国特殊的国情和特殊的土地承包制，农民不可能拥有土地的所有权。而从现行法律和理论上讲，农民拥有土地的承包权和使用权，可是在实际生活中，农民的土地承包权和使用权却常常被侵蚀。

一是农村中男女土地承包权不平等，妇女的承包权更易受歧视和剥夺。这体现在农村妇女不仅在土地承包数量上与男性不同，而且在土地承包期内，当妇女出嫁时，她们的承包地往往被收回。中国妇联妇女研究所的研究表明，承包责任田、土地入股分红、征用土地补偿、宅基地分配这四大权益是农民安身立命的根本，但农村妇女却难以与男性农民享受平等的待遇。而对于那些适龄未嫁女、有女无儿户、媳妇以及"农转非"的出嫁女等妇女阶层，更是农村土地承包和调整中权益最易受剥夺的弱势群体。

全国妇联对全国 1212 个村的抽样调查发现，在没有土地的人中，妇女占 70%，其中有 26.3% 的妇女从来没有分到过土地，有 43.8% 的妇女因结婚而失去了土地，有 0.7% 的妇女在离婚后失去了土地。[①] 另一项对湖南、江西 4 个县、12 个村的 400 户农民的调查表明，在无地人群中，男性有 50

---

① 董江爱：《农村妇女土地权益及其保障》，《华中师范大学学报（人文社会科学版）》2006 年第 1 期。

人，占男性的 6.3%，无地妇女 102 人，占妇女的 12.9%，高出男性 1 倍多。① 一些地区在进行土地分配时，妇女只能分到男性 50%—70% 的土地。②

二是行政强制变动土地承包权，土地发包的程序存在不公正、不透明的现象较普遍。一些地方政府未经上级人民政府认可，也未经大多数村民同意自行调整农地的分配，并经常利用当时承办人或负责人的职权变动来解除土地承包合同。另外，对农民土地承包权实行双重强制：一方面强制收回农民承包地，用以土地流转，或强制租赁农民承包地，或干脆迫使农民放弃土地承包经营权；另一方面又强力阻碍农民自主依法流转土地承包经营权。

其次，农地处分权的缺乏。除了上文提到的一些地方基层行政组织强迫农民土地进行流转外，愈演愈烈的政府征地和私营企业的"圈地"也严重剥夺了农民处分土地的自主权，成为造成农民贫困的一大根源。

农民的土地使用权的缺少，很大原因是相关法律不健全。在经过二十多年的农地产权变革实践和广大农民的艰辛努力下，他们的土地使用权和收益权才得到 2002 年通过的《中华人民共和国农村土地承包法》和 2004 年颁布的《中华人民共和国土地管理法》的确认，并借此延长了土地承包的时间权限即 30 年。至此，曾经在中国长期实行的农地集体所有制，全面改革为土地的农户私人承包经营制。但这些政策和法规上的努力并没有因此而从根本上遏制对农民土地产权粗暴侵占的现象。

近年来，由于城镇化发展和地方土地财政等原因，侵吞农民土地产权利益的行为屡见不鲜。问题的主要根源是："由于农村土地产权残缺（如农村土地集体所有权主体模糊或虚位、农村集体或农民对土地的产权不完整及农地产权边界不清等），国家在创设土地征用制度和在征地过程中，没

---

① 农业部农村经济研究中心：《中国农村研究报告（2003）》，中国财政经济出版社 2004 年版。

② 全国妇联妇女儿童权益部调查组：《土地承包与妇女权益——关于农村第二轮承包工作中妇女权益被侵害情况的调查》，《中国妇运》2000 年第 3 期。

有尊重和保护农民持有土地的财产权益"①，而且政府为了所谓公共利益（这是可征用农地的一项法律准则②），可以自行决定征地的规模、区域、用途等。而另一原因，则是人们财产价值观念产生偏失以及伦理道德上失范，而产权主体平等、自主、正当产权不可侵犯等产权正义观并未深入人心。

由于长期受儒家义利观的熏陶，对公私概念的泾渭分明，养成了固有而陈旧的财产价值观，特别是二十多年的计划经济的实施，集体主义意识的培养，"公权至上"观念已经渗入中国人的血液。在征地过程中，只要打着公共利益需要的旗号，一些地方领导就可理直气壮地对农民财产权益进行强制剥夺，即便中央三令五申要"按照保障农民权益、控制征地规模的原则，改革征地制度，完善征地程序"③，他们也可以置若罔闻。

最后，是农地收益权的缺乏。具体表现为：作为土地承包经营者的农民无法有效地参与征地费用补偿的决策过程。补偿多少、怎么补、何时补这些关系到被征农民切身利益的大事，完全取决于地方政府、村民委员会、征地企业、商人等征地方。《土地管理法》明文规定，"农民集体所有的土地由本集体经济组织以外的单位或者个人承包经营的，必须经村民会议 2/3 以上成员或者 2/3 以上村民代表的同意"。但这一规定在许多地方形同虚设。

而通过压低地价等手段损害被征地农民的利益而牟取自身利益最大化是征地方最为简单不过的做法。一份来自江苏的调查表明，在某省农地转用增值的土地收益分配中，政府大约得 60%—70%，农村集体经济组织得

① 张合林：《对农民享有土地财产权益的探讨》，《中州学刊》2006 年第 2 期。
② 关于征地发生的依据，我国宪法第十条规定："国家为了公共利益的需要，可以依照法律规定对土地实行征用。"2004 年新修订的《中华人民共和国土地管理法》第 2 条第 4 款也规定："国家为了公共利益的需要，可以依法对土地实行征收或者征用并给予补偿。"但稍显不足的是，对具体何为"公共利益的需要"，相关法律法规没有作出令人满意的解释，征地方与被征地方对此的理解往往是很难一致的。
③ 《中共中央关于完善社会主义市场经济体制若干问题的决定》，人民出版社 2003 年版，第 17 页。

25%—30%，而农民仅得 5%—10%。① 另据一份计量分析报告发现，我国土地征用过程中，政府和农村集体的土地收益分配比例严重失调，其比例约为 17：1，农村集体潜在的经济福利受损严重。② 两份调查报告来自不同的地方，其调查地域不同，采集的数据也不一，但被征地农民土地产权严重受损的结论却出奇地一致。

被征地农民产权受损的另一表现是征地单位和农村集体组织任意克扣农民的土地转让金。土地转让后，征地方一般要对村民集体和农户双方实行补偿。可是，征地补偿费经村委会擅自截留后，实际能到达被征地农民手中的补偿金额已经大打折扣。据有关数据统计，湖北省襄荆高速公路荆州段给予农民的安置补助费每亩只是区区的 500 元，仅为法定最低标准 4800 元的 10.4%；而浙江省上虞市 2000 年土地出让收入为 2.19 亿元，可付给农民的征地补偿费却只有可怜的 591 万元，仅占总数的 2.7%。而且，征地补偿费还经常被层层克扣，湖北省襄荆高速公路征地补偿费下拨后，被省襄荆公路指挥部门克扣 837 万元、被荆门市指挥部克扣 1502 万元、被荆门市东宝区克扣 190 万元、有关乡镇共克扣 1192 万元，这笔补偿费到农民手中之前就已被拦腰截掉了 45%。③ 征地方本来付给被征地农民的补偿金就远远低于法定的最低标准，可即便这么一点可怜的补偿金还被有关部门层层克扣，雁过拔毛，最后农民能真正支配的补偿金已经只占原先补偿金的一个零头。

目前，不管是体现公共利益的国家重点工程，还是以营利为目的的房地产开发，一概都由地方政府以较低的价格强制性征收农村土地，而农民所得的征地补偿费却远远少于政府收缴的土地使用出让金。不少地方政府就是以这样的"贱买贵卖"的系列动作，借助不平等、不等价的土地产权

---

① 黄蕙：《农村最需关注七大问题 低价征地最突出》，2006 年 4 月 2 日，见 www.china-e-lections.org。
② 沈飞、朱道林：《政府和农村集体土地收益分配关系实证研究——以我国土地征用—出让过程为例》，《中国国土资源经济》2004 年第 8 期。
③ 洪朝辉：《论中国农民土地财产权利的贫困》，黄祖辉等：《中国"三农"问题：理论、实践与对策》，浙江大学出版社 2005 年版，第 369—378 页。

交换，将土地产权的利益天平轻松地摆到到了政府与投资商一边，进一步加剧了在土地被征收过程中的不公平现象的发生。

作为合法正当的私有产权，农民的土地财产权益在工业化、城市化和现代化进程大潮中，它不应单向度地被社会"边缘化"。一旦征地，对农民而言，就是土地的所有权由原来的集体所有转变成了永久的国家所有，意味着他们中的许多人将因此失去赖以生存和发展的根本。所以，在构建社会主义和谐社会时，在建设社会主义新农村时，在完成十八大既定的宏伟目标时，土地征用就必须解决好农民的利益保障问题，必须对失地农民的合法权益进行正义性关怀。

三、基于产权正义对征地制度缺陷的分析及对策

城镇化的发展不可逆转，农地被征是城镇化的必由之路，可问题的关键不在于是否征地，而在于这一征地是否符合正义规则，是否合理、合情，是否做到了征地、被征地双方的"和则二利"。

农村土地制度的不完善和正义缺陷主要体现在农地征用或征收上，对目前的征地制度和行为进行改革、完善，一定要从产权主体的平等性以及产权保护的严格性这两大正义原则出发，当然，必须对症下药。

不可否认，在政策和实践操作层面上，征地制度都存有一定的产权正义缺陷。

一是法律没能明确给定出土地产生征收或征用的依据和具体标准，事实上造成了征地双方的不平等。

首先，通行多年的征地制度本身有不足之处。20世纪90年代初，随着社会主义市场经济体制的初步确立，用地主体开始多元化，国家对一些经营性用地项目实行国有土地有偿使用，即政府通过出让国有土地来收取土地出让金。然而，政府征地办法却未相应改变，无论是公益性用地还是经营性用地，仍然沿用计划经济时的强制性征地办法。

国土资源部2002年1月1日起施行的《征用土地公告办法》第十五条就明文规定："征地补偿、安置争议不影响征用土地方案的实施"；此外，

《土地管理法实施条例》第二十五条第三款也作了类似的规定。因此，一旦因征地问题与农民发生了产权纠纷，政府与开发商就可按此办法或条例先征地而后再解决遗留纠纷。

　　作为弱势群体的被征地农民本来就处于被动地位，缺乏足够的话语表达权，一向很难争取到自己合法的土地产权利益；然而，现在的《征用土地公告办法》《土地管理法实施条例》有"先征而后解决问题"的法律规定，地方政府与开发商就可借此"尚方宝剑""先斩后奏"，这无疑使农民的话语权更得不到法律的支持。这种践踏被征地农民的产权利益的行径与国土资源部的有失公允的法规，显然违背了产权处置中的主体自主性正义原则。①

　　其次，征地实际操作过程中，也存在一定的缺陷。相关政策法规并没有对什么是"公共利益需要"作出清晰的界定。我国的根本大法《宪法》虽然规定了"国家为了公共利益的需要，可以依照法律规定对土地实行征用"，但相关的《土地管理法》却未对"公共利益需要"的具体内涵作出明确的界定。②

　　《宪法》与《土地管理法》对"公共利益需要"的语焉不详，导致了征地过程实际操作的不可控性，给了不少地方政府寻求自利的空间。一些地方政府往往在错误政绩观的驱动下，打着"公共利益需要"的幌子，对所有征地项目，不论是出于真正的公共利益需要还是以营利为目的的商业

----

　　① 关于强调农民用地的自主性，2002 年公布的《农村土地承包法》分条文规定："国家保护承包方依法、自愿、有偿地进行承包经营权流转。""承包地被依法征收、征用、占用的，有权依法获得相应的补偿。""国家机关及其工作人员不得利用职权干涉农村土地承包或者变更、解除承包合同"。2007 年《物权法》第一百二十八条也规定："土地承包经营权人依照农村土地承包法的规定，有权将土地承包经营权采取转包、互换、转让等方式流转。"

　　② 所谓"公共利益"，应是指在特定社会条件下，能够满足作为共同体成员的生存、享受、发展的共同需要等公共需要的各种资源和条件的总合。从法律角度上看，"公共利益"是为了实现社会全体成员的共同利益，关注的是社会整体稳定的发展。各国政府在征用土地的时候都是在"公共利益"的框架下，是以政府的名义对土地行使征用权，而不是以私人的名义或为私人、集团利益征用土地。因此，可以说，土地征用权的行使是保证国家公共设施和公益事业建设所需土地的一项重要措施。尽管各国对土地征用的名称不一，但实质上都是为了"公共利益"的需要而将土地收回。如在韩国、日本称作"土地收用"；法国、德国称作"土地征收"；英国称作"强制收买"或"强制收取"；美国称作"最高土地权"等。

开发，一律都以"公共利益需要"为名行之。这种滥用公权力的征地行为显然违背了农民正当私有产权应受严格保护的正义原则。①

二是征地后，对被征的农民补偿与安置工作重视不够。

首先，征收、征用土地补偿费的依据不尽合理，标准过低、过于保守。② 2003 年以来，因征地产生的群体性事件或个案绝大部分与补偿费数额有关。许多国家或地区土地征用的经验是：确实出于公共利益的需要，政府必须征收、征用一定数目的用地，那么首先政府必须出具相关法律依据以及其他征收的理由；接着必须依据周边行情计算出该宗土地的市场价格，然后以至少不低于市场的价格给予足额补偿；此后，面对事实清楚、理由确凿、有法可据的征地要求时，土地产权人则不得抗拒，必须为大局作出必要的让步。这种结局，未必一定能使双方皆大欢喜，但土地主人至少能获得充分、及时和有效的补偿，政府也能按预定计划完成必要的"公共利益的需要"。

而在我国，虽然许多地方政府对征收或征用的土地也给予了农民一定的补偿，可问题就在于政府给予的补偿标准农民们并不满意。我国《宪法》修正案规定："国家为了公共利益的需要，可以依照法律规定对公民的

---

① 关于私有产权保护的严格性，2007 年《物权法》第六十六条规定："私人的合法财产受法律保护，禁止任何单位和个人侵占、哄抢、破坏。"第四十三条规定："国家对耕地实行特殊保护，严格限制农用地转为建设用地，控制建设用地总量。不得违反法律规定的权限和程序征收集体所有的土地。"

② 根据 2004 年的《土地管理法》第四十七条规定："征收土地的，按照被征收土地的原用途给予补偿。征收耕地的补偿费用包括土地补偿费、安置补助费以及地上附着物和青苗的补偿费。征收耕地的土地补偿费，为该耕地被征收前三年平均年产值的六至十倍。征收耕地的安置补助费，按照需要安置的农业人口数计算。需要安置的农业人口数，按照被征收的耕地数量除以征地前被征收单位平均每人占有耕地的数量计算。每一个需要安置的农业人口的安置补助费标准，为该耕地被征收前三年平均年产值的四至六倍。但是，每公顷被征收耕地的安置补助费，最高不得超过被征收前三年平均年产值的十五倍。……依照本条第二款的规定支付土地补偿费和安置补助费，尚不能使需要安置的农民保持原有生活水平的，经省、自治区、直辖市人民政府批准，可以增加安置补助费。但是，土地补偿费和安置补助费的总和不得超过土地被征收前三年平均年产值的三十倍。"显见的是，被征往往地段好，未来潜在值高，所以当前的土地补偿安置费并没有完全体现出被征土地的市场真正价格。为此，2004 年国土资源部下发的《关于完善征地补偿安置制度的指导意见》就提出：土地补偿费和安置补助费的统一年产值倍数，应按照保证被征地农民原有生活水平不降低的原则，在法律规定范围内确定。经依法批准占用基本农田的，征地补偿按当地人民政府公布的最高补偿标准执行。

私有财产实行征收或者征用并给予补偿。"而且 2004 年新修订的《中华人民共和国土地管理法》第二条第四款里还对此予以了特别说明。《宪法》修正案的条文中规定政府可以"征收或征用"的同时，还强调了对这种征收或征用应"给予补偿"；条文中的"并"应是"并且"的意思，即这种补偿与征收、征用应该同步进行或者至少不能有所滞后。宪法修正案虽然没有像国外那样，明确地把补偿作为征收、征用的必备前提，但其实已经把补偿纳入了征用土地的正当程序之中；因此，凡是那些没有履行法律规定的补偿要求的所谓征收、征用，显然都是违法的征地。

这种对征地要求给予补偿的规定已经非常接近国际上通行的必须"及时地"给予"充分的""合理的"补偿的做法。所以，要不要给予补偿的问题其实法律已经作出了正义的回应，而问题的关键在于要不要公平、合理地给予补偿，目前许多地方政府对此问题的确考虑不周。

其次，缺乏对失地农民配套的安置措施。土地被征收、征用后，农民事实上失去了一向赖以为生的生产、生活资料，虽然他们能多少得到一些补偿金，但要长期维持生计，尤其是要惠及下一代的可持续发展，仅靠这些补偿款难免"坐吃山空"。而目前的土地征收、征用工作并没有多少考虑到这关系到社会长治久安的一个潜在的危险。这些不妥的做法或者说这些根本就没有考虑过应对措施的种种行径，显然与被征地产权正义旨归背道而驰。

既然我国现有的征地制度存有上述种种正义缺陷，那么，我们就必须制定出符合正义规则的相应对策。事实上，因征地而引起的社会矛盾已不仅仅是经济问题，而且是关涉我国经济社会改革、发展和稳定三者之间关系以及社会主义建设事业成败等的政治问题。

征地是城镇化的必然，既要保证征地的规模与质量能满足城镇化的需要，也要确保不因征地而影响国家的粮食安全。要正确处理城镇化与粮食安全之间的矛盾，因为城镇化必然减少粮食播种面积，播种面积的减少必然影响粮食产量与粮食安全。粮食安全是国家的根本，而我国粮食安全问题却并不乐观。"在几代人的努力下，中国的粮食生产保持了快速增长。

1978—2012 年，中国的粮食产量增长了 93%。过去的 9 年，粮食生产的弧线始终上扬，如无意外，今年将会出现十连增的丰年奇迹。然而，供给奇迹般的增长，却仍然赶不上消费的增长。目前，中国基本粮食的自给率仍然在 97% 以上，但如果算上大豆，自给率则低于 90%，而所有农产品的自给率大约维持在 80%。"① 可见，我们的粮食自给率不足，会极大影响粮食安全，对这个问题必须严阵以待。

其实，对于粮食安全的问题，党与政府早就给予了高度的重视，针对性地提出了必须保证至少拥有 18 亿亩耕地以确保粮食安全的基本底线。十六届三中全会通过的《中共中央关于完善社会主义市场经济体制若干问题的决定》中就指出：必须"实行严格的耕地保护制度，保证国家粮食安全"。

基于粮食的重要性，在 2013 年的政府工作报告里，温家宝也再次强调，农村土地制度关乎农村的根本稳定，也关乎中国的长远发展，其核心是要保障农民的财产权益，底线是严守 18 亿亩耕地红线。但是，由于城镇化的快速推进，维系粮食安全与 18 亿亩耕地的底线压力剧增，为此，必须妥善处理好城镇化与粮食安全的关系。

习近平总书记 2013 年 7 月 22 日在湖北农村考察时，郑重地告诫当地领导与陪同人员，"即使将来城镇化达到 70% 以上，还有四五亿人在农村。农村绝不能成为荒芜的农村、留守的农村、记忆中的故园。城镇化要发展，农业现代化和新农村建设也要发展，同步发展才能相得益彰，要推进城乡一体化发展。"② 习近平在此尽管没有明确表明要确保 18 亿亩耕地的底线，也没有谈及粮食安全，但他的隐含之意早已不言自明。

粮食安全与城镇化是一对矛盾，与征地的数量和质量也密切相关，而且关系到国家重大战略目标的实现。为了妥善处理好城镇化过程中的各类矛盾与问题，必须要逐步完善现行征地制度。对此，学者周其仁就征地主体、征地的适用范围、征地的补偿原则等方面提出了自己的见解，他认

---

① 《缺粮的中国》，《中国经济周刊》2013 年第 25 期。
② 习近平：《农村绝不能成为荒芜的农村》，新华网，2013 年 7 月 22 日。

为："应结束单一国家征用农地制度，发展农地转用市场；政府在法律严格规定的公益用地范围内，拥有最终依法征地的权力。要完善政府征地程序，确立征地按市价向承包户补偿的原则；承认农户承包经营土地的完全转让权……在符合土地利用规划和土地用途管制的前提下，农户可以自愿选择各种合约形式和开发方式。"①

与此类似，针对城乡土地不同价而造成对失地农民低价补偿的不公平现象，有学者还从产权主体平等性原则出发，提出应"实现农村土地产权与城市土地产权的对等和对接……促进农村集体建设用地规范、有序、健康流转，形成城乡统一的土地市场"②。如可从社会公正的角度出发，让被征地农民一同来分享土地被征用后的增值和收益。另外，还有不少学者就征地过程中过多的政府行政行为提出批评，认为这是造成征地腐败的重要原因，并建议征地行为早日实现市场化。这些学者的建议未必全都合理，但它山之石可以攻玉。

综合以上分析，不妨提出如下符合正义规则的征地制度对策：

其一，必须完善土地征用制度。针对过去那种无论是公益性用地还是经营性用地，仍然沿用计划经济时的强制性征地办法，以及 2002 年 1 月 1 日起施行的《征用土地公告办法》中的有关片面规定所造成的被征地农民产权受损的深刻教训，2013 年 5 月 13 日，国土资源部下发了《关于严格管理防止违法违规征地的紧急通知》。该则《通知》中的"在促进经济发展和保护耕地的同时，要将被征地农民的合法权益放在首要位置，不得强行实施征地，杜绝暴力征地"应该被看成是对 2002 年颁布的《征用土地公告办法》中的"征地补偿、安置争议不影响征用土地方案的实施"条款的正义性补救。十八届三中全会通过的《中共中央关于全面深化改革若干重大问题的决定》为此也针对性地提出要"缩小征地范围，规范征地程

---

① 周其仁：《产权与制度变迁》（增订本），北京大学出版社 2004 年版，第 119 页。

② 张合林：《对农民享有土地财产权益的探讨》，《中州学刊》2006 年第 2 期。此外，卢余群在其论文中也提出："……按城市土地评估价计算土地补偿标准。……郊区农地评估不应按照农村土地分等级进行评估，而应定性为城市土地分等定级进行评估。"见卢余群：《被征地农民利益保障问题探讨》，《嘉兴学院学报》2004 年第 5 期。

序，完善对被征地农民合理、规范、多元保障机制"。

合理征地演变为暴力征地，虽有多方面原因，但征地法规的不完善，肯定负有一定的责任。如果说出于一定的公共性利益目的，并且在个别被征地农民漫天要价的情况下，强制执行具有一定正义性的话，那么为了商业利益却使用强制手段那就完全是非正义的行为。可是事实上，绝大多数强制性或暴力征地是出于经济目的。多年来，土地的增值收入成了地方政府的主要财源，因此不少地方政府为了土地财政，不顾民意"大干快上"。在遇到被征地农民的极力反对时，政府则借助"征地补偿、安置争议不影响征用土地方案的实施"条款与开发商一意孤行，最后甚至不惜动用暴力。因此，在今后的征地工作中，必须严格遵循《关于严格管理防止违法违规征地的紧急通知》中的有关条款，并逐一落实到位，才能比较有效地防止非正义的强制性征地或者暴力性征地事实的发生。

其二，必须清楚界定何为"公共利益需要的征地"。要把征地的内容和范围明确公示，接受社会与被征地农民的监督与质疑，还需将强制性征地与公平性补偿统一成为一个整体。这就需要加强与征地相关的立法工作，有必要时，可制定专门的《土地征用法》，明确各类土地的性质、用途，尤其对所谓"公共利益需要的征地"所涵盖的内容要一一作出具体、明细的解释，用词不能含糊，以免在具体操作过程中，自由裁量权过大而造成征地农民的利益损失；对征地中所涉及的各方权利、义务和责任也要有具体明细的规定，还要具有可操作性。

为了公共利益确实可以强制性地征地，但这种强制性要与公平的补偿机制相结合。先按市场价计算出所征地的具体价值，然后按照市场等价交换的原则给予被征地农民以同等价值地块或者同等价值的货币补偿。当然为了公共利益需要，如果这宗土地补偿数额过于巨大，可以"公共利益需要"为由，强制性地予以扣减，但其扣除比例不宜过高；或者通过某种法定的税收手段，予以部分扣除。这样既满足了公共利益的需要，又兑现了产权主体的严格保护原则，而且将产权主体平等性原则落到了实处。

其三，在征地补偿方面，要尊重被征地农民的土地财产权。对土地征收加以必要补偿是一条亘古不变的通例，也得到不少学者的理论支持。在资本主义初期，西方就认识到了对土地补偿的正义性。约翰·穆勒就认为土地被征收或者因公共利益受损，国家应给予一定的补偿，"如果土地是地主本人或祖先以劳动产品或节欲所买下的，则地主自应因此而得到补偿；即令不是这样，他们按照惯例仍有要求给予补偿的权利。"[①]

既然对土地征收给予补偿是一则国际惯例，那我们社会主义制度下的政府就更有义务与责任履行好这一职责。首先对被征用土地按市场定价原则，做到城乡建设用地有统一价位；其次在原有补偿的基础上，还应适当增加土地补偿项目，如由于被征地而造成农户残留地条块分割的不经济规模与相邻地的受损，征地时，对这些后果应予补偿，当然，被征用后的该地出现增值收益，被征方也应有一定的分享索取权。建立兼顾国家、集体、个人的土地增值收益分配机制。

个人利益与集体利益是一个矛盾的统一体。在面对征用、征收农民土地的问题上，农民有个人自身利益的诉求，而公共利益也有自己的旨归。农民个人利益要求过多，则必然损害公共利益的完整；反之则侵害了农民的个体利益。如何在二者利益中找到平衡点，就是解决利益冲突与矛盾的关键。而这个关键就是等价有偿原则。在实现公正补偿以后，个人获得相应等价物，而政府获得所需要的资源，实现更大程度的发展，这才是最佳的资源配置方式，也就是通常所讲的达到市场经济的方式。

2004 年国土资源部出台的《关于完善征地补偿安置制度的指导意见》，其目的也就是在现有法律框架之内，尽可能地提高补偿标准。但情况并不乐观，"近 20 年来各级政府向农民征地约 1 亿亩，征地补偿费与市场价的差价约为 2 万亿元"[②]。因此，今后要严格按照 2013 年 5 月 13 日国土资源部下发的《关于严格管理防止违法违规征地的紧急通知》中的"制定与本地经济社会发展水平相适应的征地补偿标准，保障被征地农民得到合理补

① ［英］约翰·穆勒：《政治经济学原理——及其在社会哲学上的若干应用》，商务印书馆 1991 年版，第 261 页。

② 刘志权：《征地须守住"非暴力"底线》，《人民日报》2013 年 5 月 16 日。

偿"。

其四，土地的征用补偿不单是为补偿而补偿，它应着眼于解决被征地农民的眼前利益及长远利益。我们必须打破城乡二元分治结构，从"国民待遇"这一社会正义原则出发，建立农村社会养老和医疗保障制度，统筹城乡发展，将被征地农民的社会保障基金纳入城镇居民保障体系，提高其最低生活保障水平，并完善被征地农民的就业机制，让被征地农民能切实融入城市，共享城市化的进步所带来的文明成果，从而使被征地农民食有所得、住有所居、病有所医、老有所养，而无衣食与后顾之忧。

同时还需按照被征地农民权益不减少原则，实行留地安置或留物业安置等多种安置方式；要按照发展权益均等的原则，制定相应的政策措施，将有稳定收入、风险小、易于管理的项目配置给被征地农村集体经营，确保被征地农民成为新型工业化、城镇化和农业现代化的积极参与者和真正受益者，这样才能在一定程度上为农民及其后代储备发展资金，以确保其可持续发展。

第七章　正义视域下的社会主义
初级阶段产权制度构建

产权问题是经济学的最基本问题，是所有制的核心和主要内容。产权制度，是指既定产权关系和产权规则结合而成的且能对产权关系实现有效的组合、调节和保护的制度安排。建立完善的社会主义市场经济体制，其中心内容和基本条件是建立健全的现代产权制度。

按照新制度经济学派著名代表道格拉斯·诺斯的基本观点，有效率的或完善的制度安排是经济增长的关键。在现有的产权框架内，不但出现了效率不高的产权形式，也出现了本应有效率却因受一定因素制约而效率大打折扣的产权形式。不仅如此，现有的产权构成，导致了多重利益群体的矛盾，产生了一系列足以引起人们高度反思的伦理问题。

恩格斯曾经明确指出："一切社会变迁和政治变革的终极原因，不应当到人们的头脑中，到人们对永恒的真理和正义的日益增进的认识中去寻找……而应当到生产方式和交换方式的变革中去寻找。对现存社会制度的不合理性和不公平、对'理性化为无稽，幸福变成痛苦'的日益觉醒的认识，只是一种征兆，表示在生产方式和交换形式中已经不知不觉地发生了变化"，因此，"用来消除已经发现的弊病的手段，也必然以或多或少发展了的形式存在于已经发生变化的生产关系本身中。这些手段不应当从头脑中发明出来，而应当通过头脑从生产的现成物质事实中发现出来。"[1]

---

[1] 《马克思恩格斯文集》第 3 卷，人民出版社 2009 年版，第 547 页。

1978 年改革开放以后，生产方式和交换方式都发生了变化，直接表现就是由过去比较单一的公有产权形式变迁到公有、私有、共有等多种产权方式的共生共荣抑或是同台竞争；同时，其间接表现就是财富的分配方式和分配结果不一，形成了比较严重的贫富不均现象，继而引起众多的社会问题以及由此产生的人们对产权占有、使用、转让、收益等多方面的道德追问。

直面这一连串发人深省的问题，人们不由自主地发出了要在正义视域下构建产权制度的理性呼唤。"实际上，经济生活现实与精神伦理间的冲突，许多就是源于产权制度。"[1] 不言而喻，我国既有的产权制度，为我国经济的发展作出了巨大的贡献。如果单从产权的效率机制来看，我国多数的产权极具效率；可是，仍有不少产权效率不高或者没有效率。这种没有效率的产权既浪费了劳动资源也浪费了社会财富，从"付出与产出成正比"的人类道德原则出发，它显然被排除在正义的产权制度之外。因此这种非正义的产权制度应该改革或加以重构。即便是那些极具效率的产权，如果它违背了人类基本的道德规范，产生了众多社会问题，造成极大的负能量，从正义价值来看，它缺乏应有的人文关怀，因此这种产权也应加以制度的完善。

约翰·罗尔斯在论述"作为公平的正义"原则时，就鲜明地指出"某些法律和制度，不管它们如何有效率和有条理，如果他们不正义，就必须加以改造或废除"[2]。如此而言，一种非正义的产权制度安排不管它怎样有效率都不可能算是完善的制度安排。因此，寻求一种经济与道德、效率与正义完美结合的产权制度，仍是人类正当的价值追求。罗尔斯就认为"正义是社会制度的首要价值，正像真理是思想体系的首要价值一样"[3]。

按正义的价值判断去完善产权制度不仅仅是出于更好地提高其经济效

---

[1]　刘伟：《产权缺陷与伦理冲突》，《经济理论与经济管理》2000 年第 3 期。

[2]　[美] 约翰·罗尔斯：《正义论》，何怀宏、何包钢、廖申白译，中国社会科学出版社 1988 年版，第 3 页。

[3]　[美] 约翰·罗尔斯：《正义论》，何怀宏、何包钢、廖申白译，中国社会科学出版社 1988 年版，第 3 页。

益，更在于形成一种良性循环的社会机制，以求发挥其最大的经济、政治、文化等效益。正如唐代兴所言，"社会财产制度建设走向公正的起点恰恰是生产资料所有制的普遍合理性的确定；生产资料所有制的选择与确定一旦能够真正遵循公正原则，社会财产制度就获得了走向普遍公正的基点。"①

第一节　构建正义视域下产权制度的必要性

恩格斯说："社会一旦有技术上的需要，这种需要就会比十所大学更能把科学推向前进。"② 我国现有的产权制度为我国经济建设作出了巨大贡献，但由于自身的不健全，也由于产权改革是一个永无止境的改革过程，因此必须对其不断地加以改革、完善。

习近平总书记 2012 年 12 月在广东考察时强调："现在我国改革已经进入攻坚期和深水区，我们必须以更大的政治勇气和智慧，不失时机深化重要领域改革。深化改革开放，要坚定信心、凝聚共识、统筹谋划、协同推进。改革开放是决定当代中国命运的关键一招，也是决定实现'两个100年'奋斗目标、实现中华民族伟大复兴的关键一招。实践发展永无止境，解放思想永无止境，改革开放也永无止境，停顿和倒退没有出路。我们要坚持改革开放正确方向，敢于啃硬骨头，敢于涉险滩，既勇于冲破思想观念的障碍，又勇于突破利益固化的藩篱。我们要尊重人民首创精神，在深入调查研究的基础上提出全面深化改革的顶层设计和总体规划，尊重实践、尊重创造，鼓励大胆探索、勇于开拓，聚合各项相关改革协调推进的正能量。"③

我国产权改革发展的历程，本身就是一次思想解放、理论创新、制度创新的过程。制度创新呼唤着理论创新，而理论创新又推动着制度的完

---

① 唐代兴：《公正伦理与制度道德》，人民出版社 2003 年版，第 128 页。
② 《马克思恩格斯文集》第 10 卷，人民出版社 2009 年版，第 668 页。
③ 新华网，2012 年 12 月 11 日。

善。为了建立现代产权制度，早在党的十六届三中全会就通过了《中共中央关于完善社会主义市场经济体制若干问题的决定》。该《决定》对现代产权制度的基本特征作了精辟的归纳，指出建立现代产权制度的内在要求是"归属清晰、权责明确、保护严格、流转顺畅"，这是党与政府建立现代产权制度的一个重大步骤。

十七大报告中则进一步提出要建立"以现代产权制度为基础，发展混合所有制经济，加快形成统一开放竞争有序的现代市场体系，促进国民经济又好又快地发展"的宏伟构想。为了使我国的现代产权制度既能提高资源配置效率，又能确保社会的和谐发展，该《报告》还特别强调了在构建现代产权制度的时候，要"注重社会建设，着力保障和改善民生，促进社会公平正义，推动建设和谐社会"。而接下来的十八大报告指向的目标则更加明确，"要加紧建设对保障社会公平正义具有重大作用的制度"。党和政府对包括构建公平正义的现代产权制度在内的系列制度建设的再三呼吁，不但表明了我们党与政府对公平正义的一贯重视，也表明了党与政府对过去产权改革中某些公平正义缺失的一种反思与纠正。

一、现实必要性

问题是时代的呼声，矛盾是发展的动力。方兴未艾的产权改革，既推进了中国的产权制度建设，也在比较充分地发挥产权的约束与激励机制的过程中，为中国的经济建设与社会建设作出了巨大贡献。但由于产权改革的不到位，其激励与约束机制并没有得到完全正常的发挥，影响了经济效益。更是由于一系列的产权改革，缺乏必要的正义价值的考量，在产权改革的实践中损害了利益相关者的权益，违背了产权的正义诉求。由此引起不少社会矛盾，成为制约社会主义和谐社会建设的不稳定因素。

而且，目前西方资本主义国家以及一些发展中国家的私有产权改革所造成的贫富分化、社会动荡等矛盾也给我们今天的产权改革以很大的启发。中外产权改革的现实与产权改革所引发的矛盾促使我们去检讨既有的产权制度与产权改革的利弊，因此，构建一种既符合社会主义市场经济规律又不违背正义价值诉求的产权制度就成为现实的必然选择。

（一）中国产权改革的现实性需求

三十多年的产权改革，既促进了经济效益的提高，充分发挥了产权的激励与约束机制，优化了资源配置，也带来不少负面影响。在我国众多的产权改革中，国有企业产权、农地产权、劳动力产权、非公产权的所有权、使用权、转让权、收益权等权益都或多或少受到不同程度的损害，都不同程度受到了不公正的对待。这些早已引起了人们的高度警觉，也得到了政府的高度重视，所以才有现实中人们对产权改革的不断推进和政府对构建公平正义产权制度建设的再三强调。

尤其值得反思的是，通过一系列产权改革，人们的生活水平的确得以大幅度提升。但是，产权改革在改善人民生活的同时，也带来了比较严重的贫富悬殊现象。据 2013 年 1 月国家统计局公布的数据显示，2012 年国家的基尼系数为 0.474；而此前九年的基尼系数一直在 0.470—0.490 间徘徊。2011 年的基尼系数，国家统计局给出的数据为 0.477，而西南财经大学中国家庭金融调查与研究中心发布的却是 0.61，二者差距很大。

这种比较大的贫富悬殊会极大地影响社会主义和谐社会的建设。本来政府期望通过产权改革，充分调动最广大人民的生产积极性，在发挥产权功效的基础上提高人们的生活水平，实现社会和谐。可是问题恰恰在于，产权改革不到位，缺少必要的产权正义关怀，不但没有达到原定目的，反而影响了和谐社会的建设。因产权纠纷而引发的社会问题和群体性事件业已成为严重制约中国健康发展的一个重大隐患。这不能不令人深思，政府也理当要采取必要且有力的措施予以纠正。一个重要的纠正举措就是对目前的收入分配改革制度作出必要调整，加大对低收入人群和劳动力产权的维护。可是，现在我们的分配收入制度还很不尽如人意。尽管党和政府也正努力使之不断完善，但是任务依旧艰巨、复杂。

2013 年 2 月，国务院批转了《关于深化收入分配制度改革的若干意见》，它强调了收入分配的公平正义，指出了一些存在的问题，也采取了一些较好的具有原则性的对策，"完善劳动、资本、技术、管理等要素按贡献参与分配"。但是这份文件的举措依旧不太令人满意。因为这份文件只是对初次分配作了原则上的规定即"完善劳动、资本、技术、管理等要素按贡献参与分配的初次分配机制",而对初次分配所涉及的财产安排其实就是产权制度安排没有作出具体翔实的解决方案。而恰恰正是当前我国现有的产权制度安排,使我国出现了贫富两极分化。可是,文件对此没有太多具体的对策,而是笼统地讲要规范收入分配秩序,维护社会公平正义。实际上还是主张市场调节,政府调控,因此缺乏可操作性。

文件重点论及了收入的二次分配,强调再分配要更加注重公平。这对解决低收入者的问题有一定的帮助,但对缩小贫富的两极分化仅仅是隔靴搔痒。因为,决定贫富收入差距的根本原因在于收入的第一次分配,而收入的第一次分配又决定于所有制即产权制度。

马克思一向认为要从所有制出发来研究分配问题,强调生产方式决定分配方式,他认为消费资料的任何一种分配,都不过是生产条件本身分配的结果。针对蒲鲁东等人以分配代替所有制,马克思予以了深刻的批判,"庸俗的社会主义仿效资产阶级经济学家(一部分民主派又仿效庸俗社会主义)把分配看成并解释成一种不依赖于生产方式的东西,从而把社会主义描写为主要是围绕着分配兜圈子"①。当前研究分配问题却往往重复马克思批评过的错误,脱离生产方式、所有制,抽象地追求公平与正义。

其实,还是周新城先生说得好,"公有制有公有制的分配方式,私有制有私有制的分配方式,公有制和私有制的公平标准是迥然不同的。企图寻找一种不同生产方式、不同所有制都适用的'公平的'分配方式,这是徒劳的。"②

只要发展非公经济,非公产权就必然通过剥削行为产生财富聚集现象,贫富悬殊就必然产生。决定财富多寡的第一因素是初次分配也即产权的分配,因此消灭贫富差距的根本途径在于生产资料公有制即产权公有,因为剥削往往产生于生产资料占有关系的非正义。正如罗默所指出的那

---

① 《马克思恩格斯文集》第 3 卷,人民出版社 2009 年版,第 436 页。

② 周新城:《怎样理解公平?》,《中共石家庄市委党校学报》2012 年第 6 期。

样:"剥削存在的决定因素是财产的初始分配,从更一般的意义上讲,是生产资料私有权制度,这种制度允许财产分配被累计为代代相传的巨大的不平等。"①

(二)西方资本主义私有产权的深刻教训

第一,资本主义的历史告诉我们,私有产权发展的必然结果是贫富的两极分化、社会矛盾凸显、阶级对抗加剧。从1917年的"十月革命"到20世纪上半叶席卷亚非拉的社会主义革命,都是资本主义基本矛盾的必然反映。随着20世纪八九十年代的东欧剧变和苏联解体,资本主义一时陶醉于"历史的终结"的觥筹交错中,但弹冠相庆还不到二十年,资本主义的警钟又开始长鸣不已。

2008年发轫于执资本主义世界之牛耳的美国的金融危机,很快就横扫资本主义世界,演变成一场持续到今天的百年未遇的经济危机。这场危机是资本主义生产的社会化与资本主义私人占有制之间矛盾的集中反映。资本主义实行的私有制即私有产权制度注定要产生严重且周而复始的经济、社会、政治危机。从20世纪80年代起,随着"新自由主义"政策在西方的大行其道,西方资产阶级的贫富差距被再一次拉大。此次危机爆发以来,西方世界不断出现的罢工、游行、示威,以及2011年英国爆发的震惊世界的"骚乱"等,其根本原因即在于此。这次危机的爆发实际上宣告了主张"市场万能论"的新自由主义的彻底破产,它同时也宣告了资本主义市场经济可以自行调节贫富差距谎言的彻底破产。

市场经济之所以不能自动调节贫富差距,反而不断拉大贫富差距,最终导致了持续的经济和社会危机,从根本上讲,是缘于市场竞争的"丛林法则"和非公产权主体的"唯利是图",即资本积累的本性所决定。市场经济如果只是片面强调产权的激励与约束等机制,没有对产权制度进行必要的正义考量,这种产权制度必然导致贫富差距和两极分化。这是西方国家产权发展史一再证明了的一条谁也否认不了的客观规律。

---

① [美]约翰·E. 罗默:《在自由中丧失——马克思主义经济哲学导论》,段忠桥、刘磊译,经济科学出版社2003年版,第118页。

西方盲目推行私有产权，还有一个重要恶果就是固化了阶级，滞缓了代际流动。由于贫富差距，来自社会底层的人几乎没有机会爬到社会中层，更不用说社会顶层。由于缺乏资金支持，贫困家庭出身的小孩即便天资聪慧，也不可能获得与出身富庶的小孩同样的成长机会。机会的不平等，事实上造成了实质的不平等。出身的贵贱决定今后的荣辱，这种"马太效应"是西方奉行新自由主义的必然结果，也是西方世界一种极其常见的现象。

这种情况的发生绝不仅仅是个别现象，它其实就像瘟疫一样弥漫于整个西方资本主义世界。而且随着生产力的发展，这种资本性收入与劳动性收入严重失衡的现象一定会进一步加重，阶层固化的程度也会进一步恶化。尽管资本主义不断地寻求一系列的自我救赎之路，既借鉴社会主义的某些做法，也绞尽脑汁地思考一些资产阶级的改良之策，其凸显的社会问题、政治问题可能因此而一时有所缓解，但只要"资本主宰一切"的产权制度存在一天，其生产的社会化与私人占有的矛盾就会一直"阴魂不散"。

第二，某些国家私有产权改革的警示。自20世纪七八十年代起，拉美等地区纷纷在新自由主义的引导下展开了私有产权等一系列改革。开始成绩显著，可惜好景不长，不久，巴西、阿根廷等原先奉行新自由主义的国家纷纷"成就"了"拉美现象"。所谓"拉美现象"是指在拉美经济和社会发展过程中，经济发展的成果被大庄园主、大商人所获得，而广大农民、工人的贫困状况却长期得不到缓解，社会不公现象异常普遍且严重，经济发展与社会进步不协调。俄罗斯、东欧等国家在历经大规模的私有产权改革后，许多国家从此一蹶不振，即使到了今天这种产权改革的负面影响仍未消除。而埃及、突尼斯等阿拉伯国家则因过度私有化的产权改革而直接引发政权更替和时局的持续动荡。

二、理论修正的必要性

理论是解决问题与矛盾的钥匙。目前，中国的各类产权改革取得了巨大的成绩，但也留下了不少可以发展完善的空间。之所以产权改革出现了众多问题，一个重要原因是在促进产权制度的发展、完善过程中，受到了不少错误产权理论的误导，或者说出现了产权理论的贫乏。

多年来的产权改革都是按照"摸着石头过河"的模式开展，尽管我们有正确的中国特色社会主义理论指导一切改革，但由于这种指导属于宏观性的指导，而在有关具体的产权改革上，需要有微观层面上的产权理论加以细致引导。可是，中国特色社会主义的产权理论仍不完善，因此在微观层面上，我们的产权改革仍然缺乏足够明细和相当适应中国国情发展的理论引领。

通观我们产权改革的实践，我们的产权改革受西方产权理论影响过多。尽管西方产权理论有它的过人之处，但由于西方产权理论过多地重视了效率，过分地依赖了市场，过多地纵容了人的趋利性，由此便不可避免地产生了众多的经济危机、社会危机、政治危机。因为私有产权，必然产生贫富差距。但我们某些坚持产权改革的人却抱着新自由主义的"市场万能论"等教条不放，以为市场机制能够自动调节贫富差距。其理论依据就是库兹涅茨的"倒 U 理论"。

在库兹涅茨看来，发展中国家向发达国家过渡的长期过程中，居民收入差距"先恶化，后改善"是经济发展的必然规律。该理论认为，贫富差距起先会因市场的开放而逐步扩大，但随着市场经济的完善，差距扩大到一定程度就会自动呈现逐步缩小的趋势。既然收入差距扩大是经济规律的作用，那我国这些年随着市场化改革而出现的贫富差距扩大也是必然的，没有必要大惊小怪。而我国目前贫富差距之所以还在不断扩大，在他们看来，原因只有一个，那就是市场机制还不够完善，所以要进一步进行市场化改革，进一步完善市场经济。只要市场经济完善了，贫富差距自然就会缩小。其实，只要对西方发达国家的近现代史有稍微的了解，就会知道西方国家根本不存在所谓的贫富差距会随着市场经济的完善而自动缩小的"倒 U 规律"。

还有部分人坚信所谓的新自由主义"涓滴理论"，该理论认为在经济发展过程中不要给予贫困阶层、弱势群体或贫困地区以特别的优待，而是由优先发展起来的群体或地区通过消费、就业等方面再惠及贫困阶层或地区，带动其发展和富裕。这种理论强调的依旧是产权的自我激励和约束等功能，排除了政府这只看得见的"手"的必要干预。因此，在这种"理论"引导下的产权改革，必然放弃人类应有的正义关怀和政府的宏观调控，不可避免地会走上因一己私利而不惜侵害公众与社会利益的西方产权制度的老路。

当下"涓滴理论"在产权改革中的具体表现就是"做大蛋糕论"，只有发展经济，做大"蛋糕"，才能惠及广大的弱势群体。其实这种观点是站不住脚的。产权改革三十多年了，中国的"GDP"这块"蛋糕"已经成为世界第二大经济体，早已大得令人叹为观止。如果没有政府采取扶贫等一定的措施，倘使完全听任产权功能的自我调控，我国的贫困人口数量不是缩小而是会扩大。

第二节　正义视域下产权制度构建的指导思想

任何制度的构建都离不开一定的思想指导。社会主义市场经济条件下的产权制度建设情况复杂，任务艰巨，因此更需要有正确的理论作为支撑。马克思主义产权正义思想是人类产权文明的总结，是引领我们构建正义视域下产权制度的根本理论。西方产权正义理论中一些具体的规则值得我们借鉴。我国悠久的历史文明，留给我们的产权正义思想，我们应该加以很好的吸纳，去粗取精、去伪存真。

一、马克思主义产权正义思想是根本的指导思想

马克思、恩格斯对资本主义私有制的批评和对未来社会公有制的构想，包括了深刻的产权正义的思想。马克思主义产权正义思想体现了追求实质正义和平等的社会主义价值观，我们在构建社会主义市场经济的产权制度时应该坚持这种价值取向。但是，按照马克思主义的唯物史观，任何一个制度作为生产关系的法定表现是由生产力决定的。在产权制度构建

上，作为社会理性，我们要选择的是这种制度促进经济效率的内洽性。

由于生产力的不发达，现阶段我们既要看到不同的产权主体存在着个人禀赋、既有条件、机遇等方面的千差万别，又要看到保留私有产权和发展私有产权的必要性。私有产权的保留与发展注定了各产权主体之间实质正义的不一致。如果我们现有的产权制度不能对其加以一定的保护，而是片面强调全体成员共同占有和平等分享，那么事实上会造成一部分人占有他人劳动成果的情况，这显然违背了产权正义的旨归，同时还会损失效率和现阶段的社会主义建设。

产权正义的实现途径首先应该是形式正义，而非实质正义，它要解决的当是社会成员在获得和利用财产时权利能力上的平等，这正是《物权法》所体现的基本精神。但同时也要看到，随着生产力的发展，人类最终的产权制度一定会走向全体成员共同占有和平等分享财富的公有产权制度，因为只有建立在适应生产力发展基础上的产权制度才能促进人类的可持续发展。

马克思主义产权正义理论坚持历史唯物主义的基本立场、观点，认为人类社会不存在普遍的产权正义，产权正义是历史的产物。产权正义始终只是现存产权关系的观念化表现，是随着产权关系的发展变化而发展变化。不同的时代，不同的阶级，不同的学派各有不同的产权正义观，不存在抽象的、超时代的永恒产权正义观。

马克思主义的产权正义思想揭示了产权与产权正义的真谛，是我们认识产权与产权正义的钥匙。因此，在社会主义初级阶段，产权改革与正义视域下的产权制度建设，必须牢牢坚持马克思主义产权正义思想，以此作为行动的指针。

二、借鉴西方产权正义思想的有益成分

西方的产权正义思想有其合理的成分，西方的产权正义理论中一些具体的规则也值得我们去借鉴，但绝不能成为我国产权制度改革的指导思想，只能成为产权改革思想的必要补充，因为它主张以私有产权为绝对主

导，弘扬资本主义私有产权的主旋律，其分析前提也是资本主义私有制。我国是社会主义国家，以私有产权为主导的产权制度不是我们的发展目标，因此主张发展私有产权的西方产权正义思想也不应该是我们社会主义产权制度建设的价值追求。

综观三十多年的产权改革，各种产权主体事实上已经形成了在市场经济中平等竞争的局面，也产生了良好的效果。但同时也应看到，由于特殊的国情决定了我国产权改革过程中所涉问题的复杂性和艰巨性，而且产权改革并不是简单、空泛的言谈，而是会最终化为实实在在的产权改革行动。产权改革的成败甚至一举一动，都牵涉千千万万人的利益。

目前我国产权改革中不少违背正义价值的行为和事实，很大程度上是过度信奉西方产权正义思想所致；而且俄罗斯等激进式的产权改革即是在否认马克思主义产权正义理论基础上强力推进的，其改革的失败也不断警醒我们。因此我们必须深入领会西方产权正义的真正含义，我们应在不影响公有制主导地位的前提下，以马克思的产权正义理论为圭臬，批判地借鉴西方产权正义理论中有益的成分，结合我国的现实情况，构建一套适合我国产权改革和发展的产权正义思想体系。

三、吸纳中国传统产权正义思想的精髓

以马克思主义产权正义思想指导我们构建我国现代意义上的产权制度，并不排除我们对中国的传统产权正义思想的吸纳。"古为今用"一直是我们制度建设的既定模式。尽管儒家、法家、道家、墨家等流派的产权正义价值观互有抵触，但我们去仔细斟酌，其实它们的互补性远胜于其不协调性。几千年来，儒家的"君子爱财，取之有道"、法家的程序正义、道家的产权获得平等观为我们夯筑了坚实的产权正义思想的基石。

社会主义初级阶段的产权制度建设，在坚持马克思主义产权正义思想的指导的同时，必须积极地寻求中国传统的产权正义思想的帮助。我们的社会主义初级阶段的一切制度建设，离不开中国土壤，更离不开中国几千年的历史积淀。正义视域下的社会主义产权制度建设也不例外，它也离不

开中国的土壤与几千年的中华文明，因此它必须从中国丰富的传统产权正
义思想中汲取有益的营养。

第三节　正义视域下的产权制度构建

马克思说过："哲学家们只是用不同的方式解释世界，而问题在于改变
世界。"① 在社会主义初级阶段，经济人的根本属性并没有发生根本性的变
化，产权主体总是汲汲于自身利益的最大化，有时根本就不会去顾及他人
的利益，这时的产权主体想到的不是互利，而更多的是一意孤行，注重对
自身利益的维护，这也是市场中大量"机会主义"等非正义行为衍生和产
权无效率的根本所在。

因此，要改变非正义行为频发和产权无效率的情形就需对之进行正义
的价值引导和约束，通过各种有效途径弘扬正义的伦理精神，培养产权主
体正义的伦理意识和行为习惯，使产权主体不仅仅出于功利目的，而且也
能基于一定的价值追求，自觉地在产权活动中充分而正确地发挥产权的激
励与约束功能，使其行动既能利己又能利人，最后达到社会整体利益最大
化，实现整个社会福利的增加。如此一来，建立社会主义初级阶段正义视
域下的产权制度也就成了历史的必然选择。

产权制度就是制度化的产权关系，或者说是对产权关系的制度化。具
体来说，是指在商品经济环境中适应市场交易需要而对产权形成、产权界
定、产权转让、产权收益和产权保护等一系列活动所作出的种种制度与法
规约束。产权制度作为一种最基本的社会制度，其首要价值按罗尔斯的诠
释应该在于正义。罗尔斯就说过，"正义是社会制度的首要价值，正如真理
是思想体系的首要价值一样"②。以正义作为一种根本的价值尺度去规范产
权制度，是产权制度良性发展的内在依据，也是衡量一种产权制度合理性
的根本标准。而且正义是产权利益相关方以及各种产权主体之间处理彼此

---

① 《马克思恩格斯文集》第 1 卷，人民出版社 2009 年版，第 506 页。
② 罗尔斯：《正义论》，何怀宏等译，中国社会科学出版社 1988 年版，第 1 页。

关系的基本尺度，是明晰各自权、责、利额度的一个根本评判标准。因此，建立一套符合正义价值的产权制度才能理顺产权相关方的利害关系，减少个体间、群体间以及社会的矛盾，促进个体、群体以及整个社会财富的健康增长。

在社会主义初级阶段，发展经济成为人们的第一要务，而产权制度的安排是发展经济的基础；产权制度的好坏不但直接影响到经济效益，而且也直接或间接影响到人们的政治、文化等关系的处理。社会主义初级阶段，由于生产力发展的高低不同，人们的经济利益诉求也各不一样，出现了多种产权形式，这些产权主体的内部与外部的关系错综复杂，因此更需要有一个比较妥善的产权制度安排。

经济利益是人民的根本利益，经济利益的处置失当，必然引发其他利益纠葛。如果产权制度安排欠妥，就有可能由单纯的经济问题演化到政治、文化问题，进而影响到改革开放的大局。而产权又涉及产权获得、产权使用、产权转让、产权收益等基本的权项安排，每一项权利的得失都关联到其他权利的得失，进而影响到整个产权利益的实现。要使产权制度有效运行，就必须要由基本的正义价值去匡导，建立一套有机统一的社会主义初级阶段下的产权正义制度才能应对时代的发展。

一、构建守正不阿的占有权制度

建立一套有机的产权正义制度，首先要构建守正不阿的占有权制度。正义的产权制度首先取决于产权占有的正当性。只有以合法、合理的正当方式占有的产权，才是正义的产权，亚里士多德就说过，"公平正义就是合法性"①。

在解释什么样的财产获得应该是正当的，罗能生颇有见地使用了"形式的正当性与实质的正当性"。他认为合乎法律与道德要求而所得的财产就具有了形式上的正当性，以劳动的方式获得财产或者说其所得之财产有

---

① 亚里士多德：《尼可马克伦理学》，中国社会科学出版社 1990 年版，第 94 页。

利于他人则具备了实质上的正当性。① 按照这一思路，理所当然地推导出只有通过形式的正当性与实质的正当性而占有的财产，占有才具有正义性。那种"先占先得""后占后得""强占强得""不占不得"的产权占有方式违背了产权占有的正当性，因而都是非正义的产权占有。

社会主义初级阶段产权形式复杂多变，如何建立一套行之有效而又符合公平正义法则的产权制度尤其是正义的产权占有制度是保障人民安居乐业、维护人们财产安全、保持社会财富的有序增长的必然所归。

正义的产权占有制度必须保障各种产权主体，以诚实劳动去占有财富。世上所有的财富都是劳动所得，劳动是财富之母。因此，社会主义初级阶段正义的产权占有制度应该鼓励、保障多劳多占、少劳少占、不劳不占的财产占有方式，坚决反对少劳多占、不劳而占的财产侵占行为。同时也要保障产权主体守法、守德的产权占有，对不守法或者违反道德规范的侵权行为应该予以法律的惩戒或者道德的谴责。

中国屡屡发生的农地产权的纠纷与悲剧，其实很大原因就是不少地方对法律赋予农民的土地占有权的轻视或漠视，不顾法律与道德野蛮侵夺农民的土地等财产。农村土地属于集体，但事实上农民已经按照国家政策与有关规定取得了实际上的占有权，他们的这种占有符合法律的规定。有些土地的占有虽然没有经过政府或集体同意，但按照中国的传统道德，他们占有这些土地又是合德的，因此具有正当性。对通过正当手段与方式占有的土地的随意剥夺，严重违背了正义的产权占有制度。

另外，对农民土地产权的过低补偿，其实是对"劳动占有财富"正当性的践踏。农民在实际占有的土地上，多的业已经过三十多年的苦心经营，少的也有数载艰辛劳作，他们改良了土地，提高了土地的利用效率，也就变相地提高了土地的价值。为此，他们不但花费增多，而且付出的劳动也倍增，因此在"多劳多占"正义原则下，他们在土地上的实际收获也应相应提高。那么，对他们土地的征收费用和有关征收补偿标准也就要有

---

① 罗能生：《产权的伦理维度》，人民出版社 2004 年版，第 97—100 页。

相应的"水涨船高"。可是，一些地方政府不但不按值补偿，反而以各种理由压低补偿价或者干脆硬性强拆、强占。

国有企业内出现"机会主义行为"等恶意侵占国有产权的行径，究其实质，其实是在国有企业产权改革过程中，仍然没有构建一个能有效防止并能对侵占国有产权予以严惩的国有企业正义的占有制度。

在非公企业内或者少量的国有企业里，常常出现劳资纠纷的矛盾，其实就是劳动者工资、福利太低而引发的争取正义的产权占有制度的斗争。劳动力产权占有的正义根本就在于"劳动占有财富"的正当性，工人付出很多，但得不偿失，所获得、所占有的劳动成果与劳动付出远远不能成正比，因此争取正义的产权占有制度也就成了工人们与政府力争的奋斗目标。

在强调正当所得的产权不可侵占的同时，还必须强调一定的产权占有制度必须保障每个产权主体都有占有财产的平等权利，这才是正义的产权占有制度。产权的公正首先在于人人都具有占有财产的平等权利，它必须排除少数人拥有特殊的财产占有权。社会主义初级阶段，人人都是社会的主人翁，各种产权主体都在为发展经济各尽所能，因此社会主义初级阶段的产权占有制度应该这样安排，赋予每一个人以及每个产权主体可以占有财产的平等权利，创造人人以及不同产权主体平等占有财产的社会条件。

现今社会，出现了比较严重的贫富两极分化，很大一部分原因就是产权占有制度并没有保证人人或者各种产权主体占有财产的平等权利，也没有营造良好的可以充分发挥个体或者各类产权主体优势去占有财富的平等权利氛围。

保障每个人或每个产权主体占有产权的平等权利，必须提供占有财产的机会平等、规则平等。只有占有财产的机会面向各类产权主体或者机会向所有人开放，而且制定的占有财产的游戏规则对所有人和所有产权主体一视同仁，各类产权主体才可以在起点正义的框架下公平地占有财产；否则机会偏向某些特殊人群、特殊产权主体，或者对不同人群、不同产权主体规则不一就会事实上使某些人、某些产权主体失去占有产权的平等机会。譬如某些行业的准入制度、对不同产权主体税收标准不一、土地使用费率不同、对某些特殊产权主体的政策照顾等都是事实上占有产权的机会不平等。

另外，对合法、合德等符合正义性原则占有的财产要依法严格保护。这种保护，不仅要防止个人、集体对通过正义手段与方式占有财产的侵害，也要防止国家利用强权力动辄剥夺各种产权主体正当的财产占有权。

现在贫富分化在局部地区非常严重，人们对富豪们一掷千金的行为非常不满，有人试图通过各种手段剥夺他们的部分财产。对这种行为该如何处理要视情况而定。如果这些富豪占有的财产是依据正当性手段而来，那就必须按照"正当产权不可侵犯"原则严加保护。他们任意挥霍，其实也是对人类资源的随意践踏，在事实上是剥夺了穷苦人的部分资源，应该对他们加以道德谴责，有关部门也应该对此进行必要的教育与规劝。可是因为他们的财产占有符合正义性，他们即便任意糟蹋自有之物，也只能说是消费上的败德，而非违法行为，不能因为他们的失德就剥夺他们在法律上应有的财产严加保护权利。倘使他们挥霍的是不义之财，则要依据有关法律对他们的非法财产予以剥夺；不但如此，还要依法追究他们的刑事或民事责任。

当然，对"正当产权不可侵犯"正确理解，不是仅对巨大财产的保护，而是对所有大大小小的正当产权占有的严格保护；同时，对非正当财产占有的剥夺与惩戒也不仅仅是针对大产权者，而是对所有违法占有财产者的剥夺与惩戒。"正当产权不可侵犯"也内在地包含了对公私产权占有一视同仁的严格保护，以及对公私财产非法占有的同等严格的剥夺与惩戒。因此，社会主义初级阶段正义的产权占有制度，不仅仅只是对正当性的财产施以严加保护，或者仅对非正当性所得加以严厉制裁，而是保护与制裁兼而用之，这才真正契合了"正当产权不可侵犯"的要义。

由于人们既有的智力、体力、财产以及其他先天性的差别存在，即便给予他们同样的占有财富的平等机会、同等的占有规则、平等的财产保护，人们实际上占有财富和财产保护上的质与量也不一样。这表明，所谓的机会均等、规则公平、保护严格都是相对的。因此，作为人们的"守夜人"，政府的另一只手就应该帮扶弱势群体或弱势个体，就应该加大对弱势群体或弱势个体的关注，尽量培养他们各方面的能力，创造良好的环境，以便他们能更好地履行其占有财产的平等权利，提高他们保护自身正当财产的效率。

总之，在社会主义初级阶段，由于利益诉求多样，因财产而引发的矛盾又错综复杂，所以只有建立高效有力的产权占有正义制度，才能有效地杜绝农地产权的非正义占有，有效地打击恶意侵占国有企业产权的行为，有效地防止那种肆意侵占工人劳动力占有权的不义行径。而且只有建立高效的社会主义初级阶段产权占有正义制度，才能保证人们在机会平等、规则平等的社会大环境里实现占有财富的平等权利，才能真正贯彻"正当产权不可侵犯"的精神实质。

二、创建公正有为的使用权制度

建立一套有机的产权正义制度，还需建立公正有为的产权使用权制度。

使用权是产权的一项重要权利，是利用产权去获取更多收益的权利运行过程。产权主体为了达到更多赢利目的，在产权使用中会采取多种方式，往往为了牟取自身利益最大化，不但力求投入少甚至有时会以不恰当的方式去追求自身的一己私利。那么如何才能确保产权主体在行使使用权时，既不损害他人利益，又能使自身利益得到最大满足呢？要做到这一点就必须构建社会主义初级阶段自身正义的产权使用制度。

构建正义的使用权制度，一要确保产权使用过程的正当性。所谓产权使用过程的正当性即产权使用过程中要合法、合德。由于产权主体追求自身利益的最大化，在使用产权时，往往会发生"外部性"问题。一般而言，"外部性"问题主要是指产权使用过程中，自身获利，而由他人承担应付的成本。"外部性"问题产生的原因很多，但就产权使用权的正义性而言，主要是由于产权主体缺乏对法律和其他产权主体利益的应有尊重。为了获取私利，产权主体一味为己，既不顾及法律的严格规定，也不考虑其他产权主体的切身利益。这种严重违背人类道德的行为，有时还可能因此造成严重恶果，那样的话就已经不是有违道德那么简单了，而是关乎法律之尊严的重大问题。

我们知道，损人利己在任何社会都是受人谴责的不正义行为，何况在社会主义社会，社会主义最高层次道德要求我们大公无私，这并非人人都能做到，但起码的不以邻为壑的道德规范还是应该遵循。在产权使用中，违背人类最基本的道德规范获取财富，是不正当的牟利行为。有时这种"外部性"问题还可能造成其他产权主体或者公共利益的重大损失，那么这种产权使用所产生的问题也不仅仅是缺德那么简单了，而是严重的目无法纪行为。违法、失德的产权使用显然不是正义的产权使用，缺乏应有的正义性。

不正义的产权使用，还表现出乱象丛生的"搭便车"现象。如果说在产权使用中，"外部性"问题是产权主体在行使自身产权时，损害他人利益，牟取自身好处的话，那么产权使用中的所谓"搭便车"现象就是产权使用过程中，利用他人或公共产权的行使牟取自身的不当利益。"搭便车"现象本质上也属于"外部性"，也是在产权使用中损害他人利益，牟取一己私利，这种产权使用过程中的获利都是非正当性的获利。

在产权使用过程中，"机会主义行为"严重侵害了使用权，这种"机会主义行为"尤其是在国有企业产权的使用权中表现得最为显著。所谓产权使用过程中的"机会主义行为"主要是指具体的企业经理人利用信息的不对称、有限理性等，在产权使用中，违背产权主体的利益目标甚至通过损害产权主体的权益谋取自身利益。企业的发展，所有权与经营权大量地分离，企业产权的具体运行几乎都由职业经理人负责，造成了雇主与聘用经理人的信息不对称；由于有限理性，雇主又不可能全知全能，所以给这种"机会主义行为"留下可乘之机。国有企业产权改革之所以未取得如期的成果，很大一部分原因就是因为"机会主义行为"的盛行。"机会主义行为"是产权使用过程中的损人利己或者损公肥私行为，是对他人或公有财产的无情侵占，是对使用权正义的严重践踏。

　　构建正义的使用权制度，要确立产权使用过程中的自主性。所谓使用权中的自主性就是在产权使用中，相关的产权制度安排应充分尊重和保障产权行使的主体依据自身意愿，不受他人干涉地行使使用权。它包括两种使用权主体，一种是产权主体自身行使使用权，另一种是经营者行使使用权。不论是产权主体还是经营者行使使用权，他们都应有按自身意愿行使使用权的自由。只有保证产权主体或者经营者行使使用权的自主，产权才能达到最好的收益，资源才能优化配置；否则使用权的自主性得不到保障，产权就会失去应有的效率，资源就可能遭到无端的浪费。

　　在市场经济运行过程中，"外部性"问题迭出，"搭便车"现象频生，"机会主义行为"不时伺机而动，这是经济人趋利性的自然表现。我国在从社会主义计划经济向市场经济过渡期间，因为这些趋利行为，给个人，尤其是给国有企业产权主体造成了巨大的财产损失，也极大地破坏了产权的激励机制、约束功能和资源的优化配置。因此，要确保今后的产权改革的有序推进，通过产权改革勃发市场经济的生命力，就必须加大对使用权的正义规导，努力建立一个公正有为的使用权制度，才能保证各类产权主体不因使用权的非正当性或者非自主性使用而蒙受财产的损失，进而影响产权的使用效率和资源的合理配置。

三、构筑符合正义规则的转让权制度

　　建立一套有机的产权正义制度，还必须构筑符合正义规则的转让权制度。所谓产权转让就是产权主体通过一定的方式将自身合法的产权转让于他人的行为与过程。转让权是产权的基本权项之一，是个极其复杂的行为与过程，必须有基本的正义规范对之进行一定的匡导，否则就可能会在某个环节因丧失正义的规范而影响产权的效率，损害产权主体的利益。产权转让正义作为产权转让中的一种行为规范与价值取向，是产权转让的客观要求在人们主观上的反映，是现实的需要。在社会主义初级阶段，产权转让权正义，既要反映社会主义价值观，更要满足社会主义初级阶段产权发

展的需要。因此，要确保社会主义初级阶段的产权转让有规可循，就必须构筑并遵循一套符合正义规则的转让权制度。符合正义规则就是在产权转让过程中，必须符合自主转让、公平转让、诚实转让等规范要求。

自主性是产权正义伦理的一个重要原则，当然也是产权转让正义的一个重要原则。产权作为一种排他性的权利，不仅包括产权主体对其财产排他性的占有、使用和收益权，也包括排他性的处置权，而转让权又是其处置权的一个重要构件，因此产权主体自然就拥有了其不受他人强制的产权转让权。自主是人权的重要体现，保障产权的自主转让权也是维护和保障人的自由、自主权。自由、自主转让，是产权转让的一种行为规范，它要求与产权转让有关的各方要彼此形成尊重产权自由转让的意愿，只有这样产权才能发挥其应有的效率，资源才能有效利用。

公平转让也是产权转让的一个重要规范。政府应该创造平等的转让机会和公正的转让规则，只有平等的转让机会与公正的转让规则，才能保证转让的有效与公正运行。平等的转让机会就是指一定的制度安排要确保不同产权形式能不受歧视、不受外在限制地在各产权形式间，依照市场规律相互自由转让。如果不同产权转让机会不一，那就会形成不合理的竞争。譬如，现在的某些市场准入制度不允许非公产权进入那些并不涉及国家安全的领域，这就有失公允，既会破坏市场公平竞争原则，又会形成某种不正当的垄断。要制定公正的转让规则，对各类产权主体的转让规则要一视同仁。要培养社会与个人公正的转让意识，使每一个参与转让的产权主体都形成在公平的竞争环境下获得合理的转让经济利益。

作为一种正义规范，诚实转让包括两方面：一是转让信息真实可靠，包括产权性质、产权主体、产权的质量与数量及其转让的价格应该真实。二是应该诚实守信，杜绝坑蒙拐骗的转让行为。当前国有企业产权流失，其中一个很大的原因就是产权转让方有关责任人上下其手，利用虚假合同或者故意违约，以牟取个人私利。诚实转让是实现市场资源有效配置、提高资源利用率的重要手段。只有各类产权主体以及全社会树立诚实守信的产权转让正义理念，公正不阿，产权才能在转让中保值增值，有关产权主体才能避免在产权转化中财产受损。

　　总之，产权转让要达到保值增值、提高效益的目的，需要符合转让权的有关正义规范。首先社会与产权主体都要形成一种良好的自主、公平、诚实转让产权的正义观念与意识。其次，政府要完善各种产权转让的相关法律与制度，做到各类产权转让有章可循。再次，政府要加大对产权转让过程中的违法、违规的不正义行为的打击力度，对通过不正义的产权转让行为而获得的不义之财进行追缴，并对其相关责任主体依法依规予以惩戒。

四、设立取之有道且用之有方的收益权制度

　　人们占有、使用、转让产权，其最终目的都是为了获得收益，因此收益权是产权最根本的权利。那么，社会主义初级阶段的产权收益该如何获得才符合正义的规范，其收益权制度该以何种标准构建才是正义的收益权制度，其收益该如何使用才符合正义的标准？笔者认为各种产权主体只有遵循取之有道的收益原则才是符合正义规范的收入，只有符合取之有道的收益原则而设立的收益制度才能达到正义的旨归，其收益只能用之有方才是正当的财产使用。判断取之有道的收益原则一是看其收益来源是否正当，二是看其收益是否合理。在社会主义初级阶段，产权收益来源的正当性应该是价值的创造与收益的获得相统一的原则。它强调以创造价值作为获得收益的尺度，创造多则获益多，创造少就收益少，不创造则不受益。

　　一般而言，一切价值都由劳动创造而来，因此社会主义初级阶段正义的收益权制度必须确立对劳动力产权的应有尊重。在整个社会弘扬劳动光荣的正气，同时要切实保障劳动者的权利，尤其是其收益权。只有建立能切实保障劳动力产权收益的正义制度，才能从一定程度上杜绝现今大量产生的对劳动力产权的不公现象，才能促使更多的人通过诚实劳动获得收益，才能养成人人都渴望或者尊重劳动力收益权的良好氛围；只有这样，整个社会的产权效益才会有整体的提高。

劳动获得收益，但不排除土地、资金、设备、房产、无形资本等获得过高的收益，土地、资金、设备、房产、无形资产等资本性投入常常是市场经济通有的一种收益形式。财富都是一定的劳动与资源相结合的产物，劳动者提供劳动力，资金拥有者投入资金，设备拥有者投入设备等，人尽其有，各展其能。这些资本性投入虽然没有直接创造价值，但劳动者通过与资本性投入的直接结合，加速了生产的创造性劳动，提高了劳动的生产效率，因此可以说资本性投入帮助了劳动者的价值创造，某种意义上属于间接性创造了部分价值。

按照价值的创造与收益的获得相统一的原则，资本性投入获得一定的收益是正当的，但多数情况下，资本性收益大大超出了劳动力产权的收益，也有时候，资本性投入获利不多或者血本无归。无论是收益颇多还是血本无归都有其正当、合理性，因为资本性的投入有其风险性。"这些经营中的风险，一般主要由股东或出资人来承担的，即其他要素投入者都按合同获得确定的收益，股东则获得剩余索取权，剩余多，股东就获利大，剩余少，股东则获利少，没有剩余或负剩余，股东就亏本。"[①] 没有一定的风险投入，大家都墨守成规，就会错失了创造财富的一些机会。风险投资大大加速财富创造的例子在市场经济几百年的历史发展中经久不衰，社会主义初级阶段也有大量的资本性风险投资，我们对此要加以恰当鼓励，保障这些资本性投资经营活动。

不过，这些资本性收益，如果按马克思的劳动价值论来说，都是剥削所得，马克思的论断并没有过时。劳动才能创造价值，这是颠扑不破的真理。上述资本性投资的最初资本来源即所谓的第一桶金，就中国市场经济的发展历史而言，无一例外是由集体或国家提供，要么从国有银行中贷款，要么承包集体、国有企业产权所得。而国有银行、国家、集体的产权哪一部分不是劳动者劳动所创造的？这些资本性投资者利用劳动者创造的第一桶金去投资经营，表面看是投资者的贡献，而究其实质还是前辈劳动

---

① 罗能生:《产权的伦理维度》，人民出版社 2004 年版，第 201 页。

者的贡献。

扩大了的资本性收益，除了上述来源于过去前辈劳动者的劳动创造，还有很大一部分是对现今劳动力产权或明或暗的剥削所得。因此就此而言，他们过多的收益，仍是剥削收益。只是因为我们现今生产力仍不发达，在社会主义初级阶段需要发挥投资者的聪明才智，盘活资本，加速财富的创造，才在政策上鼓励他们去进行投资性经营。国家鼓励资本性投资的政策符合国家、社会和公众的长远利益，马克思主义产权正义观认为，只要符合生产力发展和公众长远利益的产权行为都是正义的，就此意义而言，这些资本性投资收益又具有正当、合法性。可是我们又不能欲盖弥彰，而应该大方地承认他们的收入中很大一部分是剥削所得。

我们当前所做的就是要构建正义的收益权制度，在社会主义初级阶段，尽量加大对劳工权益的保护力度。尤其在许多非公企业里，恶劣的生产条件、糟糕的生活环境，以及过低的工资收入，工人的收益权受到严重践踏，有些甚至已经严重到触犯人权的底线。我们构建社会主义初级阶段正义的收益权制度，就必须对此加大法律的监管与惩戒力度，不但要加强对劳工权益的保护，更应注重对恶意侵害劳工人权行为的惩罚。

社会主义初级阶段正义的收益权制度，还要对其收益的使用作出正义的规导。投资性剥削所得由于其财富取得与劳动者财富相比要来得容易，而且数额差距巨大，所以投资性收益者往往不懂得珍惜。产权改革以来，富豪们及其家族任意挥霍财富的事情屡见不鲜。这种挥霍其实是对社会财富的破坏。财富取之于社会，应该用之于社会，将财富用于扩大再生产，增加整个社会的福利，才是剥削得来的财富的正当使用之途。反之，将剥削得来的财富，用以满足自身与家族的奢靡享乐，则是非正义的收益使用。因此对剥削所得的收益要以"用之有方"的正义原则进行规导，这才是社会主义初级阶段正义的收益权制度的应有之义。

国家要制定一定的规则来规范这些剥削所得大致的使用方向，要限制资本性投资者过度的奢靡生活，要通过一定的政策与法律约束、鼓励他们将剥削所得的绝大部分用于扩大再生产，创造更多的社会价值，这才是正当的财产使用。同时，国家要加大对资本性收入者的道德教育，组织相关专家、学者鞭辟入里地向其剖析其财产的本质，加深他们对其资本收益剥削性的认识，唤起他们珍惜财富的良知，引领他们正当使用财富。

现阶段，低收益者入不敷出的现象很多，这其实是收益权非正义性的表现。入不敷出的低收益者很大一部分确实是因为他们创造的价值不多，所以收益也就相应地少。表面看，正义的收益权制度确实应该符合"创造价值与获得收益相一致"，但其实正义的收益权制度还应基于人道主义原则。由于个人先天禀赋差异、体力差异、健康差异等原因，许多人再怎么努力，其创造的价值也满足不了他们个人以及家庭的基本需要。因此对于这些弱势群体的收益制度，就不应拘泥于"创造价值与获得收益相一致"，而是要本着人道主义原则，给他们应有的收益倾斜，将过高收入者的收入按一定比例调节给这些过低收入者，以保证他们的生存发展需要。

总之，社会主义初级阶段，正义的产权制度不是一个单一的制度，产权由所有权、占有权、使用权、转让权、处置权、收益权等多项权能组成，但其基本的权能应该是占有权、使用权、转让权、收益权。所以正义的产权制度理应有多种正义的具体制度有机构成，其基本的正义制度就是占有权制度、使用权制度、转让权制度以及收益权制度。它们的有机统一才构成了一个基本完整的富有正义法则的产权制度。

在社会主义初级阶段，产权对国家的发展至关重要，因产权而引发的矛盾也纷繁复杂。只有建立高效有力、有机统一的正义的产权制度，才能赋予不同产权主体同等的法律地位和占有财产的平等机会，才能保证各类产权主体的占有权、使用权、转让权以及收益权等权利发挥更好的激励功能、约束机制以及促进资源的优化配置，增加社会的财富总量，这样才能有效地减少并解决因财产而引发的社会矛盾。

当然，构建一个有效而正义的产权制度，离不开权利与义务的统一。无论是构建产权的占有权制度、使用权制度还是转让权制度、收益权制度等，都应该将它们各自的权利与义务对等起来。正义的产权制度不但要通过一系列的正义的制度安排和一定的道德规范来明晰产权主体的权能，明确划定产权的各项权利边界，也就是说这些制度与道德规定了产权主体有什么权利，能干什么，能在多大程度上与范围内履行自身的权利；还必须明确占有权、使用权、转让权和收益权等权能还有哪些义务必须履行，以及明确哪些领域、哪些范围的东西是不能随意涉足的。

产权与其他一切权利一样，都是有限的权利，它受到国家法律与社会道德等制约，权利受限实际上是实现权利的基础，也是一种履行义务的表现。最低层次的产权制度，至少要确保产权的占有、使用、转让与收益等方面都符合国家法律与道德的规范，其产生的影响必然无害于己、无害于人更不会伤及国家的利益，这是对产权制度最基本的道德要求。产权主体在运用产权创造财富时，主观上为自己创造，可是客观上却增加了整个社会的福利，这是当代产权制度的一个最普遍的道德要求，也是当今社会最普遍的产权制度在行为上的反映；但是，作为正义的产权制度，则有它更高的价值目标。产权在运行过程中，产权的占有、使用、转让和收益等行为与影响不仅要有益于己、有益于人，更要有利于社会。

"己欲立而立人，己欲达而达人"是中国传统道德规范最通俗的表达，在构建社会主义初级阶段的产权正义制度时，我们要赋予其时代应有的新的内涵。增加财富不仅是为了满足产权主体自身的发展需要，更是出于"达人"的利他之心；提高产权的效用，目的是为了满足他人的发展，是为了社会整个福利的增加。在社会主义初级阶段，一方面，因国家有关产权制度的强力约束，产权主体不得不循规蹈矩地行使占有权、使用权、转让权和收益权等权利；另一方面，政府与各种产权主体要大力弘扬主观上利他的正义观念，只有在利他的正义理念引领下，产权主体才能更好发挥其主观能动性。虽然产权本身就具有激励功能，也能发挥主体的能动性，但这种激励更多的是出自主体自身的利益考虑，仍摆脱不了低级庸俗习气的某些影响，因此它的激励作用受到一定的限制。

随着社会主义初级阶段初级生产力的发展，不少产权主体德性也会上升到一个较高的层次，主观利他思想能够得以进一步发扬，那么其主观能动性就会发挥到一个更高的水平，则产权效率也就因此能大步提升。当然，由于是初级阶段，不可能要求所有产权主体都能达到这个层面的正义要求，但这种正义的要求是今后产权正义的发展方向。

在当今，国有企业产权正义制度应该在这方面多做表率，它的产权是公有产权，取之于民，用之于民是其必然的逻辑，一般而言，它的经济趋利性的目的性比较单纯，因而在所有的产权模式中，它最有可能"利他"。"榜样的力量是无穷的"，只要国有企业产权在利他心的指引下，在产权的占有权、使用权、转让权、收益权等领域大张旗鼓地作出正义的表率，那么社会主义初级阶段的正义的产权制度就能日趋完善，就能更好发挥产权的功能，就能更多更好地创造财富造福于民。

第四节　产权制度的最终归宿：公有产权制度

我国还处在社会主义初级阶段，各地生产力的发展程度不一，很多地方生产力仍不发达，一定程度的非公产权的发展有其必然性和必要性，也有其道德的合理性。按照马克思的所有制理论和产权理论，从我国社会主义制度的基本要求出发，从我国当前的基本国情出发，生产资料所有制必须坚持以公有制为主体、多种所有制成分共存；相应地，在产权方面，也必须坚持以公有产权为主体、多种形式产权制度并存。国家鼓励、支持一定程度的非公产权的发展，有利于人们私有产权的获取、保护，而且有助于个人权利的实现；非公产权的发展适应了经济发展的需求，也满足了部分人追逐私人产权的欲望。但是它与生俱来的缺陷必然导致社会财富的分配不公和社会财富的极大浪费；而且如果盲目地无限制地发展非公产权也会危及社会主义公有产权的主体地位，进而危及社会主义制度的根本。因此必须将非公产权限定在一定程度、一定范围之内。在目前的社会主义初级阶段，由于非公产权的资本逐利性，还造成了社会道德领域的整体滑坡，所以也必须对此不断加以法律、政策、道德的规导才能引导非公产权沿着社会主义的良性轨道前行。总之，尽管非公产权的发展有其历史必然性，但是随着社会生产力的发展，非公产权迟早会走上消亡之路，整个社会最后就会形成公有产权制度的一统天下。

在我国社会主义初级阶段，只有坚持公有产权的主体地位才能最大限度地发挥非公产权的积极作用。如果没有占主体地位的公有产权的发展，缺乏占主导地位的公有产权的引领，非公产权的发展也就失去了承载的基础，非公产权就会陷入盲目发展的泥淖。如此一来具有剥削性质的非公产权就有可能占据经济的主导地位，这就显然违背了产权改革的初衷。正如十八大报告指出那样，我们"要毫不动摇巩固和发展公有制经济，推行公有制多种实现形式"，满足人民的发展需要，因此我们的产权改革也必须以"坚持和完善公有制为主体、多种所有制共同发展的基本经济制度"为目的。若一味听任私有产权的发展，公有制的主体地位就会丧失。在产权改革与发展的过程中，只要我们坚持十八大指引的发展之路，就有理由相信，随着我国生产力的进一步发展，人们相应的道德水平的提高，与生产力水平、道德水准相适应的公有产权制度就一定会如期而至。

一、构建正义的公有产权制度是社会主义本质的客观要求

我们正处在社会主义初级阶段，我国生产力发展的现状为非公产权的发展提供了广阔的空间。就全国总体水平而言，生产力水平不高，就各地发展指标来说，发展并不不平衡：城市高、农村低，沿海高、内陆低，南方高、北部低。这种生产力发展状况决定了我们在生产关系上决不能搞单一的公有产权，因为单一的公有产权形式无法适应这种多层次的生产力发展要求。因此，为了适应我国生产力的发展状况，为了更好地促进经济的快速发展，我们必须因地制宜、因时制宜地大力发展非公产权，让各种非公产权主体尽情发挥自身的积极作用。

不过，随着生产力的不断发展、生产社会化程度的逐步提高，非公产权总有一天要退出历史舞台。今天不少新自由主义者不断美化私有产权的历史作用，甚至将其神化，鼓噪什么"非公产权万岁"，这绝不是社会主义者应有的理论导向。发展非公产权的最终目的是消灭非公产权，这是社会主义的本质要求。邓小平早在 1992 年就总结道，"社会主义的本质，是

解放生产力，发展生产力，消灭剥削，消除两极分化，最终达到共同富裕。"鼓励发展非公产权，是在社会主义初级阶段的特殊时期，为了适应、解放、发展生产力的要求而采取的必要的权宜之计，是发展社会主义的手段与方法。非公产权必然产生剥削，长此以往必然造成一定的两极分化，这将与社会主义的宗旨与特征格格不入，因此必须采取必要措施消除这种分化，最终和最好的办法就是在生产力发展到一定阶段时，建立正义的单一社会主义公有产权制度。《共产党宣言》就庄严宣布："共产党人可以把自己的理论概括为一句话：消灭私有制。"

当然消灭非公产权，需要一个很长的时期，需要随着生产力发展条件的成熟逐步实现。恩格斯在《共产主义原理》中回答"能不能一下子就把私有制废除"这一问题时就明确指出："不，不能，正像不能一下子就把现有的生产力扩大到为实行财产公有所必要的程度一样。因此，很可能就要来临的无产阶级革命，只能逐步改造现今社会，只有创造了所必需的大量生产资料之后，才能废除私有制。"① 可见，社会主义的公有产权制度一统天下局面的实现需要一个较长的发展时期。

当我国的生产力发展到一定水平，党与政府一定会适应生产力的发展要求，满足人民对幸福生活的美好追求，大力培育、发展公有产权，并在此基础上继续发展生产力，最后一定会实现党的十八大提出的"在新中国成立一百年时建成富强民主文明和谐的社会主义现代化国家"的宏伟目标。

二、构建正义的公有产权制度是人类孜孜以求的奋斗目标

公有产权制度是产权制度中最古老的一种形式。原始社会中，由于生产力不发达，人们自然选择了共生共荣的产权关系以求人类能够繁衍生息。后来随着生产力的发展，人的自我意识觉醒，私有产权成为人们的不二选择。私有产权制度历经奴隶主私有产权制度、封建地主私有产权制

① 《马克思恩格斯文集》第 1 卷，人民出版社 2009 年版，第 685 页。

度、资产阶级私有产权制度几千年的发展、完善，现在已经进入了私有产权制度的鼎盛期。但是，由于私有产权制度的固有弊端引发了贫富不均、阶级矛盾激化等一系列经济、政治、社会等严重问题，愈来愈遭到广大人民的质疑与反对。历史上无数仁人志士对私有产权的批判以及不绝如缕却激荡风云的人民反抗怒潮一再证明了私有产权的黔驴技穷。

与对私有产权的批判随之而来的是人们对公有产权的讴歌与无尽的向往。我国历代人们对"公"的尽情讴歌，对大同社会无限的憧憬贯穿中国的整个历史。先秦时代，"公"就成为一个社会的基本道德规范，老子的"公乃全"、孔子的"无私"、荀子的"贵公"观点无不映照出那个时代贬私崇公的一种"涓涓之水"；随着历史的发展，这股"涓涓之水"最后汇聚成一股汹涌澎湃的"思想江河"。中国传统社会主义的"一大二公"思想以及几近全民对共产主义思想的虔诚，是中国传统崇公贬私思想与共产主义思想两股洪流在中国民众心里冲撞的结果。先秦时代就构想的大同社会也成为千百年来人们追求社会进步的理想目标，一次又一次激励着中国历代的仁人志士为此奔走呼号，揭竿而起。

公有产权的思想在西方也源远流长，从柏拉图到莫尔再到欧文，财产公有的主张不绝于史。他们对私有产权的谨慎对待甚至深刻批判在今天看来依然振聋发聩；他们对理想社会的描摹和憧憬依旧令人心驰神往。在对公有产权的颂扬与对私有产权的唾弃声中，西方社会的无数有识之士在一波又一波的怒吼声中迈开了向私有产权制度反抗冲击的步伐。由于没有科学的理论指导，这些汹涌的反抗怒吼最后都归于沉寂。沉寂是更洪亮怒吼的准备，科学社会主义为下次反抗带来了新的曙光。在马克思主义理论的指引下，20世纪，人类几千年来梦寐以求的公有产权理想终于在众多国家实现。

公有产权的实现需要与较高的生产力发展水平相适应，也需要一定境界的思想觉悟的主观能动性规导，尤其需要那些掌控政治权力的人群具有普遍的公心，愿意为普通民众的福祉作出一定的牺牲。可惜的是，由于生产力没有发展到全面实现公有产权的水平，生产力与生产关系严重脱节的情况在苏联与东欧等社会主义国家普遍存在，再加上在政治上、经济上形成了以官僚资本主义为首的既得利益者，他们在与西方私有化的"勾肩搭背"中，主动或者被动地将公有产权攫为己有或拱手他人，社会主义公有产权制度遭受到沉重的打击。但是，社会主义性质的公有产权制度在经历了最为严重的挫折之后，依旧在中国等社会主义国家顽强地生长着。

目前，为了加快经济发展，以公有制为主体、多种所有制共同发展的格局成为中国目前经济所有制结构的必然选择，也是我国产权结构的必然选择。在鼓励、引导非公经济的发展过程中，出现对非公经济发展过快、比例过高的批评与质疑声，比如近年来，人们对"国退民进"的普遍担忧、对铁道部撤并的关注。先不论这种批评、质疑、关注与反对的对错，单就其思想出发点而言，其实是历史上崇公轻私思想传统的一种传承；如果就其实践层面而言，就是人们对社会主义公有产权的一种自发的保护举措。

古今中外的人们，千百年来对公有产权理想的憧憬与无数的实践努力，一定会在今后的某个时期开出绚丽之花。尽管现在资本主义私有产权制度仍是世界产权制度的主流，但私有产权最后的穷途末路却早已在不以人的意志为转移的生产力发展规律面前与人们对公有产权的殷殷期盼中注定。

参考文献

一、经典著作

[1]《马克思恩格斯选集》第4卷，人民出版社2012年版。

[2]《马克思恩格斯文集》第1—10卷，人民出版社2009年版。

[3]《马克思恩格斯全集》第1卷，人民出版社1995年版。

[4]《马克思恩格斯全集》第3卷，人民出版社2002年版。

[5]《马克思恩格斯全集》第13卷，人民出版社1965年版。

[6]《马克思恩格斯全集》第19卷，人民出版社1963年版。

[7]《马克思恩格斯全集》第20卷，人民出版社1971年版。

[8]《马克思恩格斯全集》第21卷，人民出版社1965年版。

[9]《马克思恩格斯全集》第26卷（下），人民出版社1972年版。

[10]《马克思恩格斯全集》第30卷，人民出版社1974年版。

[11]《马克思恩格斯全集》第45卷，人民出版社1985年版。

[12]《马克思恩格斯全集》第46卷（下），人民出版社1980年版。

[13] 马克思:《资本论》第1、3卷，人民出版社2004年版。

[14] 马克思:《哥达纲领批判》，人民出版社1965年版。

[15] 恩格斯:《反杜林论》单行本，人民出版社1970年版。

[16]《列宁选集》第3卷，人民出版社1995年版。

[17]《毛泽东选集》第一卷，人民出版社1991年版。

[18]《毛泽东文集》第三卷，人民出版社1996年版。

[19]《毛泽东文集》第六卷，人民出版社1999年版。

[20]《毛泽东文集》第七卷，人民出版社 1999 年版。

[21]《周恩来选集》下卷，人民出版社 1984 年版。

[22]《邓小平文选》第二卷，人民出版社 1994 年版。

[23]《邓小平文选》第三卷，人民出版社 1993 年版。

二、文献资料

[1]《十三大以来重要文献选编》，人民出版社 1991 年版。

[2]《十四大以来重要文献选编》，人民出版社 1996 年版。

[3]《十五大以来重要文献选编》，人民出版社 2000 年版。

[4]《十六大以来重要文献选编》，中央文献出版社 2005 年版。

[5]《十八大报告辅导读本》，人民出版社 2012 年版。

[6]《中共中央关于完善社会主义市场经济体制若干问题的决定》，人民出版社 2003 年版。

[7] 国防大学党史党建政工教研室编:《中共党史教学参考资料》第二十二册，国防大学出版社 1986 年版。

[8] 薄一波:《若干重大决策与事件的回顾》，中共中央党校出版社 1991 年版。

[9]《中国工商行政管理年鉴》(1998 年)，工商出版社 1998 年版。

[10]《〈2012 年中国人权事业的进展〉白皮书》，2013 年 5 月 14 日，见 http://news.china.com.cn/txt/2013-05/14/content_28817358.htm。

[11]《中华人民共和国物权法》，2007 年 3 月 19 日，见 http://www.gov.cn/flfg/2007-03/19/content_554452.htm。

[12] 北京大学哲学系编:《十八世纪法国哲学》，商务印书馆 1963 年版。

[13] 大卫·M. 沃克编著:《牛津法律大辞典》，光明日报出版社 1988 年版。

三、中文原著

[1] 刘诗白:《产权新论》，西南财经大学出版社 1993 年版。

［2］黄少安：《产权经济学导论》，山东人民出版社1995年版。

［3］刘伟、李风圣：《产权通论》，北京出版社1998年版。

［4］周其仁：《产权与制度变迁》（增订本），北京大学出版社2004年版。

［5］张泽一：《马克思产权理论与国企改革》，冶金工业出版社2008年版。

［6］陈孟熙、郭建青：《经济学说史教程》，中国人民大学出版社2003年版。

［7］宗寒：《国有经济读本》，经济管理出版社2002年版。

［8］刘伟、平新桥：《经济体制改革三论：产权论、均衡论、市场论》，北京大学出版社1990年版。

［9］彭芳春：《西方产权思想史研究——兼论中国的产权改革与金融改革》，中国经济出版社2009年版。

［10］赵文洪：《私人财产权利体系的发展：西方市场经济和资本主义的起源问题研究》，中国社会科学出版社1998年版。

［11］罗能生：《产权的伦理维度》，人民出版社2004年版。

［12］万俊人：《道德之维——现代经济伦理导论》，广东人民出版社2000年版。

［13］袁贵仁：《马克思的人学思想》，北京师范大学出版社1996年版。

［14］王海明：《新伦理学》，商务印书馆2001年版。

［15］章海山：《西方伦理思想史》，辽宁人民出版社1984年版。

［16］姚大志：《何谓正义：当代西方政治哲学研究》，人民出版社2007年版。

［17］贾可卿：《分配正义论纲》，人民出版社2010年版。

［18］王海明：《公正平等人道——社会治理的道德原则体系》，北京大学出版社2000年版。

［19］唐代兴：《公正伦理与制度道德》，人民出版社2003年版。

［20］汪荣有：《经济公正论》，人民出版社2010年版。

［21］何建华：《经济正义论》，上海人民出版社 2004 年版。

［22］吴忠民：《社会公正论》，山东人民出版社 2004 年版。

［23］姚洋主编：《转轨中国：审视社会公正和平等》，中国人民大学出版社 2004 年版。

［24］信卫平：《公平与不公平——当代中国的劳动问题研究》，中国劳动和社会保障出版社 2002 年版。

［25］黄祖辉等：《中国"三农"问题：理论、实践与对策》，浙江大学出版社 2005 年版。

［26］陈胜详：《分化与变迁——转型期农民土地意识研究》，经济管理出版社 2010 年版。

［27］朱绍侯：《秦汉土地制度与阶级关系》，中州古籍出版社 1985 年版。

［28］王炳林：《中国共产党与私人资本主义》，北京师范大学出版社 1995 年版。

［29］常凯主编：《中国劳动关系报告——当代中国劳动关系的特点和趋向》，中国劳动和社会保障出版社 2009 年版。

［30］林嘉：《劳动法与现代人权观念》，中国劳动和社会保障出版社 2001 年版。

［31］马艳、周扬波：《劳资利益论》，复旦大学出版社 2009 年版。

［32］徐滇庆、李昕：《看懂中国贫富差距》，机械工业出版社 2011 年版。

［33］冯晓青：《知识产权法哲学》，中国人民公安大学出版社 2003 年版。

［34］吴官正：《闲来笔潭》，人民出版社 2013 年版。

四、国外译著

［1］柏拉图：《理想国》，商务印书馆 1986 年版。

［2］亚里士多德：《尼各马可伦理学》，廖申白译，商务印书馆 2003

年版。

[3]［古罗马］查士丁尼:《法学总论》,张企泰译,商务印书馆 1989年版。

[4]［美］D. 诺思:《经济史中的结构与变迁》,上海三联书店 1991年版。

[5]［美］Y. 巴泽尔:《产权的经济分析》,费方域、段毅才译,上海三联书店、上海人民出版社 1997 年版。

[6]［美］哈罗德·德姆塞茨:《所有权、控制与企业——论经济活动的组织》,段毅才等译,经济科学出版社 1999 年版。

[7]［美］R. 科斯、A. 阿尔钦、D. 诺斯等:《财产权利与制度变迁——产权学派与新制度学派译文集》,刘守英等译,上海三联书店、上海人民出版社 1994 年版。

[8]［美］詹姆士·布坎南:《财产与自由》,韩旭译,中国社会科学出版社 2002 年版。

[9]［美］约翰·罗尔斯:《正义论》,何怀宏、何包钢、廖申白译,中国社会科学出版社 1988 年版。

[10]［美］约翰·罗尔斯:《作为公平的正义》,姚大志译,三联书店 2002 年版。

[11]［美］迈克尔·D. 贝勒斯:《程序正义——向个人的分配》,高等教育出版社 2005 年版。

[12]［美］凯斯·R. 孙斯坦:《自由市场与社会正义》,金朝武等译,中国政法大学出版社 2002 年版。

[13]［美］罗伯特·诺齐克:《无政府、国家和乌托邦》,王建凯译,中国社会科学出版社 1991 年版。

[14]［美］约翰·E. 罗默:《在自由中丧失——马克思主义经济哲学导论》,段忠桥、刘磊译,经济科学出版社 2003 年版。

[15]［美］凡勃伦:《有闲阶级论》,商务印书馆 1964 年版。

[16]［美］E. 博登海默:《法理学:法律哲学与法律方法》,邓正来

译，中国政法大学出版社 1999 年版。

［17］［英］大卫·休谟：《人性论》，关文运译，商务印书馆 1980 年版。

［18］［英］大卫·休谟：《道德原则研究》，曾晓平译，商务印书馆 2001 年版。

［19］［英］霍布斯：《利维坦》，黎思复、黎廷弼译，商务印书馆 1985 年版。

［20］［英］洛克：《政府论》（下篇），叶启芳、瞿菊农译，商务印书馆 1964 年版。

［21］［英］巴利：《正义诸理论》，孙晓春、曹海军译，吉林人民出版社 2007 年版。

［22］［英］米勒：《社会正义原则》，应奇译，江苏人民出版社 2005 年版。

［23］［英］哈耶克：《自由秩序原理》（上册），邓正来译，三联书店 1997 年版。

［24］［英］亚当·斯密：《国民财富的性质和原因研究》（上卷），郭大力、王亚南译，商务印书馆 1972 年版。

［25］［英］亚当·斯密：《国民财富的性质和原因研究》（下卷），郭大力、王亚南译，商务印书馆 1974 年版。

［26］［英］麦克库洛赫：《政治经济学原理》，商务印书馆 1975 年版。

［27］［英］托马斯·孟：《英国得自对外贸易的财富》，袁南宇译，商务印书馆 1965 年版。

［28］［英］约翰·穆勒：《政治经济学原理——及其在社会哲学上的若干应用》，商务印书馆 1991 年版。

［29］［英］马歇尔：《政治经济学原理》（上），商务印书馆 1964 年版。

［30］［法］魁奈：《农业国经济统治的一般准则》，《魁奈经济著作选集》，吴斐丹、张草纫选译，商务印书馆 1979 年版。

［31］［法］萨伊：《政治经济学概论》，商务印书馆 1963 年版。

［32］［德］黑格尔:《法哲学原理》，范扬、张企泰译，商务印书馆1961 年版。

［33］［德］伊曼努尔·康德:《道德形而上学原理》，苗力田译，上海世纪出版集团、上海人民出版社 2005 年版。

［34］［加］维尔·金里卡:《当代政治哲学》（上卷），上海三联书店2004 年版。

五、主要论文

［1］吴易风:《马克思的产权理论与国有企业产权改革》，《中国社会科学》1995 年第 1 期。

［2］吴易风:《产权理论：马克思和科斯的比较》，《中国社会科学》2007 年第 2 期。

［3］林岗、张宇:《资本论的方法论意义——马克思主义经济学的五个基本命题》，《当代经济研究》2000 年第 6 期。

［4］武建奇:《马克思的产权思想》，博士学位论文，西南财经大学，2007 年。

［5］王连平:《马克思主义政治经济学与现代西方产权理论》，《中南财经大学学报》1997 年第 6 期。

［6］张椿年:《意大利文艺复兴时期财富观念的变化》，《世界历史》1987 年第 3 期。

［7］赵文君:《西欧私人财产权利观念形式研究》，博士学位论文，东北师范大学，2011 年。

［8］罗能生:《财产权利于伦理选择——产权伦理学导论》，博士学位论文，湖南师范大学，2002 年。

［9］黄飞:《论产权伦理》，硕士学位论文，中南大学，2002 年。

［10］刘伟:《产权缺陷与伦理冲突》，《经济理论与经济管理》2000 年第 3 期。

［11］钱海亚、顾吉林:《论公有产权制度的伦理缺失》，《淮阴师范学

院学报》2005 年第 2 期。

[12] 李建华、黄飞：《共有产权伦理初探》，《湘潭大学学报》2004 年第 3 期。

[13] 陈炳辉：《解读"持有的正义"》，《浙江学刊》2003 年第 5 期。

[14] 李雪强：《马克思主义正义思想及其时代价值》，《求实》2012 年第 11 期。

[15] 李细来：《论马克思正义观的特质》，《中国人民大学学报》2013 年第 1 期。

[16] 李积伟：《马克思社会正义理论研究》，硕士学位论文，西北师范大学，2012 年。

[17] 周新城：《怎样理解公平?》，《中共石家庄市委党校学报》2012 年第 6 期。

[18] 陈晓梅：《从公平正义视角看"国进民退"争论》，《红旗文稿》2011 年第 14 期。

[19] 段忠桥：《当前中国的贫富差距为什么是不正义的?》，《中国人民大学学报》2013 年第 1 期。

[20] 夏小林：《改革收入分配制度须直面财富公平和劳资关系》，《管理学刊》2013 年第 2 期。

[21] 姚大志：《分配正义：从弱势群体的观点看》，《哲学研究》2011 年第 3 期。

[22] 刘可风：《略论经济正义》，《马克思主义与现实》2002 年第 4 期。

[23] 罗能生：《产权正义论》，《山东社会科学》2003 年第 2 期。

[24] 邵晓秋、段建斌：《关于产权正义的探析》，《湖北社会科学》2010 年第 3 期。

[25] 邵晓秋、段建斌：《产权正义原则下的被征地农民产权问题探析》，《社会科学辑刊》2009 年第 1 期。

[26] 段建斌：《论产权正义思想》，《重庆工商大学学报》2006 年第

5 期。

　　[27] 孙秀华:《浅析产权正义》,《合作经济与科技》2013 年第 8 期。

　　[28] 闵桂林:《农地流转市场化有关理论与实践问题争论的正义辨析》,《现代经济探讨》2010 年第 10 期。

　　[29] 张莉:《产权正义的伦理思考》,硕士学位论文,西南大学,2009 年。

　　[30] 段建斌:《产权的正义探究》,硕士学位论文,江西师范大学,2007 年。

　　[31] 黄泽海:《试论现代产权正义》,硕士学位论文,湘潭大学,2009 年。

　　[32] 刘灿:《社会主义市场经济的产权正义》,《当代经济研究》2007 年第 11 期。

　　[33] 陈胜祥、邹勇文:《多维视角下的产权正义》,《兰州学刊》2009 年第 5 期。

　　[34] 胡朝阳:《论知识产权的正当性》,硕士学位论文,南京师范大学,2006 年。

　　[35] 杨才然、高伟:《洛克的知识产权正义论》,《电子知识产权》2008 年第 1 期。

　　[36] 杨德齐:《知识产权之正义论》,《改革与开放》2009 年第 3 期。

　　[37] 胡梦云:《知识产权制度的正义性思考——读冯晓青教授〈知识产权法哲学〉有感》,《电子知识产权》2004 年第 1 期。

　　[38] 张耕:《民间文学艺术知识产权正义论》,《现代法学》2008 年第 1 期。

　　[39] 张丹:《民间文学艺术知识产权保护研究》,硕士学位论文,郑州大学,2012 年。

　　[40] 王晶:《民间文学艺术知识产权保护制度的研究》,硕士学位论文,苏州大学,2006 年。

　　[41] 杜明义:《城乡统筹发展中农地产权正义与农民土地权益保护》,

《现代经济探讨》2011年第6期。

[42] 张合林:《对农民享有土地财产权益的探讨》,《中州学刊》2006年第2期。

[43] 卢余群:《被征地农民利益保障问题探讨》,《嘉兴学院学报》2004年第5期。

[44] 董江爱:《农村妇女土地权益及其保障》,《华中师范大学学报(人文社会科学版)》2006年第1期。

[45] 邓斌:《明代土地产权制度弊端及其分析》,硕士学位论文,河北农业大学,2008年。

[46] 杨军:《西汉土地制度与爵位制度关系之研究》,硕士学位论文,陕西师范大学,2006年。

[47] 林甘权:《中国封建土地所有制的形成》,《历史研究》1963年第1期。

[48] 王家范:《中国传统社会农业产权辨析》,《史林》1999年第4期。

[49] 张传玺:《论中国封建社会土地所有权的法律观念》,《北京大学学报》1980年第6期。

[50] 高玮:《中国古代社会私有财产权利分析》,《湖北经济学院学报》2010年第1期。

[51] 王真:《50年代中期我国对苏联建设模式的突破》,《当代中国史研究》1995年第2期。

[52] 毛传清:《中国共产党对苏联经济模式认识过程的考察》,《党史研究与教学》2007年第5期。

[53] 陈夕:《156项工程与中国工业的现代化》,《党的文献》1999年第5期。

[54] 朱佳木:《毛泽东时代计划经济的探索成果及其历史意义和现实意义》,《毛泽东与20世纪中国社会的伟大变革》(上),"毛泽东与20世纪中国社会的伟大变革"学术研讨会,2006年。

[55] 国务院国有资产监督管理委员会党委:《坚定不移地推进国有企业改革发展》,《求是》2012 年第 10 期。

[56] 武力、肖翔:《中国共产党关于国有企业发展与改革的探索》,《湖南社会科学》2011 年第 2 期。

[57] 程光安:《官僚资本工业企业的接管及再认识——解放初期上海工业资本结构调整探微》,《福建党史月刊》2009 年第 14 期。

[58] 武力:《新中国工业化起步阶段的国有经济》,《学术月刊》2006 年第 8 期。

[59] 刘凤义:《中国国有企业 60 年:理论探索与政策演进》,《经济学家》2010 年第 1 期。

[60] 杨凡:《对中国计划经济时期成就的客观评价——从历史与可持续发展角度》,《云南财经大学学报》2008 年第 2 期。

[61] 吴宏洛:《劳动力产权实现与和谐劳资关系构建——基于国企改制视角》,《福建师范大学学报》2011 年第 1 期。

[62] 董春来:《国有资产流失问题研究》,硕士学位论文,吉林大学,2007 年。

[63] 王世勇:《新时期非公有制经济政策的历史考察 (1978—2003)》,博士学位论文,中共中央党校,2004 年。

[64] 刘建民:《外商投资税收激励与中国涉外税收政策调整》,博士学位论文,湖南大学,2006 年。

[65]《中国私有企业主阶层研究》课题组:《我国私有企业的经营状况与私有企业主的群体特征》,《中国社会科学》1994 年第 4 期。

[66] 夏芸芸:《我国企业劳资分配正义研究》,博士学位论文,华中师范大学,2012 年。

[67] 闵树琴:《从全面优惠到行业优惠——我国对外商直接投资企业税收优惠政策的调整思路》,《南京财经大学学报》2006 年第 2 期。

六、其他

[1] 廖丰:《企业 500 强出炉中石化九年冠 "国资系" 占 310 席》,《京

华时报》2013 年 9 月 1 日。

　　［2］沈彬:《帝国主义在华企业的终局》,《东方早报》2012 年 8 月
14 日。

　　［3］林春挺:《媒体曝倪发科被持续举报近十年,有关方面实在保不
住》,《第一财经日报》2013 年 7 月 2 日。

　　［4］纪双城、刘洋等:《跨国药企丑闻缠身　在华涉 30 亿"黑金"和
性贿赂》,《环球时报》2013 年 7 月 17 日。

　　［5］陈少峰、欧阳为:《纠正正义:解决不公平的新思路》,《经济参考
报》2010 年 1 月 19 日。

　　［6］北京市中国特色社会主义理论体系研究中心,执笔李欣平:《国
企改革的成就与经验》,《经济日报》2013 年 5 月 30 日。

　　［7］张蕊:《拯救煤企:50%亏损 20%濒临破产　十几年来没这么严重
过》,《时代周报》2013 年 6 月 20 日。

　　［8］钟晶晶:《傅成玉回应央企红利上缴少:中石化去年每天交税 8.8
亿》,《新京报》2013 年 3 月 13 日。

　　［9］陈小瑛:《富士康"鼓励"员工辞职:主动辞职者补偿 600 元》,
《华夏时报》2013 年 3 月 24 日。

　　［10］刘声:《2020 年我国失地农民总数将超过 1 亿》,《中国青年报》
2009 年 3 月 19 日。

　　［11］《百亩土地征用后撂荒 4 年　村民人均耕地不足 0.4 亩》,《西安
晚报》2010 年 8 月 31 日。

　　［12］陈勇、乔亚飞:《中纪委追"逃"》,《经济观察报》2013 年 6 月
3 日。

　　［13］《国企是履行社会责任的"主心骨"》,《人民日报》2012 年 5 月
16 日。

　　［14］章柯:《富士康等被指污染太湖流域河流　镍浓度超限近 40
倍》,《第一财经日报》2013 年 8 月 2 日。

　　［15］钟志敏:《全国首个非公产权交易研究院成立》,《中国证券报》

2013 年 6 月 3 日。

[16] 张枭翔:《宗庆后:富人的钱都是国家的　公众没必要仇富》,《中国慈善家》2013 年第 8 期。

[17] 孔维卓、张兵:《富士康的夜生活》,《财经天下周刊》2013 年 9 月 13 日。

[18] 杨慧珠:《破解民营企业"原罪问题":历史观点》,《市场周刊》2007 年第 8 期。

[19] 刘德炳:《地方债重压,土地财政撑不住了》,《中国经济周刊》2013 年第 24 期。

[20]《缺粮的中国》,《中国经济周刊》2013 年第 25 期。

[21] 冀欣、张祎琪:《"7000 万嫁女"煤老板负债率已逼近 100%》,《22 世纪经济报道》2013 年 8 月 2 日。

[22] 何光伟、李清洲:《王林三宗"罪":涉嫌非法行医、诈骗和介绍贿赂》,《时代周报》2013 年 8 月 1 日。

[23] 刘刚:《王林旧时:经营宾馆涉黄赌被查　拎铁链冲进县委砸门牌》,《新京报》2013 年 8 月 9 日。

[24] 国资委、中央电视台:《国企备忘录》(大型文献纪录片) 第 1—6 集,2013 年。

[25] 马旭:《煤炭十年财富暴利神话终结:煤老板频停产关矿》,2013 年 7 月 8 日,见 http://news. xinhuanet. com/fortune/2013 - 07/08/c_116443890.htm。

[26] 习近平:《农村绝不能成为荒芜的农村》,2013 年 7 月 22 日,见 http://news.xinhuanet.com/politics/2013-07/22/c_116642856.htm。

[27] 凤凰卫视:《风云对话》,《专访前国务院国有资产监督管理委员会主任》,见 http://blog.ifeng.com/article/29106240.html。

[28] Joan Thirsk, *The Agrarian History of England and Wales*, *1500—1640*, Vol. 4, London: Cambridge University Press, 1967.

后　记

　　我主持的国家社会科学基金青年项目《产权正义论——当代中国产权改革的正义探析》（批准号：07CZX020）终于在2014年顺利结项，此书是它的最终成果。从课题申报到课题结项，经过了漫长的七年，其间甘苦，唯有自知。

　　本书即将付梓之际，我由衷地感谢我的导师汪荣有先生。汪先生为我付出了特别的心血，不但将我引进了学术的殿堂，而且在各方面对我关爱有加。没有他的广博知识和对经济正义的深入细致研究，就不会有《产权正义论——当代中国产权改革的正义探析》的灵感乍现，更遑论该书的出版。

　　本书即将付梓之际，我由衷地感谢我的师弟段建斌博士，没有他对产权正义所做的基础性工作，就不会有《产权正义论——当代中国产权改革的正义探析》课题的成功申报。师弟谦逊的品德、高洁的人格、刻苦的钻研精神是我们师门学习的楷模。

　　本书即将付梓之际，我由衷地感谢中国人民大学教授陈先达先生。在人大校园的漫步中、在先生温暖的书房里，我受益终生，有时看似不经意的一句话却能让我豁然开朗。

　　本书即将付梓之际，我由衷地感谢我的博士生导师、中国人民大学教授李世安先生。李先生给我打开了研究的另一扇大门，能让我以世界历史的眼光看待和研究每一问题。

　　本书即将付梓之际，我由衷地感谢中国社会科学院世界历史研究所张椿年先生，他在学业上的点拨以及慈父般的关爱使我如坐春风。

　　本书即将付梓之际，我由衷地感谢清华大学万俊人教授，他睿智的谈吐和对正义独有的见解，给了我许多意想不到的才思。

　　本书即将付梓之际，我由衷地感谢江西省社会科学界联合会主席祝黄河教授对我的帮助。

　　学业与研究的成功离不开亲人、朋友、同学的关爱与帮助，感谢妻子李潇潇对我的鞭策与鼓励，在书稿形成过程中，正是她身怀六甲、孕育生命的季节，她以无声的语言默默地支持着我，给了我莫大的安慰；感谢岳父母对妻子和尚在襁褓中幼儿的细心照料，感谢儿子邵靖邦带给我中年得子的欢乐！感谢叔叔方兰、婶婶花真先的关爱，两位老人家的坚强与执着深深地感染着我。

　　在此还要真诚地对在我人生各个时期给予我无私帮助与关心的各位朋友与同学道声——谢谢！

　　我的研究生王瑞鹤、邓小芳在书稿的校对、注释等方面做了大量的协助工作，在此一并致谢！

　　感谢江西省高校高水平创新平台建设项目"马克思主义理论"对本书的出版给予的资助！

　　书稿付梓之际，衷心感谢责任编辑吴焰东同志以及二审、三审领导对书稿内容的准确把握与再三斟酌所付出的心血与劳动！

　　在写作过程中，本书借鉴了国内外诸多相关研究成果，直接引用的基本作了注释，间接参考的也绝大部分作了说明，如有疏漏敬请作者海涵，并在此向他们致以诚挚的谢意！

　　本书作为本人的处女作，记载了我对产权正义问题的学术思考和理论探索。尽管我主观上想使它少些瑕疵、多些光泽，但因功力不逮，仍显粗糙，因此，不足之处敬请同人批评指正！

邵晓秋

2014 年 12 月 8 日于南昌